Lei da Contratação Pública de Angola
Lei 20/10 de 7 de Setembro

GUIA PRÁTICO

2012

José Manuel Oliveira Antunes
Advogado (Vice-Presidente do Fórum Mercados Públicos)

Lurdes Pereira Coutinho
Jurista

Ana Filipa Da Franca
Advogada

LEI DA CONTRATAÇÃO PÚBLICA DE ANGOLA
LEI 20/10 DE 7 DE SETEMBRO - GUIA PRÁTICO
AUTORES
JOSÉ MANUEL OLIVEIRA ANTUNES
LURDES PEREIRA COUTINHO
ANA FILIPA DA FRANCA
EDITOR
EDIÇÕES ALMEDINA, S.A.
Rua Fernandes Tomás, nºs 76, 78 e 79
3000-167 Coimbra | Portugal
Tel.: (+ 351) 239 851 904 · Fax: (+351) 239 851 901
www.almedina.net · editora@almedina.net
DESIGN DE CAPA
FBA.
PRÉ-IMPRESSÃO
EDIÇÕES ALMEDINA, S.A.
IMPRESSÃO E ACABAMENTO
G.C. - GRÁFICA DE COIMBRA, LDA.
Palheira Assafarge, 3001-153 Coimbra
producao@graficadecoimbra.pt

Abril, 2012
DEPÓSITO LEGAL
343248/12

Apesar do cuidado e rigor colocados na elaboração da presente obra, devem os diplomas legais nela referidos ser sempre objecto de confirmação com as publicações oficiais.
Os dados e as opiniões inseridos na presente publicação são da exclusiva responsabilidade do(s) seu(s) autor(es).
Toda a reprodução desta obra, por fotocópia ou qualquer outro processo, sem prévia autorização escrita do Editor, é ilícita e passível de procedimento judicial contra o infractor.

 GRUPOALMEDINA

Biblioteca Nacional de Portugal – Catalogação na Publicação

ANTUNES, José Manuel Oliveira, e outros

Lei da contratação pública de Angola : lei 20/10 de 7 de
Setembro : guia prático / José Manuel Oliveira Antunes,
Lurdes Pereira Coutinho, Ana Filipa da Franca
ISBN 978-972-40-4787-4

I – COUTINHO, Lurdes Pereira
II – FRANCA, Ana Filipa da

CDU 346
     351

Lei da Contratação Pública de Angola
Lei 20/10 de 7 de Setembro

GUIA PRÁTICO

INTRODUÇÃO

Em 2010 foi publicada, em Angola, **a Lei 20/10 de 7 de Setembro,** LEI DA CONTRATAÇÃO PÚBLICA, que entrou em vigor em 7 de Dezembro do mesmo ano.

Esta lei estabelece as bases gerais e o regime jurídico relativos à contratação pública. É aplicável à contratação de empreitadas de obras públicas, à locação e aquisição de bens móveis e imóveis e à aquisição de bens e serviços por parte de uma entidade pública contratante.

Estão sujeitas ao regime da Lei da Contratação Pública, o Titular do Poder executivo e demais Órgãos da Administração Central e Local do Estado; a Assembleia Nacional; os Tribunais e a Procuradoria; Autarquias Locais; Institutos Públicos; Fundos Públicos; Associações Públicas e, neste caso em termos a regulamentar, também as Empresas Públicas integralmente financiadas pelo Orçamento Geral do Estado.

A lei prevê um regime de exclusão e enuncia as situações em que as entidades atrás referidas, estão dispensadas do cumprimento da lei.

São revogados os Decretos 40/ 85 de 8 de Junho, 20/00 de 12 de Maio e 7/06 de 16 de Fevereiro.

O Decreto 7/06 de 16 de Fevereiro estabelecia o regime de realização das despesas públicas com a prestação e aquisição de serviços e locação e aquisição de bens. Por seu turno, o Decreto 40/ 85 de 8 de Junho regulava a execução dos contratos de empreitada de obras públicas.

A nova Lei uniformiza a disciplina jurídica aplicável à formação dos contratos de empreitadas de obras públicas e à aquisição de bens e serviços, pelas entidades públicas sujeitas ao regime dos procedimentos nela previsto.

Na sequência da publicação da Lei da Contratação Pública, o Governo Angolano, através do Ministro das Finanças, num Seminário sobre "O Novo Regime Jurídico da Contratação Pública", aconselhou todos, agentes públicos e privados, a estudarem e conhecerem bem a legislação reguladora existente, de modo a evitar-se que *concursos sejam anulados por falha processual, comprometendo a sua eficácia e eficiência, ao atrasar-se a realização das obras e aquisições de despesas com a realização de um novo concurso para a mesma finalidade*" (in Economia e Mercado Agosto 2010).

O novo regime pretende também simplificar os procedimentos de aquisição de bens e serviços, designadamente através da utilização das novas tecnologias na contratação, como sejam a contratação electrónica, que no entanto, não está ainda regulamentada.

Como complemento indispensável da Lei, foi publicado o **Decreto Presidencial 298/2010, de 3 de Dezembro,** que cria o Gabinete da Contratação Pública.

Este organismo tem institucionalmente as funções de supervisão, fiscalização e acompanhamento da actividade das entidades públicas, obrigadas ao cumprimento da Lei, na aplicação da mesma. Também superintende e fiscaliza a introdução dos meios electrónicos na contratação, a partir do momento em que a sua utilização for regulamentada.

Sendo a Lei da Contratação Pública de Angola, similar na sua sistematização ao Código dos Contratos Públicos português, publicado dois anos antes, alguns juristas portugueses, entre os quais os autores deste trabalho, foram convidados a título pessoal, por entidades públicas e particulares, portuguesas e angolanas, para realizarem acções de formação sobre esta nova lei, especialmente para quadros angolanos, juristas e não juristas.

Tais acções de formação e actualização, têm vindo a ter lugar desde 2010. Em Luanda e em Lisboa realizaram-se várias em 2011 e outras estão programadas para 2012.

Para suporte às referidas acções foi elaborado um conjunto de diapositivos e apontamentos, para os quais, insistentemente, muitos participantes solicitaram uma maior divulgação pública.

Claro está que, quer os diapositivos, quer pequenos textos de apoio não são, nem pretendem substituir a"*formação*" que, para todos os menos familiarizados com a lei, não pode deixar de ser obtida. Esta componente formativa impõe-se como meio de melhorar profissionalmente a adaptação às suas exigências, mas constituirão, em todo o caso, um contributo e um auxílio a

INTRODUÇÃO

um acompanhamento e visão mais prática, que de outro modo, não decorre directamente da pura leitura da lei.

Para quem pretenda e necessite dum conhecimento mais aprofundado, sugere-se por exemplo, o livro "Lei da Contratação Pública de Angola Anotada " da autoria de Jorge Andrade da Silva, edição Almedina, 2011.

Finalmente uma palavra para a importância desta lei. A nova Lei da Contratação Pública de Angola insere-se num esforço do país para estabelecer regras de concorrência e transparência nos procedimentos de adjudicação, para o estabelecimento de regras de ética nos processos de contratação e para consagrar regras de conduta de funcionários públicos e concorrentes privados.

É, na opinião dos autores, uma lei estruturante para a ambição de Angola se tornar também uma potência económica e competitiva.

Janeiro 2012

Os Autores
José Manuel Oliveira Antunes, Advogado,
(Vice-Presidente do Fórum Mercados Públicos)
Lurdes Pereira Coutinho, Jurista
Ana Filipa da Franca, Advogada

Lei da Contratação Pública

OBJECTIVOS
- Adequar o sistema de contratação à Constituição da República
- Uniformizar os regimes aplicáveis à contratação de empreitadas e aquisição de bens e serviços
- Simplificar os procedimentos de aquisição de bens e serviços

ANTECEDENTES
Decreto 7/96, de 16 de Fevereiro:
- Tinha um duplo objecto:
    - Regime de realização de despesa pública
    - Regime da Contratação de bens e serviços
Decreto 40/05, de 8 de Junho:
- Regime de Empreitadas de Obras Públicas

PRINCIPAIS ALTERAÇÕES EM RELAÇÃO AO REGIME JURÍDICO ANTERIOR
- Procede a uma redução da tipologia dos procedimentos
- Desaparece a noção de contrato misto
- A lei apenas regulamenta a fase de execução do contrato de empreitada de obra pública
- Não é tipificado o procedimento a adoptar para a venda de bens móveis pelas entidades adjudicantes
- Passa a ser exigido um procedimento para aquisições ao abrigo de contratos de aprovisionamento

PRINCIPAIS INOVAÇÕES
- Introdução de regras de ética na contratação pública
- Fixação de regras de conduta de funcionários públicos e interessados
- **Conduta dos funcionários públicos**: Imparcialidade; defesa do interesse público e legalidade; dever de sigilo
- **Conduta dos interessados**: Respeito pela concorrência; transparência e abstenção de participação em acções de favorecimento

Criação de normas sobre Impedimentos dos funcionários e dos interessados na contratação
- **Impedimentos dos funcionários**: Em processos de contratação em que tenham interesse patrimonial directo ou indirecto; prática de certos actos descritos na lei durante os processos de contratação
- **Impedimentos dos interessados**: Objecto de boicote por certas instituições internacionais:; Incumprimentos anteriores; Falência; Dívidas; Condenações por certos crimes, entre outras razões

Criação do Gabinete da Contratação Pública e do Portal da Contratação Pública
- O Gabinete de Contratação Pública (**Decreto Presidencial 298/2010, de 3 de Dezembro**)
  - Funciona como órgão de apoio ao executivo
  - Responsável pela operacionalidade e regulamentação do sistema de contratação pública;
- **Tem por Atribuições**
  - Poderes de fiscalização e Supervisão
  - Poder sancionatório
  - Deveres de informação

Instituição de mecanismos de protecção do " Fomento do empresariado angolano"
- **Introdução da utilização das novas tecnologias em matéria de contratação pública** - A fixar por lei especial, que também deverá regular as regras de funcionamento e utilização das plataformas electrónicas; (modo de apresentação de propostas em suporte electrónico).

PARTE I

DISPOSIÇÕES GERAIS

A presente lei estabelece:

As bases gerais e o regime jurídico relativos à contratação pública

ÂMBITO DE APLICAÇÃO DA LEI

A Lei aplica-se às seguintes entidades (artigo 4º):

- Governo
- Órgãos da Administração Central do Estado
- Órgãos da Administração Local do Estado
- Assembleia Nacional
- Tribunais e Procuradoria-Geral da República
- Autarquias Locais
- Institutos Públicos
- Fundos Públicos
- Associações Públicas
- Empresas públicas **integralmente** financiadas pelo Orçamento Geral do Estado

A Lei aplica-se aos seguintes Contratos (artigo 3º):

Empreitadas de obras públicas – o contrato que tenha por objecto **quaisquer obras de construção ou de concepção e de construção, de reconstrução, de ampliação, de alteração, de reparação, de conservação, de limpeza, de restauração, de adaptação e de demolição de bens imóveis**, a realizar por conta de uma entidade pública contratante, mediante o pagamento de um preço;

Locação de bens móveis e imóveis – o contrato pelo qual um locador se obriga a proporcionar a uma entidade pública contratante **o gozo temporário de bens móveis ou imóveis, mediante retribuição**, podendo tomar a forma de aluguer, de arrendamento, de locação financeira ou de locação que não envolva a opção de compra dos bens locados;

Aquisição de bens móveis e imóveis – o contrato pelo qual uma entidade pública contratante compra bens móveis ou imóveis a um fornecedor.

Aquisição de serviços – o contrato pelo qual uma entidade pública contratante **adquire a prestação de um ou vários tipos de serviços** mediante o pagamento de um preço.

Acordo-Quadro – o contrato entre uma ou várias entidades adjudicantes e um ou mais empreiteiros, fornecedores de bens ou prestadores de serviços, **com vista a fixar os termos e as condições dos contratos a celebrar**, durante um determinado período, nomeadamente em matéria de preços e, se necessário, de quantidades;

Contrato Público de Aprovisionamento – **contrato** de empreitada ou de aquisição de bens e serviços, **celebrado na base de um acordo-quadro**;

Aquisição de serviços por parte de uma entidade pública contratante.

E é ainda, com as necessárias adaptações, aplicável a:

Concessão de obra pública – o contrato pelo qual o co-contratante, concessionário, se obriga perante uma entidade pública contratante, concedente, à execução ou à concepção e execução, de uma obra pública, mediante a contrapartida da exploração dessa obra, por um determinado período de tempo;

Concessão de serviço público - o contrato pelo qual o co-contratante, concessionário, se obriga perante uma entidade pública contratante, concedente, a gerir, em nome próprio e sob a sua responsabilidade e em respeito pelo interesse público, por um determinado período de tempo, uma actividade de serviço público, sendo remunerado ou directamente pela entidade pública contratante concedente ou através da totalidade ou parte das receitas geradas pela actividade concedida.

Âmbito de exclusão objectiva – Contratos a que a Lei não se aplica (artigo 5º)

- Contratos regidos por regras especiais ou específicas, celebrados com países estrangeiros ou com organizações ou empresas internacionais

PARTE I – DISPOSIÇÕES GERAIS

- Contratos declarados secretos
- Contratos regidos por lei especial
- Contratos em que o empreiteiro, fornecedor ou prestador é ele próprio uma entidade pública contratante
- Contratos de aquisição de serviços financeiros e serviços prestados pelo Banco Nacional de Angola
- Contratos de aquisição de bens sujeitos a grande volatilidade de preços no mercado internacional
- Contratos de aquisição de serviços de natureza intelectual, designadamente, jurídicos, arbitragem e conciliação [sem prejuízo do recurso a negociação (artigo 30º)e a procedimento de contratação de consultores (artigo 164º)].

GENERALIDADES

Regras procedimentais

Princípio de equivalência meios utilizados – artigo 353º
- A tramitação electrónica ou em suporte físico ou papel são equivalentes.

Notificações e comunicações - artigo 354º
- Por escrito e em língua portuguesa
- **Se tramitação electrónica do procedimento**: Efectuadas por correio electrónico ou outro meio de transmissão escrita e electrónica de dados;
- **Se tramitação em suporte papel**: Efectuadas por entrega directa, por via postal, com registo e aviso de recepção, por telecópia ou outro meio que comprove a recepção pelo destinatário.

Data das notificações e comunicações – artigo 355º
  Consideram-se efectuadas:
- **Por correio electrónico** – na data da expedição;
- **Por entrega directa** – na data de entrega;
- **Por via postal** – na data de assinatura do aviso de recepção
- **Por telecópia** – na data constante do relatório de expedição
- Quando o destinatário é a entidade ou a Comissão de Avaliação e a notificação ocorra depois das 17:00 horas ou em dia não útil – consideram-se feitas às 10:00 horas do dia útil seguinte.

Contagem dos prazos – artigo 356º
- Regra geral – os prazos contam-se em dias úteis.
- Os prazos para apresentação de candidaturas, propostas e soluções contam-se em dias seguidos.

PARTE II

TRAMITAÇÃO A OBSERVAR NA FASE DE FORMAÇÃO DO CONTRATO

Abertura do procedimento

- – Exclusivamente Interna (com a participação apenas da entidade adjudicante)
- – Decisão de contratar/Autorização da despesa (artigo 31º)

Órgão competente para autorizar a despesa

Artigos 34º, 36º, 37º e 40º – ANEXO II LCP

AUTORIZAÇÃO DA DESPESA - REGRA GERAL DA COMPETÊNCIA (artigo 34º)			
Entidade (CRA*)	Objecto do Contrato	Valor do Contrato	Norma (AnexoII)
Titular do Poder Executivo	Todos	Sem Limite	nº 1 al. a)
Ministros de Estado Ministros (delegação originária)	Todos	Até 1 000 000 000 kz	nº 1 al. b)
Ministros de Estado, Ministros, Governadores, Órgãos Máximos dos I.P., E.P. e Serviços e Fundos Autónomos (delegação originária)	Todos	Até 500 000 000 kz	nº 1 al. c)
Órgãos Máximos dos I.P., E.P. e Serviços e Fundos Autónomos(competência própria – despesas incluídas em planos aprovados pela tutela)	Todos	Até 500 000 000 kz	nº 2
Ministro das Finanças (prévia autorização)	Seguros (artigo 35º nº 1)		
Ministros da Tutela (prévia autorização)	Arrendamento de Imóveis (artigo 36º)	Até 73 000 000 kz (valor anual)	nº 3 al. a)
Ministros da Tutela e Finanças (prévia autorização)		+ 73 000 000 kz (valor anual)	nº 3 al.b)

(CRA*) – **Constituição da República de Angola**

Organização do Poder do Estado (de acordo com a CRA)
- Poder Executivo (artigo 108º)
- Administração Directa e Indirecta do Estado (artigo 199º e 200º)
- Administração Local do Estado (artigo 201º)
- Organização do Território (artigo 5º) - "Províncias e estas em Municípios, podendo ainda estruturar-se em Comunas e em Entes territoriais equivalentes"
- Poder Local – Autarquias Locais (artigo 213º e seguintes)

PARTE II – FASE DE FORMAÇÃO DO CONTRATO/PROCEDIMENTOS

AUTORIZAÇÃO DA DESPESA COMPETÊNCIA DETERMINADA PELO PROCEDIMENTO (artigo 37º)			
Despesas sem concurso → Procedimento de negociação – al. d) nº 1 artigo 22º → Processo (procedimento) de negociação - artigo 30º			
Entidade	**Objecto do Contrato**	**Valor do Contrato**	**Norma (AnexoII)**
Titular do Poder Executivo	**Todos**	**Sem Limite**	**nº 4 al. a)**
Ministros de Estado	**Todos**	**Até 91 000 000kz**	**nº 4 al. b)**
Ministros de Estado, Ministros, Governadores, Órgãos Máximos dos I.P., E.P. e Serviços e Fundos Autónomos	**Todos**	**Até 36 000 000 kz**	**nº 4 al. c)**

AUTORIZAÇÃO DA DESPESA COMPETÊNCIA DETERMINADA PELO "TEMPO" DE REALIZAÇÃO DA DESPESA (artigo 40º al.b)			
Despesas com encargo em mais de um ano económico			
Entidade	**Objecto do Contrato**	**Valor do Contrato**	**Norma (AnexoII)**
Autorização conjunta Ministro das Finanças/Ministro da Tutela	**Aquisição de serviços ou bens através de locação com opção de compra, locação financeira ou compra a prestações com encargos**	**+ 320 000 000 kz,** por ano económico - Máximo de três	*a contrario* **nº 5**
Dispensa de autorização Ministro Finanças/ Tutela		**Até 320 000 000 kz,** por ano económico - Máximo de três	**nº 5**
Órgãos Locais do Estado (por delegação de competência)		**Até 180 000 000 kz**	**nº 6**

Determinação do montante da despesa

Princípio da **Unidade da despesa** (artigo 39º) – A despesa a considerar é a do CUSTO TOTAL com a execução do contrato. É proibido o fraccionamento da despesa com a intenção de a subtrair às regras da lei da contratação pública.

Inclui **acréscimos** de despesa provenientes de:
- Alterações
- Variantes
- Revisões de Preços
- Contratos Adicionais

Competência para autorizar os acréscimos de despesa:
- **Custo total excede até 5% do limite da competência inicial** – Autorização da despesa relativa ao acréscimo é da competência da Entidade com competência inicial
- **Custo total excede 5% do limite da competência inicial** – Autorização da despesa relativa ao acréscimo cabe à entidade que teria competência para autorizar a totalidade da despesa.

ESCOLHA DO PROCEDIMENTO

Tipo de Procedimentos para a formação de contratos

1. Comuns ou Gerais "Tipificados" (artigo 22º n.º 1)

Concurso Público (tramitação do procedimento - artigos 59º a 116º)
Definição – artigo 23º - al. a)

"sistema de contratação aberto em que, pelo elevado valor das aquisições envolvidas ou por outras razões materiais, podem concorrer todas as entidades, públicas ou privadas, nacionais ou estrangeiras que reúnam os requisitos exigidos em abstracto, no aviso ou no programa".

Concurso Limitado por Prévia Qualificação (tramitação artigos 117º a 128º e 75º a 102º)
Definição – artigo 23º - al. b)

"sistema aberto, mas que exige uma prévia selecção (procedimentalizada ou não) das empresas, pela entidade contratante".

Concurso Limitado sem Apresentação de Candidaturas (tramitação artigos 129º a 131º)

Definição – artigo 23º - al. c)

"sistema em que a entidade contratante convida as pessoas singulares ou colectivas que considera mais idóneas e especializadas para apresentarem as suas propostas".

Procedimento por Negociação (tramitação artigos 132º a 139º)

Definição – artigo 23º - al. d)

"sistema que consiste no convite aos interessados, em geral ou limitadamente, para apresentarem as suas candidaturas ou propostas que, depois de analisadas e valoradas, são objecto de discussão e negociação com a entidade contratante, a fim de as harmonizar com o interesse público, escolhendo-se a proposta adjudicatária em função não só da proposta inicial, mas também das correcções resultantes da negociação".

2. Procedimentos Especiais – Previstos Capitulo VI da LCP

Concurso para Trabalhos de Concepção (tramitação artigos 141º a 155º e subsidiariamente as regras do Concurso Público)

Definição – artigo 140º nº 1

"procedimentos que permitem a aquisição de planos ou projectos nos domínios artísticos, ordenamento do território, planeamento urbano, arquitectura, engenharia civil ou processamento de dados, um plano ou um projecto seleccionado por um júri, com ou sem a atribuição de prémio".

Sistemas de Aquisição Dinâmica Electrónica (tramitação artigos 157º a 163º)

Definição – artigo 156º nº 1 e nº2

Procedimento especial totalmente electrónico que permite celebrar contratos de aquisição de bens móveis ou de serviços de uso corrente.

São bens e serviços de uso corrente, aqueles cujas especificações técnicas se encontrem totalmente estandardizadas.

3. Contratação de Serviços de Consultadoria (tramitação artigos 164º a 179º)
Critério de escolha dos procedimentos (artigo 22º nº 2)
Em função do valor estimado do Contrato - Regra Geral (artigo 24º nº 1)

Artigos 24º, 25º e 26º

> Preço base indicado pela entidade pública contratante, calculado em função do valor económico das prestações a contratar (artigo 24º nº 2)

Divisão em Lotes (artigo 26º)

O procedimento a adoptar relativo a cada lote é o que corresponde ao somatório dos valores estimados dos vários lotes (quando prestações do mesmo tipo forem objecto de contratos em separado e fossem susceptíveis de constituírem objecto de um único contrato).

Escolha do tipo de procedimento em função do critério do valor (artigo 25º)

Tipo De Procedimento	Valor Estimado do Contrato	Anexo I Tabela de valores
Concurso Público	=> 500.000.000 kz	Igual ou superior Nível 8
Concurso Limitado por Prévia Qualificação	=> 500.000.000 kz	Igual ou superior Nível 8
Concurso Limitado sem Apresentação de Candidaturas	=>18.000.000 < 500.000.000 kz	Entre Nível 2 e Nível 8
Procedimento por Negociação	=<a 36.000.000 kz	Igual ou inferior Nível 3

> **Limites: Artigo 37º n.os 3 e 4**
>
> Não ultrapassar 10% do orçamento global da unidade orçamental relativamente à verba inscrita na categoria orçamental da despesa a realizar;
>
> Existência de pedidos ou requisições do serviço requerente;
>
> Propostas de pelo menos três agentes económicos;
>
> Aceitação da entidade competente para auditoria ou inspecção posterior.

PARTE II – FASE DE FORMAÇÃO DO CONTRATO/PROCEDIMENTOS

Escolha do tipo de procedimento em função de outros critérios materiais legalmente estabelecidos, isto é, **independentemente de valor** (regra geral – artigo 27º).

O tipo de procedimento a seguir em função de critérios materiais é o PROCESSO DE NEGOCIAÇÃO.

Poderá considera-se que este é um procedimento "atípico", uma vez que o legislador lhe atribui diferente designação. Nomeadamente, no tocante ao previsto na alínea c) do artigo 28º, pelos motivos evocados, será uma das situações em que não será possível efectuar consulta a pelos menos 5 entidades, conforme se recomenda no nº 3 do artigo 125º. Poderá por analogia seguir-se uma tramitação combinada do regime aplicável ao concurso limitado sem apresentação de candidaturas (convite à/às entidades) e negociação pela aplicação adaptada, ao caso concreto, dos artigos 138º e 139º;

Independentemente do valor e do Objecto do Contrato - artigo 28º – Processo de negociação para todo o tipo de contratos (Para todo o tipo de contratos - empreitada de obras públicas, aquisição ou locação de bens móveis e imóveis, aquisição de serviços):

1) Na medida do estritamente necessário e, por motivos de urgência imperiosa(equivalente à actuação em estado de necessidade)
Requisitos (de verificação cumulativa):
– Os motivos resultam de acontecimentos imprevisíveis;
– Não são em caso algum imputáveis à entidade adjudicante;
– A urgência na satisfação da necessidade não é compatível com o cumprimento dos prazos inerentes à tramitação dos restantes procedimentos previstos na Lei.

2) A natureza do objecto do contrato impossibilite a fixação prévia do preço.

3) A prestação apenas possa ser realizada por uma ou poucas entidades, por motivos de:
– Aptidão técnica ou artística;
– Protecção de direitos exclusivos ou de direitos de autor

4) Na sequência de Concurso Público ou Concurso Limitado por Prévia Qualificação, não tenha havido apresentação de propostas ou candidaturas (concurso tenha ficado deserto).

- Manutenção do conteúdo do Caderno de Encargos;
- Manutenção dos requisitos mínimos de capacidade técnica efinanceira.

Independentemente de valor e Exclusivo para Contratos de locação e aquisição de bens (artigo 29º):

1) Locação ou adquisição bens ou equipamentos de uso corrente destinados a:
Requisitos (de verificação cumulativa):
- Substituição parcial ou ao incremento de bens ou equipamentos, já anteriormente locados ou adquiridos;
- A uma mesma entidade;
- A mudança de fornecedor obrigue à locação ou aquisição de bens ou equipamentos de características técnicas diferentes;
2) Aquisição de bens cotados em bolsas de matérias-primas;
3) Adquisição de bens ou equipamentos em condições de mercado especialmente mais vantajosa.

Independentemente de valor e Exclusivo para Contratos de prestação de serviços (artigo 30º)

1) Serviços novos que sejam repetição de serviços similares:
Requisitos (de verificação cumulativa):
- Tenham objecto de contrato anterior celebrado há menos de três anos;
- Mesmo prestador de serviços.
2) Serviços complementares, não incluídos no projecto inicial ou no primeiro contrato celebrado, que:
Requisitos (de verificação cumulativa):
- Se tenham tornado necessários, na sequência de circunstâncias imprevistas, para a execução dos serviços contratados e:
- A adjudicação seja ao prestador inicial, e
- Não possam ser técnica ou economicamente separados do contrato inicial, sem grave inconveniente para a entidade pública contratante;
3) A natureza das respectivas prestações não permita a elaboração de especificações contratuais suficientemente precisas para a definição dos atributos qualitativos das propostas, necessários à fixação do critério de adjudicação.

ABERTURA DO PROCEDIMENTO

Decisão de contratar e Decisão de escolha do procedimento (artigo 31º e 32º)
O tipo de procedimento a adoptar em concreto cabe ao órgão competente para a decisão de contratar, de acordo com a legislação aplicável (órgão competente para autorizar a despesa) e deve ser fundamentada, ainda que por remissão.
Existe um especial dever de fundamentação, quando se verifique:
- Recurso a processo de negociação (procedimento independentemente do valor do contrato)
- Recurso a procedimento por negociação.

Comissão de Avaliação do Procedimento (artigo 41º) (Dá lugar a Júri no procedimento especial para trabalhos de concepção - artigo 147º)
Número ímpar de membros – **Mínimo 3/Máximo 5** efectivos e 2 suplentes.

Administração Central do Estado

Presidente da Comissão é um Representante do Ministério das Finanças ou outra entidade por ele designada;
A nomeação dos restantes membros cabe ao órgão superior da entidade pública contratante de entre seus funcionários.

Administração Local do Estado

O Presidente da Comissão é nomeado pelo Governador Provincial sob proposta do delegado de finanças.

Os funcionários designados para membros da comissão devem ser:
- Experientes na entidade pública contratante e em contratação pública;
- Possuir qualificações que satisfaçam os requisitos e as orientações emitidas pelo executivo;

Impedimentos para integrar comissões de avaliação
Quem se encontrar em alguma das situações elencadas no nº 5 do artigo 41º não pode participar na comissão e está obrigada a comunicar a situação de impedimento.

A não comunicação determina a aplicação de sanções, como sejam medidas disciplinares (impedimento de participação futura noutras comissões, ou outras).

Sobre os membros das comissões impende a **obrigação de confidencialidade sobre os elementos do processo de contratação** (artigo 44º) extensível a outros funcionários que nele intervenham.

A violação do dever de sigilo, tem por sanção a responsabilidade civil, criminal e disciplinar.

Funcionamento da Comissão de Avaliação (artigo 42º)

Inicia funções no dia determinado no despacho que designa o seu Presidente.

Têm que estar presentes a maioria dos seus membros efectivos.

As deliberações são tomadas por maioria, não admitindo abstenções.

Existindo voto de vencido, as razões devem constar da acta (declaração de voto).

Pode designar um dos seus membros como secretário ou do pessoal dos serviços da entidade pública.

Pode ter o apoio de peritos ou consultores sendo, a designação destes, da competência da entidade também competente para a decisão de contratar.

Competência da Comissão de Avaliação (artigo 43º)

Exercer as competências que lhe sejam delegadas (**excepto**: decisão de qualificação e de adjudicação)

Competências Próprias

- Receber candidaturas
- Conduzir o acto público (decidir a interrupção, para reunião em sessão privada, decidir o tempo a conceder para a consulta dos documentos apresentados pelos concorrentes, decidir da admissão e exclusão de concorrentes e das propostas, decidir as reclamações, elaborar a acta)
- Proceder à apreciação das candidaturas/propostas
- Elaborar os relatórios de análise das candidaturas/propostas
- Elaborar **propostas de decisão** relativas a: Admissão de candidaturas e admissão de propostas e de adjudicação;
- Proceder à audiência prévia dos candidatos/concorrentes

PEÇAS DO PROCEDIMENTO

Tipos de Peças – artigo 45º
As peças dos procedimentos são aprovadas pelo órgão competente para a decisão de contratar e correspondem a:

No concurso público:
- Programa de Procedimento
- Caderno de Encargos

No concurso limitado por prévia qualificação
- Programa do Procedimento
- Caderno de Encargos
- Convite à apresentação de propostas

No concurso limitado sem apresentação de candidaturas
- Programa do Procedimento
- Convite à apresentação de propostas
- Caderno de Encargos

No procedimento de Negociação
- Programa do Procedimento
- Convite à apresentação de propostas
- Caderno de Encargos

No procedimento de/por negociação
- Convite à apresentação de proposta
- Caderno de Encargos

PROGRAMA DO PROCEDIMENTO (ARTIGO 46º)

"Tem a natureza de regulamento administrativo (geral e abstracto) e define os termos a que deve obedecer todo o procedimento até à celebração do contrato final." (carácter adjectivo).

Conteúdos base – (artigo 60º)
- Identificação do concurso
- Órgão que tomou a decisão de contratar
- Endereço e designação do serviço de recepção das propostas, com horário de funcionamento
- Data limite de apresentação das propostas
- Requisitos de admissão dos concorrentes
- Modo de apresentação das propostas
- Documentos qua acompanham a proposta
- Documentos que instruem a proposta
- Admissão de propostas alternativas ou variantes e quais as cláusulas do caderno de encargos que podem ser alteradas
- Data, hora e local do acto público de abertura das propostas
- Prazo de manutenção da proposta
- Critério de adjudicação, com especificação dos factores e eventuais subfactores de avaliação das propostas

Outros conteúdos essenciais
- Indicação de alvará (artigo 56º nº1)
- Requisitos mínimos de capacidade técnica, profissional e financeira (artigo 55º nº 2, artigo 58º e artigo 57º)
- Caução provisória (artigo 66º nº 1 e 70º nº 2 b))
- Modelo da caução (artigo 67º nº 4)
- Margem de preço – fomento do empresariado (artigo 98º nº 4)
- Cláusula de não adjudicação (artigo 100º nº 1 f))
- Realização de leilão electrónico (artigo 92º)
- Modalidade jurídica de associação, caso o adjudicatário seja um agrupamento (artigo 52º)

CADERNO DE ENCARGOS (ARTIGO 47º)

Tem natureza substantiva ou material – destina-se a regular a fase de execução do contrato (poderão vir a ser aprovados cadernos de encargos tipo).

Define-se como "a peça que contém sob a forma articulada, as cláusulas jurídicas, administrativas, financeiras e técnicas gerais e especiais, a incluir no contrato a celebrar.

Para os contratos de manifesta simplicidade das prestações que constituem o seu objecto, o Caderno de Encargos pode também ser um documento simples e as suas cláusulas circunscreverem-se a mera fixação de especificações técnicas e outras referências essenciais como o preço ou o prazo.

No caso de Procedimento para contratação de **Empreitada de Obras Públicas, acrescem àquelas duas peças**:

- As peças do projecto (artigo 48º) apontadas como "as necessárias para uma correcta definição da obra (localização, volume e tipo de trabalhos, valor estimado destes, natureza do terreno, traçado geral e outros pormenores técnicos) em suma, a informação necessária à boa execução dos trabalhos.
- As peças de projecto serão constituídas de acordo com a complexidadeda obra e dividem-se em:
  - **Peças escritas**, que devem conter, entre outros reportados necessários, os indicados nas alíneas a), b) e c) do nº 2 – Memória descritiva, mapa de medições (previsão da quantidade e qualidade dos trabalhos) e o programa de trabalhos com indicação do prazo de execução.
  - **Peças desenhadas** – prevalecem sobre as escritas – Planta de localização, plantas, alçados, cortes, elementos dos projectos de especialidades e pormenores construtivos, mapas de acabamentos, sondagens e perfis geológicos (nº 3 – artigo 48º) (se não existirem estudos geológicos devem obrigatoriamente ser definidas as principais estruturas do terreno pela entidade pública)

Empreitada de Obra Pública – Regime de concepção-construção – a elaboração de projecto como elemento de execução do contrato é um regime excepcional – só em casos excepcionais devidamente fundamentados, de que são exemplo: complexidade técnica da obra; tecnicidade própria dos concorrentes; obrigações de resultado relativas à utilização.

Especificações técnicas – (artigo 49º)
Propriedades exigidas de um produto, níveis de qualidade, utilização, segurança, dimensões, etc – que permitem caracterizar objectivamente um material, um produto ou um bem a fornecer.

Podem ser completadas com protótipo do material ou elemento, devendo ser especificado nos documentos do concurso.

Não é permitida a fixação de especificações técnicas por referência a marcas patentes ou processos de fabrico particulares, que tenha por objectivo ou efeito o favorecimento ou prejuízo de empresas ou produtos.

Quando haja impossibilidade de descrição é permitida a referência a marcas, etc, acompanhada da expressão "ou equivalente".

As especificações técnicas são definidas como previsto nas alíneas a) e b) do nº 5.

REGRAS DE PARTICIPAÇÃO

Candidatos e Concorrentes (artigo 50º)

- **Candidato:** entidade, pessoa singular ou colectiva que participa, através da apresentação de uma candidatura na fase de qualificação de um concurso limitado por prévia qualificação ou de um procedimento por negociação.
- **Concorrente:** pessoa singular ou colectiva que participa num procedimento pré contratual através da apresentação de uma proposta ou solução.

Associações (agrupamentos de concorrentes) – (artigo 52º)
Pessoas singulares ou colectivas que se associam com o objectivo de apresentar candidaturas, propostas ou soluções.

Podem integrar a associação independentemente da actividade que exerçam, pessoas singulares ou colectivas, sem que entre elas exista qualquer modalidade jurídica de associação, só tendo que se associar juridicamente, caso assumam a posição de adjudicatário.

Nas peças do procedimento deverá ser definida a modalidade jurídica de associação, a qual deverá concretizar-se antes da celebração do contrato.

Impedimentos "directos" (candidatos e concorrentes) – (artigo 54º alíneas a) a f), artigo 8º e 165º)
Não pode ser candidato, concorrente ou integrar qualquer associação quem se encontre em qualquer das situações previstas nas alíneas a) a f) do artigo 54º, no artigo 8º (**impedimentos dos interessados**) e o artigo 165º (**impedimentos para prestação de serviços de consultadoria – conflitos de interesses**):

- Se encontrem em estado de insolvência, declarada por sentença judicial, em fase de liquidação, dissolução ou cessação de actividade, sujeita a qualquer meio preventivo de liquidação de patrimónios ou de qualquer situação análoga ou tenham o respectivo processo pendente;
- Tenham sido condenados por sentença transitada em julgado por crime que afecte a sua honorabilidade profissional, se entretanto não tiver ocorrido a sua reabilitação, no caso de se tratar de pessoas singulares ou, no caso de se tratar de pessoas colectivas tenham sido condenadas por aqueles crimes os titulares dos seus órgãos sociais de administração, direcção ou gerência, e estes se encontrem em efectividade de funções; (corresponde à al. e) do artigo 8º)
- Tenham sido objecto de aplicação de sanção administrativa por falta grave em matéria profissional, se entretanto não tiver ocorrido a sua reabilitação, no caso de se tratar de pessoas singulares ou, no caso de se tratar de pessoas colectivas tenham sido objecto daquela sanção os titulares dos seus órgãos sociais de administração, direcção ou gerência, e estes se encontrem em efectividade de funções; (corresponde à al. e) do artigo 8º)
- Não tenham a sua situação jurídica integralmente regularizada; (corresponde à al. d) do artigo 8º)
- Não tenham a sua situação regularizada relativa a contribuições para a segurança social; (corresponde à al. d) do artigo 8º)
- Não tenham a sua situação regularizada relativamente às suas obrigações fiscais; (corresponde à al. d) do artigo 8º)

Alínea a) artigo 8º - Objecto de boicote por organizações internacionais e regionais de que Angola faça parte;

Alínea b) artigo 8º - No passado não tenham cumprido adequadamente os contratos celebrados com entidades públicas.

> Cadastro das pessoas singulares ou colectivas que prestaram serviços, forneceram bens ou realizaram obras, a fim de evitar reincidir na contratação de empresas incumpridoras.

Alínea f) artigo 8º - as propostas, as candidaturas ou os pedidos de participação resultem de práticas ilícitas restritivas da concorrência.

Impedimento "indirecto" - Ter nacionalidade estrangeira e o objecto do procedimento não se enquadrar em nenhuma das situações previstas no artigo 52º.

Os procedimentos pré-contratuais só são abertos à participação de entidades estrangeiras(As entidades estrangeiras só podem candidatar-se ou concorrer) se:

Em função do valor
O valor do procedimento for superior a: (ANEXO III da LCP)
– 500.000.000,00 kz (empreitadas)
– 73.000.000,00 kz (bens ou serviços)

De valor inferior ou independentemente de valor
Não exista no mercado angolano quem preencha os requisitos exigíveis pela natureza do contrato a celebrar;
– Razões de conveniência da entidade contratante

Protecção do empresariado Angolano (artigo 51º)
– Preferência à admissão de entidades nacionais e prioridade à produção nacional
– A margem de preferência para o preço proposto por nacionais, que poderá ir até 10% relativamente ao preço proposto pelos angolanos (artigo 99º n.ºs 4 e 5)

CRITÉRIOS DE QUALIFICAÇÃO (ARTIGO 55º)

Em função do objecto, os interessados devem possuir as qualificações jurídicas, profissionais, técnicas e financeiras necessárias à execução do contrato, que não poderão em quaisquer circunstâncias conter requisitos discriminatórios.

As exigências de requisitos mínimos terão que ser fixadas no Programa de Concurso:

1. Habilitações profissionais (artigo 56º)
– **Empreitadas** – só os que sejam titulares de alvará de empreiteiro de obras públicas de categoria e subcategoria e da classe correspondente ao valor da proposta é que poderão apresentar-se a concurso;

- **Bens e serviços** – qualificações (habilitações ou autorizações profissionais específicas) eventualmente exigíveis em função do objecto do contrato.

2. Capacidade Financeira (artigo 57º)

Pode ser prevista a entrega dos documentos previstos nas alíneas a), b) e c) do nº 1, ou outros documentos que interessem à finalidade do contrato.

3. Capacidade técnica (artigo 58º)

Destina-se a avaliar quer o concorrente quer a conformidade das soluções técnicas propostas com as características da prestação. A sua demonstração pode ser efectuada através dos documentos indicados nas alíneas a), b), c), d), e) e f) do nº 1.

Para os interessados com menos de 3 anos de actividade, a demonstração quer da capacidade técnica quer financeira pode ser efectuada através de outros documentos a indicar pela entidade pública contratante.

Tramitação a observar na fase de formação dos contratos
– Fase de exteriorização da decisão de contratar

Publicação do Anúncio (artigo 59º)
Diário da República

Procedimento	Modelo de Anúncio
Concurso público	Anexo IV
Concurso limitado prévia qualificação	Anexo V
Procedimento de negociação	Anexo VI
Sistema aquisição dinâmica electrónica	Anexo IV
Trabalhos de concepção	A aprovar

Jornal de "grande circulação"
Plataforma electrónica (quando aplicável)

Disponibilização para Consulta e Fornecimento das peças do procedimento (artigo 61º):
- A consulta e as peças de procedimento são obtidas de modo diverso, conforme se esteja em procedimento com suporte papel ou em plataforma electrónica.
- Em suporte papel, a situação será em tudo semelhante à da legislação anterior.
- No âmbito de um procedimento de formação de um contrato através de plataforma electrónica, este meio garante o acesso exclusivo dos interessados às peças do procedimento.
- Para tanto o interessado deve registar-se na plataforma da entidade adjudicante no âmbito de cada procedimento, sendo-lhe atribuído um número de ordem sequencial.

Preço das Peças
- A disponibilização das peças pode implicar o pagamento de um "preço adequado", o qual em plataforma electrónica, tem necessariamente de ser quase residual ou nenhum.
- A autenticação na plataforma é feita mediante o pagamento dum preço.
- O fornecimento aos interessados das peças do concurso, em suporte papel, é susceptível de ter um custo.

Esclarecimentos e rectificações
- Pedidos pelos interessados – até ao fim do 1º terço do prazo fixado para a apresentação de propostas.
- Respondidos pela entidade contratante – até ao fim do 2º terço do mesmo prazo. Neste mesmo prazo pode efectuar rectificações às peças do procedimento.
- Os esclarecimentos e/ou rectificações são publicitados por aviso ou através da plataforma e comunicados aos interessados.
- Passam a integrar as peças e prevalecem em caso de divergência.

PROPOSTA
Noção – Documento pelo qual o concorrente manifesta à entidade adjudicante a vontade de contratar e indica as condições em que se dispõe a fazê-lo (artigo 63º).

Regras de indicação do preço (artigo 65º).

Proposta Variante: Proposta que apresenta condições alternativas relativamente ao disposto nas cláusulas do caderno de encargos.

Apenas se permitida (nº 2 artigo 60º) e não dispensa a apresentação de proposta base (artigo 64º).

A exclusão da proposta base implica a exclusão das variantes.

Prazo para apresentaçãodas propostas (artigos 73º, 124º, 137º e 131º)

Deve ser fixado de acordo com a complexidade das prestações do contrato, tendo em conta o tempo necessário à elaboração da própria proposta.

Prazos para apresentação de propostas				
Procedimento	Nº mínimo dias		Nº máximo dias	
Concurso público	20		120	
Concurso limitado por prévia qualificação/Procedimento de negociação	Candidatura	Proposta	Candidatura	Proposta
	Não imposto	20	Não imposto	120
Concurso limitado sem apresentação de candidaturas	6			

Prazo para manutenção das propostas (artigo 74º)

Prazo supletivo – 60 dias contados do acto público

Modo de apresentação das propostas:

Suporte papel (artigo 71º)
– Invólucro com Proposta
– Invólucro com Documentos
– Invólucro com Proposta Variante (se aplicável)
– Fascículos indecomponíveis
– Todos os documentos em língua portuguesa ou com tradução legalizada

Suporte electrónico (artigo 72º)
- Ficheiro: Documentos de Habilitação
- Ficheiro: Documentos de Instrução da Proposta
- Recibo Electrónico
- Documentos impossíveis de entregar por via electrónica – nº 7

A lei salvaguarda que as propostas entregues através da plataforma só sejam conhecidas durante o acto público.

Documentos de Habilitação (que acompanham a proposta)

Documentos obrigatórios em todos os procedimentos – (artigo 69º):
- Declaração de identificação do concorrente (alínea a)
- Comprovativo da regularidade da situação jurídica (alínea b)
- Comprovativo da regularidade da situação fiscal (alínea c)
- Comprovativo da regularidade da situação contributiva (alínea d)
- Comprovativo de entrega da declaração fiscal (alínea e)

Outros documentos exigíveis em função do procedimento específico, previstos no programa de concurso, como por exemplo:
- Comprovação de habilitação profissional
- Comprovação de capacidade técnica e/ou financeira

Documentos da proposta

Documentos obrigatórios em todos os procedimentos – (artigo 70º):
- Declaração de aceitação do Caderno de Encargos (alínea a); (assinada por representante comum caso seja agrupamento e instrumento de mandato emitido por cada um dos membros)
- Comprovativo de prestação da caução provisória (salvo dispensa)

Em procedimento de empreitada de obras públicas:
- Nota justificativa do preço proposto;
- Lista de preços unitários de todas as espécies de trabalhos;
- Programa de trabalhos, incluindo plano de trabalhos, plano de mão--de-obra e plano de equipamentos;
- Memória descritiva e justificativa do processo de execução da obra;

- Cronograma financeiro;
- Plano de pagamentos;

Se aplicável:
- Declaração de compromisso relativa a subempreiteiros;
- Projecto de execução (concepção-construção)

Em procedimento por Concurso Público, se exigido no Programa:
- Lista de preços por memória;
- Lista de aluguer de equipamento;
- Lista de cedência de mão-de-obra;
- Lista de eventuais subempreiteiros para aprovação.

Outros documentos exigidos pelo programa de concurso em função do procedimento específico.

Recepção das Propostas e Acto Público (artigos 75º a 83º)

Momento (artigo 75º)
- Dia útil imediato à data limite de apresentação das propostas.
- Pode ser adiado, por motivo justificado, mas nunca por prazo superior a 30 dias.

Regras da sessão do acto público (artigo 76º e 77º)
- Deve ser contínua, compreendendo o número de reuniões necessárias.
- Pode ser interrompida, por decisão da comissão, para reunir em sessão reservada.
- No acto público apenas se procede à verificação formal dos documentos.
- Pode assistir qualquer interessado, mas só podem intervir os representantes dos concorrentes credenciados, que podem:
  - Pedir esclarecimentos;
  - Apresentar reclamações, por escrito ou verbais, que ditam para a acta;
  - Apresentar recurso hierárquico facultativo, e
  - Examinar a documentação apresentada pelos concorrentes

Abertura (artigo 78º)
– Identificação dos elementos essenciais do procedimento;
– Leitura da lista de concorrentes;
– Abertura dos envelopes exteriores e dos relativos a documentos de habilitação ou dos ficheiros electrónicos equivalentes
– Verificação dos documentos de habilitação

Deliberação quanto a Não admissão e admissão condicional (artigo 79º)

Causas de não admissão dos concorrentes:
– Propostas apresentadas fora de prazo;
– Se os documentos de habilitação contiverem qualquer elemento indiciador do preço ou das condições de pagamento;
– Falta de documentos essenciais ou omissão de aspectos essenciais
– Não cumpram com as formalidades do modo apresentação (artigos 71º e 72º)

Causas de admissão condicional:
– Falta de documentos não essenciais ou omissão de aspectos não essenciais

São comunicadas aos concorrentes as deliberações relativas à admissão, admissão condicional e exclusão de concorrentes, com indicação dos elementos de facto e de direito que as fundamentam.

Se forem apresentadas **reclamações**, a Comissão analisa-as e delibera sobre as mesmas.

Havendo concorrentes **admitidos condicionalmente** e se não forem sanadas as irregularidades na própria sessão, esta é **suspensa** e, a Comissão fixa um prazo até cinco dias, para aquele efeito.

Prosseguimento do acto público (artigos 80º e 81º)
Admissão condicional suprida na própria sessão:
– A Comissão verifica os documentos/elementos entregues, delibera pela admissão ou exclusão dos concorrentes e dá a conhecer as deliberações e a lista final de concorrentes admitidos.

Admissão condicional não suprida na própria sessão:
– A Comissão retoma a sessão do acto público no dia útil seguinte ao termo do prazo fixado, seguindo os procedimentos atrás descritos.

Abertura das propostas dos concorrentes admitidos (artigo 82º)

- Abertura dos sobrescritos que contém as propostas ou dos ficheiros electrónicos;
- Rubrica ou chancela dos documentos/ autenticação electrónica dos ficheiros, por dois membros da Comissão;
- Leitura dos aspectos essenciais das propostas, designadamente o preço;
- Exame formal dos documentos e deliberação sobre a respectiva admissão.

Causas de exclusão (não admissão) de propostas (artigo 83º)

- Falta de documentos exigidos;
- Falta de elementos essenciais exigidos no Programa de Concurso;
- Não cumpram com as formalidades do modo apresentação.

São comunicadas aos concorrentes as deliberações relativas à admissão, e exclusão de propostas, com indicação dos elementos de facto e de direito que as fundamentam.

Recurso Hierárquico (artigo 84º)

- Todas as deliberações da Comissão relativas a reclamações apresentadas na sessão de acto público são susceptíveis de recurso hierárquico. O prazo de interposição é de cinco dias a contar da data da entrega da certidão da acta do acto público.
- A entidade competente para apreciar o recurso dispõe do prazo de 10 dias para notificar o recorrente da decisão. A falta de notificação corresponde a deferimento (tácito).
- Se houver deferimento devem praticar-se todos os actos necessários à reposição da legalidade e nessa impossibilidade, anular o concurso.

Relatório Preliminar

Qualificação dos Concorrentes (artigo 85º)

- A Comissão aprecia as habilitações profissionais, a capacidade técnica e financeira dos concorrentes, através dos documentos para o efeito solicitados no programa de concurso (documentos de habilitação) e com as regras aí definidas.
- Deve propor a exclusão das propostas dos concorrentes que não tenham comprovado, devidamente, as respectivas habilitações ou capacidades.

- As propostas cuja exclusão seja proposta pela comissão **não são objecto de análise e avaliação.**
- No **relatório preliminar** a Comissão fundamenta de facto e de direito as razões pelas quais propõe a exclusão das propostas.

Análise e avaliação das propostas (artigo 86º)

A Comissão analisa as propostas dos concorrentes qualificados. Nesta **análise**, verifica:

- Da necessidade de solicitar esclarecimentos sobre as mesmas (artigo 88º) e designadamente, no caso de proposta de preço anormalmente baixo, sendo o preço mais baixo o critério de adjudicação (artigo 99º nº 8)

Os esclarecimentos prestados não podem completar ou alterar as propostas e tem que ser notificados a todos os concorrentes.

- Se ocorre alguma causa que conduza à proposta da sua exclusão.

Causas de exclusão das propostas (artigo 87º)

- Apresentação de proposta variante (não admitida) ou em número superior ao admitido;
- Apresentação de proposta variante (admitida) sem apresentação de proposta base;
- Proposta de exclusão da proposta base (implica a exclusão da proposta variante);
- Proposta com documentos falsos ou que contém falsas declarações;
- Incluam alterações, não permitidas, ao Caderno de Encargos,
- Violem disposições legais ou regulamentares;
- Se considerem inaceitáveis;
- Existam fortes indícios de falsear a concorrência.
- Preço anormalmente baixo, quando não devidamente justificado.

A **avaliação** das propostas **é** efectuada **exclusivamente em função do critério de adjudicação** estabelecido.

Critério de adjudicação (artigo 99º nº 1)

Preço mais baixo
ou
Proposta economicamente mais vantajosa (PEMV)

Factores (F):

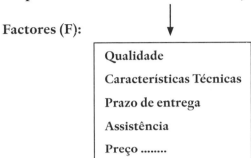

Os factores (F) e eventuais subfactores (SF)

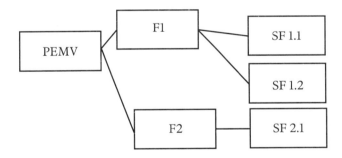

que concretizam o critério da proposta economicamente mais vantajosa **não podem dizer respeito, directa ou indirectamente**, a situações, qualidades, características ou outros elementos de facto relativos **aos concorrentes**.

Regras para a fixação do critério de adjudicação:
- Em leilão electrónico o " preço" é o único critério de adjudicação permitido (b) n.º 3 artigo 91º)
- Em concurso de concepção de acordo com o " critério de selecção" fixado nos termos de referência.
- Em sistema de aquisição dinâmico "à versão definitiva de preço mais baixo"

Audiência prévia (artigo 90º)

Elaborado o relatório preliminar, que reflecte a análise, avaliação e ordenação das propostas para efeitos de adjudicação – **projecto de decisão final** – é este submetido a audiência prévia escrita dos concorrentes, que dispõem de **cinco dias**, para se pronunciarem.

Relatório final (artigo 97º)

A Comissão, caso se tenha registado a intervenção de algum ou alguns dos concorrentes em audiência prévia, pondera as observações formuladas e mantém ou modifica as conclusões do relatório preliminar, podendo ainda propor, nesta fase exclusão de propostas, se verificar a ocorrência de factos que o justifiquem.

Resultando proposta de "novas" exclusões ou a alteração da ordenação das propostas constante do relatório preliminar, deverá realizar-se **nova audiência prévia**.

O relatório final é aprovado para entidade competente para a decisão de contratar.

SÍNTESE DA FASE PROCESSUAL DE QUALIFICAÇÃO DOS CONCORRENTES E ANÁLISE DAS PROPOSTAS

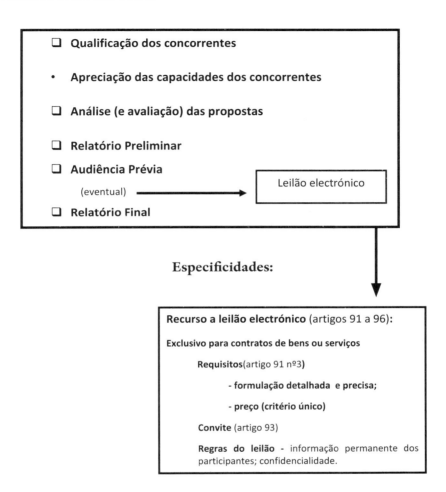

Adjudicação (artigo 98º)
    Noção – "acto pelo qual o órgão competente da entidade contratante aceita a única proposta apresentada ou escolhe uma de entre as várias apresentadas", por aplicação do critério definido.
    – **Notificação** (artigo 101º)
        – Ao adjudicatário, para prestar caução definitiva;
        – Aos restantes concorrentes, depois de apresentada a caução.

- **Publicitação** (artigo 102º)
  - As adjudicações de propostas de valor superior a 91.000.000,00 kz, são publicitadas no Portal da Contratação Pública.
- **Caução Definitiva**: (artigo 103º a 106º)
  - **Função** – garantir o exacto e pontual cumprimento das obrigações decorrentes da celebração do contrato.
  - **Valor** – até um montante máximo correspondente 20% do valor total da adjudicação (a fixar no Caderno de Encargos)
  - **Prazo para a prestação** - máximo de seis dias, contados da notificação da adjudicação. A não apresentação da caução (artigo 107º) determina a caducidade da decisão de adjudicação, devendo ser decidida a adjudicação à proposta ordenada em lugar subsequente.
  - **Modo de prestação** – Depósito em dinheiro, garantia bancária ou seguro-caução.
  - **Liberação** – Da iniciativa da entidade contratante, no prazo máximo de noventa dias contados do cumprimento de todas as obrigações contratuais. O incumprimento daquele prazo, confere ao contraente particular direito a juros.

Casos de não adjudicação (artigo 100º)

Fundamentação – por qualquer dos motivos elencados no nº 1. Se o fundamento da não adjudicação se relacionar com necessidade de alteração das peças do procedimento, é obrigatório iniciar novo procedimento, no prazo de seis meses.

A decisão de não adjudicação e os seus fundamentos tem que ser notificada aos concorrentes.

Contrato
- Regra Geral – celebrado por escrito (artigo 108º),
- Conteúdo obrigatório (artigo 110º),
- Aprovação da minuta (artigo 111º),
- Aceitação da Minuta/Reclamações (artigos 112º e 113º),
  - Reclamação contra a minuta: 5 dias a contar da data da notificação,
  - Resposta à reclamação: 10 dias (silêncio equivale a rejeição),
- Prazo para a outorga (artigo 114º) – 30 dias após adjudicação,
- Representação das partes (artigo 115º),

- Caducidade (da adjudicação) artigo 116º – A **não comparência à assinatura** do contrato ou não efectivação da associação jurídica dos agrupamentos **implica caducidade da adjudicação e perda da caução**.

Tramitação do Concurso Limitado por prévia qualificação

Regime supletivo: Regras do Concurso Público (artigo 117º)

Fases do procedimento (artigo. 118º)
   1ª fase – Pública
      Anúncio (artigo119º)
      Programa do concurso (artigo 120º)
      Candidaturas (artigo 121º a 124º)
      Qualificação (artigo 125º)
   2ª fase – Limitada
      Convite (artigo 127º)
      Apresentação das propostas
      Acto Público   } Regras do Concurso Público
      Adjudicação

Tramitação do Concurso Limitado s/ Apresentação Candidaturas (artigos 129º a 131º)
   – Regime do Concurso Público (adaptado)
   – Envio de convite a pelo menos 3 entidades
   – Prazo para apresentação de propostas - Mínimo 6 dias

Tramitação do Procedimento por negociação (artigos 132º a 139º)
   – Publicação de Anúncio (artigo 135º e artigo 59º);
   – Disponibilização do Programa do Procedimento (artigo 136º e artigo 60º)
   – Regime supletivo: Regras do Concurso Limitado por Prévia Qualificação
   – Apresentação de Candidaturas e Qualificação
   – Análise das propostas

Regras da negociação

> Reuniões com os concorrentes, em conjunto ou separado
>
> Hipótese de alteração das propostas
>
> Actas de todas as reuniões
>
> Relatório com ordenação das propostas
>
> Subsequentemente: Regras do concurso limitado por prévia qualificação

Procedimentos especiais

Concurso para trabalhos de concepção (artigos 140º a 155º)

Delimitação (artigo 140º)
Destinado a um objecto especifico – adquirir projectos ou planos, nos domínios artísticos, do ordenamento do território, da arquitectura, engenharia, etc.
Podem ou não atribuir o direito à posterior celebração de um contrato e conferir ou não direito ao pagamento de prémios.

Anúncio (artigo 145º)
Em modelo a aprovar, deve possuir um resumo dos seus elementos mais importantes.

Termos de Referência (artigo 146º)
É uma das peças do procedimento. Documento que consubstancia as regras específicas do procedimento, os objectivos pretendidos, as

PARTE II – FASE DE FORMAÇÃO DO CONTRATO/PROCEDIMENTOS

condições para os interessados concorrerem, o critério de selecção, o número de trabalhos a selecionar, o montante dos prémios e inclusive os requisitos de capacidade técnica, se for adoptada a modalidade de prévia qualificação.

As normas dos artigos 140º a 154º prevalecem sobre o conteúdo dos Termos de Referência ou outros documentos complementares, que com elas se mostrem desconformes (artigo 155º).

Júri (artigo 147º)

É constituído nas mesmas condições dos procedimentos comuns, mas com a especificidade de os seus membros terem de possuir habilitações profissionais não inferiores às exigidas aos concorrentes.As suas **deliberações têm carácter vinculativo**.

Ao seu funcionamento e competências aplicam-se as mesmas regras que são aplicáveis às Comissões de Avaliação.

Tipos de procedimentos a adoptar (artigo 141º)

Segue a modalidade de Concurso Público ou do Concurso Limitado por Prévia Qualificação. A **regra** é a de que deve ser adoptado o **Concurso Público**, regulado no artigo 151º.

A opção pela modalidade de Concurso Limitado por Prévia qualificação **carece de especial fundamentação** e deve ser a utilizada quando o objecto seja complexo e aconselhe maior exigência de qualificações técnicas. Contudo, quando seja esta a forma utilizada os critérios de selecção devem ser definidos de forma clara, não discriminatória e o número de candidatos a selecionar deve assegurar uma efectiva concorrência. As regras de tramitação constam do artigo 152º.

Prazo para apresentação dos documentos (artigo 150º)

É fixado livremente, sempre levando em consideração a complexidade do objecto e o tempo necessário à respectiva elaboração.

Regras específicas do concurso para trabalhos de concepção
Competência para a decisão de contratar (artigo 142º)

–   **Com pagamento de prémios** – a entidade competente para autorizar a despesa relativa aos prémios ou pagamentos a efectuar;

- **Sem pagamento de prémios** – órgão da entidade competente nos termos da lei orgânica.

Anonimato (artigo 148º)

Terá que ser garantido o anonimato da identidade dos concorrentes autores até à conclusão da elaboração do relatório final.

Selecção e Prémios (artigo 153º)

Poderá ser seleccionado um ou mais trabalhos, conforme o definido nos termos de referência e o teor e conclusões do relatório final do Júri.

Da decisão de selecção tem que constar a atribuição dos prémios (se previstos) e esta tem que ser notificada simultaneamente a todos os concorrentes e também aos candidatos excluídos, caso o procedimento tenha sido o de Concurso Limitado por Prévia Qualificação.

Prova das habilitações profissionais (artigo 154º)

Tendo sido exigida a titularidade de uma habilitação profissional específica, os concorrentes selecionados tem cinco dias, contados da notificação da selecção para fazerem a respectiva prova documental. O incumprimento daquele prazo determina a caducidade da decisão de selecção, devendo ser selecionado o concorrente ordenado no lugar seguinte.

Sistemas de aquisição dinâmica electrónica (artigos 156º a 163º)

Características (artigo 156º)

Procedimento integralmente electrónico, de **utilização exclusiva** para contratação futura de **bens e serviços de uso corrente**.

Fases:

1ª Fase – Instituição do sistema e formação do catálogo electrónico (artigo 158º)

- **Decisão de contratar e escolha do procedimento para a instituição do sistema** – segue o regime de escolha do procedimento em função do valor, atendendo ao custo estimado do (s) contrato (s) a celebrar para o período de tempo fixado para a duração do sistema, que não pode representar qualquer tipo de custos para os interessados ou concorrentes.

PARTE II – FASE DE FORMAÇÃO DO CONTRATO/PROCEDIMENTOS

– A decisão de instituição de um sistema de aquisição dinâmico é publicitada no Diário da República e num jornal de grande circulação. (**Anúncio**)
– As suas regras são fixadas no **Programa do procedimento, que deve ser na integra disponibilizado electronicamente, de forma gratuita e directa** e cujo conteúdo mínimo é:
  – Identificação do concurso,
  – Identificação do órgão que decidiu contratar
  – O modo de apresentação das propostas
  – O critério de adjudicação – **Versão definitiva do preço mais baixo**
  – Prazo de vigência do sistema (**nunca superior a 4 anos**)
  – Informações relativas ao acesso ao sistema, equipamento e requisitos técnicos de ligação.

Formação do Catálogo Electrónico (artigo 161º)
– São apresentadas versões iniciais de propostas tendentes à formação do catálogo, sobre as quais a entidade se deve pronunciar (admitir ou rejeitar) no prazo de 15 dias.
– É fundamento de rejeição a violação do Caderno de Encargos. As propostas rejeitadas podem ser alteradas no prazo de 5 dias e reapreciadas no prazo de 15 dias.
– São admitidas ao sistema e incluídas no catálogo electrónico todos os interessados cujas versões (iniciais ou alteradas) das propostas não foram rejeitadas.

2ª Fase – Convite (para apresentação da proposta definitiva) (artigo 162º)
– É com o envio do convite que verdadeiramente se inicia o procedimento tendente à formação do contrato de aquisição, pelo que, é neste momento que se deve operar a verificação da existência de prévio cabimento orçamental.
– O convite à apresentação de uma **versão definitiva das propostas**, indica, obrigatoriamente, o prazo de entrega das propostas (**nunca inferior a 5 dias**), as quantidades a adquirir e é remetido a todos os concorrentes que integram o catálogo.
– Durante o prazo de vigência do sistema podem ser enviados tantos quantos convites se mostrem necessários para cobrir as necessidades de aquisição.

3ª Fase - Adjudicação (artigo 163º)
– Notificado da adjudicação, o adjudicatário apresenta **os documentos de habilitação no prazo de 2 dias**.
– Validados aqueles, segue-se a autorização da despesa e a efectivação da encomenda por via electrónica. Também a factura é remetida à entidade contratante por esta via.

CONTRATAÇÃO DE SERVIÇOS (ARTIGOS 164º A 171º)

Regras Especiais aplicáveis à Contratação de Consultores
Consultores - Pessoas singulares ou colectivas

Método de contratação (artigo 164º)
Regra geral – Processo de selecção prévia

Critérios de avaliação na selecção:
De pessoas colectivas
– Qualidade da proposta técnica
– Preço para a execução dos serviços
De pessoas singulares
– Experiência e qualificações
– Comparação de pelo menos 3 candidatos
– (se houver menos de 3 candidatos interessados e, houver fundamentos em razões de urgência e relevância para o serviço, poderá ser efectuada selecção a partir de lista que a entidade possua (cadastro de candidatos concorrentes prevista no artigo 9º) ou de entre anteriores prestadores.

Impedimentos – Conflito de interesses (artigo 165º)

Fases do Processo de Selecção (artigo 166º)

1. Elaboração dos Termos de Referência (artigo 167º)
Documento em que se definem os objectivos, âmbito dos serviços, prazos e obrigações, responsabilidades, serviços a contratar, qualificações exigidas e informações relativas à entidade adjudicante.

PARTE II – FASE DE FORMAÇÃO DO CONTRATO/PROCEDIMENTOS

2. Determinação do custo estimado e elaboração de Orçamento (artigo 170º)

Elaborado com base na avaliação dos recursos necessários para a execução dos serviços a contratar.

3. Anúncio do Processo de Contratação (artigo 168º) (segue o regime do Concurso limitado por prévia qualificação)

3.1 – **Prazo** – Para os interessados manifestarem interesse em participar – **Não inferior a 15 dias** nem superior a metade do prazo que vier a ser fixado para a apresentação das propostas (30 a 90 dias – artigo 169º);

3.2 – **Divulgação dos consultores interessados ao Gabinete de Contratação**

3.3 – **Informações pedidas** – As necessárias à determinação da adequação das qualificações dos consultores ao objecto do contrato.

4. Preparação da lista consultores candidatos

Deve conter um mínimo de 3 consultores pré-qualificados.

5. Emissão do pedido de propostas

CONVITE **conteúdo mínimo** – (nº 5 artigo 168º)

Indicação da intenção de contratar os serviços; data, hora e local de apresentação e abertura de propostas; elementos da proposta; critérios de selecção; requisitos e ponderação das propostas técnica e financeira, pontuação mínima para selecção; termos de referência e minuta do contrato

6. Recepção das propostas

7. Avaliação das propostas técnicas (qualidade)

8. Abertura Pública das propostas financeiras

9. Avaliação final da qualidade e custo

10. Adjudicação da Proposta

11. Negociação – Apenas com o consultor candidato cuja proposta foi classificada **em 1º lugar** na **avaliação técnica**

12. Celebração do contrato

Centrais de Compras (artigo 172º a 179º)
Constituição e gestão de Centrais de Compras

Objectivos
– Centralizar a contratação de empreitadas, locação e aquisição de bens e de serviços; ou
– Dedicadas exclusivamente a um sector de actividade

Principais actividades (artigo 173º):
– **Adjudicar propostas** para a execução de empreitadas, aquisição de bens ou serviços, a pedido e em representação das entidades públicas contratantes;
– **Promover o agrupamento de encomendas**;
  (nestas actividades as despesas inerentes aos procedimentos de formação correm, salvo disposição legal em contrário, por conta das entidades beneficiárias)
– **Celebrar Acordos-Quadro** (definição – artigo 3º alínea e) – *"o contrato entre uma ou várias entidades adjudicantes e um ou mais empreiteiros, fornecedores de bens ou prestadores de serviços com vista a fixar os termos e as condições dos contratos a celebrar durante um determinado período, nomeadamente em matéria de preços e, se necessário de quantidades"*; (**contratos de aprovisionamento** – artigo 3º f) contrato de empreitada ou de aquisição de bens ou serviços, celebrado na base de um acordo-quadro)

As centrais de compras estão sujeitas à aplicação das regras de contratação pública estabelecidas na presente lei e devem orientar a sua actividade **pelos princípios** da: (artigo 174º)
– Segregação de funções (contratação/compra/pagamento)
– Utilização de ferramentas de compras electrónicas (com funcionalidades de catálogo electrónico e encomenda automática)
– Adoptar práticas que conduzam a redução de custos (privilegiar a via electrónica baseadas na acção de negociadores especializados e qualificados)
– Preferência pelos bens e serviços que promovam a protecção da indústria nacional e o ambiente;
– Promoção da concorrência.

Gestão atribuída a Terceiros: (artigo 177º)

Se a gestão da Central de compras for, total ou parcialmente, atribuída a terceiros, a selecção deste está sujeita às regras da contratação pública.

Qualidades (do terceiro):
– Garantias de Idoneidade;
– Qualificação Técnica;
– Capacidade Financeira
  (O procedimento mais adequado à selecção do terceiro será o Concurso Limitado por Prévia Qualificação).

Contrato de Gestão

O contrato de gestão com terceiros deve ser reduzido a escrito e regular, pelo menos, as seguintes matérias (conteúdos mínimos - artigo 178º)

– Prestações especificadamente abrangidas pela gestão;
– Garantia de continuidade e qualidade na execução das prestações por parte do terceiro;
– Definição de actividades acessórias que o terceiro pode prosseguir e em que termos;
– Critérios de remuneração e modo de pagamento;
– Duração do contrato.

PARTE III
EMPREITADAS DE OBRAS PÚBLICAS

EMPREITADA DE OBRAS PÚBLICAS (ARTIGO 180º)

Contrato oneroso que tem por objecto a execução, ou a concepção e execução, de uma obra pública (artigo 180º).

Obras Públicas:

- Construção,
- Concepção e construção,
- Reconstrução,
- Ampliação,
- Alteração,
- Reparação,
- Conservação,
- Limpeza,
- Restauro,
- Adaptação,
- Beneficiação,
- Demolição,

  - De Bens Imóveis,
  - Executadas por conta de um dono de obra pública.

PARTES DO CONTRATO (ARTIGOS 180º E 181º)

As Empreitadas de Obras Públicas são executadas por conta de um dono de obra pública (artigo 180º)

Nos termos dos artigo 4º e 180º, n.º 3, al. a), são donos de obra pública:
- O Titular do Poder Executivo (Presidente da República),
- Os Órgãos da Administração Central e Local do Estado,
- A Assembleia Nacional,
- Os Tribunais e a Procuradoria Geral da República,
- As Autarquias Locais,
- Os Institutos Públicos,
- Os Fundos Públicos,
- As Associações Públicas,
- As Empresas Públicas integralmente financiadas pelo Orçamento Geral do Estado.

É, ainda, dono de obra pública, de acordo com o artigo 180º n.º 3, al. b), qualquer pessoa colectiva (pública ou privada) que celebre contratos no exercício de funções materialmente administrativas.

O contrato de empreitada de obra pública é um Contrato Administrativo, que tem como:
- Partes: um dono de obra pública e um empreiteiro;
- Contrapartida: o pagamento de um preço;
- Objecto: a execução ou concepção e execução de obras.

O dono da obra é a pessoa colectiva que manda executar a obra. Se mais de uma pessoa colectiva mandarem conjuntamente executar a obra, o dono da obra é:
- Aquela a quem pertencem os bens, ou
- Aquela que fica incumbida da sua administração.

As deliberações do dono da obra são:
- Tomadas pelo órgão competente, nos termos da lei ou dos estatutos,
- Tomadas pelo órgão superior da Administração, no silêncio dos estatutos.

Representação das Partes (artigo 182º)

O dono da obra, durante a execução da obra, é representado pelo Director da fiscalização da obra, que não tem poderes para modificação, resolução ou revogação do contrato.

O empreiteiro, durante a execução da obra, é representado pelo Director Técnico da Obra.

Impedimentos (artigo 183º)

Os funcionários, agentes e titulares de cargos públicos estão impedidos de intervir directa ou indirectamente na fiscalização da obra se:
- Tiverem algum interesse pessoal face ao empreiteiro,
- Directo ou por interposta pessoa,
- Singular ou colectiva.

TIPOS DE EMPREITADA (ARTIGO 184º)

Há três tipos de contrato de empreitada, de acordo com o modo de retribuição do empreiteiro:
- Por Preço Global,
- Por Série de Preços,
- Por Percentagem:

    O recurso a este tipo de empreitada depende de prévio despacho de autorização fundamentado pelo Ministro da Tutela (artigo 218º, n.º 2)

A empreitada pode ser apenas de partes da obra e implica o fornecimento dos materiais pelo empreiteiro (salvo convenção em contrário).

EMPREITADA POR PREÇO GLOBAL (ARTIGO 185º E SEGUINTES)

Neste tipo de empreitada, o montante da remuneração é previamente fixado para a execução da totalidade dos trabalhos da empreitada.
- Apenas pode recorrer se a este regime para obras cujos projectos permitam determinar, com pequena probabilidade de erro, a natureza e quantidade dos trabalhos a executar bem como os materiais e a mão-de-obra a empregar;

- O dono da obra deve definir com a maior precisão possível, nas peças escritas e desenhadas do projecto e no Caderno de Encargos:
  - As características da obra,
  - As condições técnicas da sua execução,
  - A qualidade dos materiais,
  - Apresentar mapas de medições (detalhadas).

Os pagamentos são sempre feitos em função dos trabalhos executados (artigo 193º):

Em Prestações Fixas:
- O contrato fixa os valores a pagar, as datas e a compatibilidade com o plano de trabalhos

Em Prestações Variáveis:
- Os pagamentos são feitos de acordos com medições dos trabalhos e com base nos preços unitários do contrato;

Em qualquer caso, só são feitos pagamentos até ser completado o preço da empreitada. No final dos trabalhos, se ainda não tiver sido pago o preço global da empreitada, é pago ao empreiteiro o saldo (valor em falta para atingir o preço global).

Reclamações quanto erros e omissões do projecto (artigo 190º e seguintes).

O preço global proposto pelo empreiteiro e constante do contrato é, em princípio, fixo e imutável. Contudo, o preço refere se a uma obra bem determinada com um projecto específico, pelo que, se o projecto sofre de erros ou omissões é necessário alterá-lo, ficando o preço desadaptado. Neste caso, é alterado o preço da empreitada.

O dono da obra precisa de saber desde logo quais os erros ou omissões do projecto que dão origem a alterações de preços, por uma questão de programação e cabimentação orçamental, uma vez que se preparou para um preço fixo. Por isso, as reclamações por erros e omissões estão sujeitas a prazo.

Erros e Omissões do Projecto Detectados Pelo empreiteiro

O empreiteiro pode reclamar por:
- Erros ou omissões de projecto, quanto à natureza e volume dos trabalhos, por diferenças entre o projecto e a realidade;
- Erros de cálculo, erros materiais ou outros das folhas de medições, por divergirem das restantes peças do projecto;

- Tem de indicar o valor que atribui aos trabalhos, a mais ou a menos, resultantes da rectificação dos erros ou omissões reclamados.

Prazos de reclamação e decisão (artigo 190º)

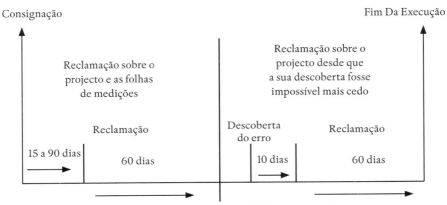

Há um **princípio geral de indeferimento tácito no direito administrativo**, constante do artigo 58º das Normas de Procedimento e da Actividade Administrativa (Decreto Lei nº 16-A/95). De acordo com o mesmo, se a entidade administrativa não responder no prazo legal, a reclamação ou pretensão do particular considera se indeferida, a não ser que a lei, para a situação em causa, preveja especificamente o deferimento tácito. É, por isso, importante ter este princípio em mente, uma vez que, se a lei nada disser, o silêncio do dono da obra equivale à recusa da pretensão do empreiteiro.

Em 60 dias o dono da obra deve decidir sobre as reclamações do empreiteiro e notifica-o. Se este não aceitar a decisão do dono da obra, deve:
- Reservar os seus direitos no prazo de 10 dias (artigo 331º, n.º 2);
- Intentar a acção judicial ou arbitral no prazo de 180 dias contados do acto definitivo (artigo 330º).

Se o dono da obra nada decidir ou não notificar o empreiteiro, considera-se a reclamação deste não aceite por indeferimento tácito (artigo 58º Normas de Procedimento e da Actividade Administrativa – DL 16-A/95).

Erros e Omissões Detectados pelo dono da obra (artigo 190º, nᵒˢ 5 e 6)

Em qualquer altura da execução da empreitada, o dono da obra pode verificar a existência de erros e omissões do projecto desde que a sua descoberta fosse impossível mais cedo.

Esta detecção pelo dono da obra não está sujeita a prazo. O dono da obra notifica o empreiteiro indicando o valor que atribui aos erros e omissões.

Se o empreiteiro não aceitar a interpretação e o valor dados pelo dono da obra, deve reclamar no prazo de 10 dias.

Se o dono da obra não aceitar a reclamação do empreiteiro, este deve:

- Reservar os seus direitos no prazo de 10 dias (artigo 331º, n.º 2);
- Intentar a acção judicial ou arbitral no prazo de 180 dias contados do acto definitivo (artigo 330º).

EMPREITADA POR SÉRIE DE PREÇOS (ARTIGO 194º E SEGUINTES)

Neste tipo de empreitada, o montante da remuneração é o correspondente à multiplicação dos preços unitários pelas quantidades de trabalhos efectivamente executadas. Assim:

- O contrato tem por base a previsão das espécies e quantidades de trabalhos que se prevêem executar;
- Os pagamentos são feitos por medição, em princípio mensalmente;
- As espécies ou quantidades de trabalhos não previstos na Lista de Preços Unitários são executados como trabalhos a mais.

EMPREITADA POR PERCENTAGEM (ARTIGO 218º E SEGUINTES)

Neste tipo de empreitada, o montante da remuneração é o correspondente ao custo dos trabalhos acrescido de uma percentagem (prevista no contrato) para cobrir os custos com a administração da obra e a remuneração normal do empreiteiro (inclui o lucro). Assim:

- Os custos a apresentar ao dono da obra são os relativos a materiais, pessoal, estaleiro, transportes, seguros, utensílios, equipamentos, etc.;
- Os custos são acordados com o dono da obra e não incluem encargos administrativos (são incluídos na percentagem).

PARTE III - EMPREITADAS DE OBRAS PÚBLICAS

– Os pagamentos são mensais, mediante a apresentação de factura pelo empreiteiro, que inclui os custos do mês anterior, (suportados por documentos justificativos anexados à factura) acrescidos da percentagem.

EXECUÇÃO DA EMPREITADA

Notificações entre as partes (regra geral - artigo 224º)

Do dono da obra ou do fiscal para o empreiteiro:
– As notificações são feitas por escrito, ao empreiteiro ou seu representante na obra, e assinadas pelo fiscal;
– É entregue o texto em duplicado ao empreiteiro, que devolve um exemplar assinado;
– Se o notificado se recusar a receber a notificação ou a passar recibo, o fiscal lavra um auto com 2 testemunhas, considerando-se feita a notificação.

Do empreiteiro para o dono da obra ou o fiscal:
– Estas notificações não estão previstas;
– Por prudência, deverão ser feitas pela mesma forma que as do dono da obra, sendo assinadas pelo representante do empreiteiro.

Autos (regra geral - artigo 227º)
– São documentos em que se registam factos ocorridos durante a execução da empreitada;
– São feitos em duplicado e assinados pelos representantes da fiscalização e do empreiteiro, ficando uma via na posse de cada um.
Se o empreiteiro se recusar a assinar o auto:
– Tal facto fica registado no auto;
– O auto é assinado por 2 testemunhas;
– O empreiteiro fica sujeito a uma multa de Kz: 50.000 ou de Kz: 100.000, em caso de reincidência.

Deverão constar do auto (não está especificamente previsto na lei, mas decorre do princípio do contraditório):
– As reclamações do empreiteiro;
– Os esclarecimentos do dono da obra.

Se o fiscal não permitir que o empreiteiro faça constar as suas reclamações e os seus esclarecimentos do auto, o empreiteiro deve assinar o auto e entregar uma notificação ao fiscal contendo as suas observações e reclamações.

Consignação (artigo 236º e seguintes)

É o acto pelo qual o dono da obra faculta ao empreiteiro (artigo 236º):
- Os locais de execução dos trabalhos;
- As peças escritas ou desenhadas complementares do projecto necessárias à execução da obra.

Pode ser:
- Total - de todos os terrenos e demais elementos de projecto necessários à obra;
- Parcial - de apenas parte dos terrenos ou dos demais elementos de projecto necessários à obra.

Da mesma é lavrado auto (artigo 241º) e tem como efeito o início da contagem do prazo da Empreitada (artigo 237º).

Consignações parciais (artigo 239º)

Efeitos:
- O início da contagem do prazo da Empreitada dá-se com a 1ª consignação, desde que esteja assegurada a continuidade dos trabalhos;
- Se a falta de alguma das consignações determinar a interrupção dos trabalhos ou prejudicar o desenvolvimento do plano de trabalhos, considera se iniciada a obra na data da última consignação;
- Neste caso, o prazo pode ser alterado, por acordo entre o empreiteiro e o dono da obra, atendendo aos trabalhos ainda por realizar.

Prazo para a Consignação

O prazo máximo é de 30 dias a contar da assinatura do contrato (artigo 238º).

Se o dono da obra retardar a consignação por mais de 6 meses contados da data em que deveria ter sido efectuada, ou se, no caso de consignações parciais, os trabalhos estiverem interrompidos por mais de 6 meses, seguidos ou interpolados (artigo 240º, nº 1):
- O empreiteiro pode rescindir o contrato;
- Tem direito a ser indemnizado pelos prejuízos sofridos (danos emergentes e lucros cessantes);

PARTE III - EMPREITADAS DE OBRAS PÚBLICAS

- Excepção: se o retardamento ou a interrupção se deverem a caso fortuito ou força maior, caso em que o empreiteiro só tem direito a indemnização por danos emergentes;
- Se não requerer a rescisão do contrato no prazo de 30 dias (artigo 324º, n.º 1), tem de esperar pela consignação.

Se o empreiteiro faltar injustificadamente à consignação, o dono da obra fixa uma nova data improrrogável.
Se o empreiteiro comparecer, efectua-se a consignação (total ou parcial)
Se o empreiteiro não comparecer:
- Caduca o contrato;
- O empreiteiro incorre em responsabilidade civil, devendo indemnizar o dono da obra pela diferença entre o valor da adjudicação e o valor do novo contrato;
- O empreiteiro perde a caução prestada.

Auto de Consignação (artigos 241º a 243º)
Em caso de consignações parciais é lavrado um auto para cada uma.
O auto de consignação deve conter os seguintes elementos essenciais:
- Modificações do local da obra relativamente ao projecto;
- Trabalhos preparatórios a efectuar (restabelecimento de traçados, implantação de obra e colocação de referências...);
- Indicação dos terrenos e construções de que é dada posse ao empreiteiro;
- Indicação das peças escritas ou desenhadas entregues ao empreiteiro;
- Esclarecimentos do dono da obra;
- Reclamações ou reservas do empreiteiro:
    - São lavradas no próprio auto;
    - O empreiteiro pode limitar-se a enunciar o seu objecto e reservar o direito a apresentar exposição fundamentada por escrito, no prazo de 10 dias:
    - Se forem omitidas, o acto torna-se definitivo, sem prejuízo da reclamação por erros e omissões do projecto, se for o caso.

O dono da obra decide as reclamações do empreiteiro no prazo de 20 dias:
- *Se aceitar ou nada dizer,* considera-se não efectuada a consignação na parte em que deveria ter sido suspensa;

- *Se não aceitar*, o empreiteiro terá de começar os trabalhos, sem prejuízo de eventual impugnação graciosa ou contenciosa.

Plano de Trabalhos (artigo 245º e seguintes)
Documento elaborado pelo empreiteiro e entregue ao dono da obra, que se destina-se à fixação de:
- Ordem, sequência, prazo e ritmo de execução de cada uma das espécies de trabalhos;
- Meios (materiais e humanos) do empreiteiro para executar a obra.

Inclui o plano de pagamentos.
Uma vez aprovado, a obra deve conformar se com o mesmo.

Prazo de apresentação do plano de trabalhos

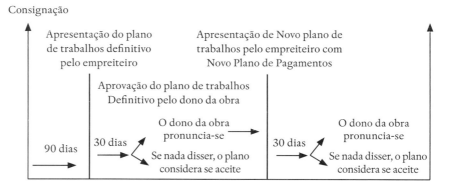

Modificação do plano de trabalhos (artigo 246º)
Pelo dono da obra:
- O dono da obra pode alterar o plano de trabalhos em qualquer momento, tendo o empreiteiro direito a indemnização pelos danos sofridos em consequência da alteração.

Pelo empreiteiro:
- O empreiteiro pode propor a qualquer momento alterações ao plano, justificando-as;
- As modificações são obrigatoriamente aceites pelo dono da obra, se delas não resultar prejuízo para a obra ou a prorrogação dos seus prazos.

A lei não dispõe quanto ao prazo para o dono da obra se pronunciar sobre as alterações pretendidas pelo empreiteiro.

A lei não dispõe quanto à modificação do plano de trabalhos em caso de necessidade, que implique a prorrogação do prazo da Empreitada (por exemplo, caso de força maior, trabalhos a mais ou suspensão de trabalhos).

Neste caso, o empreiteiro deve propor as alterações necessárias, justificando-as, e o dono da obra deve aceitá-las na medida das necessidades da obra, ainda que com aumento dos custos e prorrogação dos prazos.

TRABALHOS A MAIS (ARTIGO 203º E SEGUINTES)

São trabalhos a mais aqueles:
- Cuja espécie ou quantidade não consta do contrato (projecto, mapa de medições, lista de preços unitários, etc.);
- Que se destinam à realização da mesma empreitada;
- Que se tornam necessários em virtude de uma circunstância imprevista;
- Que não possam ser técnica ou economicamente separados do contrato sem grave inconveniente para o dono da obra;
- Mesmo que sejam separáveis do contrato, sejam estritamente necessários ao acabamento da empreitada.

Nas Empreitadas por Preço Global é obrigatória a negociação de uma adenda ao contrato se os trabalhos a mais excederem 20% do valor dos trabalhos contratados (objecto da adjudicação) – artigo 197º, n.º 2.

O empreiteiro é obrigado a executar os trabalhos a mais se (artigo 203º, nos 2 e 3) :
- Lhe forem ordenados por escrito pelo dono da obra;
- O fiscal lhe fornecer todos os elementos técnicos necessários (designadamente os desenhos e mapa da natureza e volume dos trabalhos);
- Tiver meios em obra que lhe permitam executar os trabalhos de espécie diversa;
- Não exercer o direito de rescisão.

Cessa a obrigação se o empreiteiro (artigo 203º, nos 2 e 3):
- Exercer o direito de rescisão (artigo 208º):
  - Em consequência haver uma redução superior a ⅕ do valor da adjudicação, depois de compensados os trabalhos a mais com os trabalhos a menos (da mesma espécie);
  - Em caso de substituição de trabalhos, se o valor dos trabalhos substituídos for superior a ¼ valor total da empreitada;
  - O direito de rescisão tem de ser exercido no prazo de 30 dias a contar:
    - Da ordem de execução dos trabalhos, desde que acompanhada pelos elementos técnicos necessários;
    - Da entrega dos elementos técnicos necessários, se forem entregues após a ordem de execução dos trabalhos.
- Alegar, no prazo de 10 dias, que não tem meios em obra para executar trabalhos de espécie diferente;
- Os trabalhos não lhe forem comunicados por escrito pelo dono da obra ou se não lhe forem fornecidos os elementos técnicos necessários.

Nas empreitadas por percentagem o empreiteiro pode recusar-se a executar trabalhos a mais que excedam ¼ o valor da adjudicação (artigo 221º).

Fixação de novos preços (artigo 206º):
- Do projecto de alterações ou da ordem de execução não podem constar, a não ser que haja sido estipulado em contrário, preços diferentes dos contratuais ou dos anteriormente acordados para trabalhos da mesma espécie e nas mesmas condições (artigo 203º, nº 5);
- Se não se fizer projecto, a ordem de execução deve conter os preços unitários aplicáveis aos trabalhos para os quais ainda não existam preços unitários (artigo 203º, nº 6);
- O empreiteiro pode reclamar dos preços constantes do projecto de alterações ou dos indicados na ordem de execução, apresentando, simultaneamente, a sua lista de preços no prazo de 20 dias, prorrogáveis por mais 20 em casos excepcionais, devidamente justificados (artigo 206º, nº 1 e 2);
- Se do projecto de alterações ou da ordem de execução não constarem preços, o empreiteiro apresenta a sua lista de preços unitários no prazo de 20 dias, prorrogáveis por mais 20 em casos excepcionais, devidamente justificados (artigo 206º, nº 7);

- O director da fiscalização deve decidir no prazo de 30 dias, prorrogável;
- Se o director da fiscalização não responder no prazo indicado, entende-se que aceita a reclamação e os preços do empreiteiro;
- Se o director da fiscalização, dentro do prazo, indeferir reclamação e os preços do empreiteiro, este pode recorrer hierarquicamente, no prazo de 5 dias (artigos 269º, nº 6, e 15º) ou terá de formular a reserva dos seus direitos no prazo de 10 dias (artigo 331º, nº 2), podendo também recorrer a arbitragem por três peritos (artigo 206º, nº 9).

TRABALHOS A MENOS (ARTIGOS 204º E 191º)

São os trabalhos suprimidos da empreitada em função de correcção de erros ou omissões do projecto, de alterações ao mesmo ou de ordem escrita do Fiscal da obra, da qual constem especificamente os trabalhos suprimidos.

A ordem não pode resumir-se a simples eliminação de quantidades da lista de preços unitários.

Indemnização por redução do Valor Total dos Trabalhos (artigo 213º)
Se, em consequência de alterações ao projecto, rectificação de erros e omissões ou de supressão de trabalhos, o empreiteiro executar um volume total de trabalhos de valor inferior em mais de 20% aos que foram objectos do contrato:
- Tem direito a 10% do valor da diferença verificada;
- Se outra percentagem maior não constar do Caderno de Encargos ou do contrato;
- Os referidos 10% são liquidados na conta final da empreitada.

EXECUÇÃO DA EMPREITADA

Elementos necessários à execução dos trabalhos
- Nenhum elemento da obra pode ser começado sem que ao empreiteiro tenham sido entregues, devidamente autenticados, os planos, perfis, alçados, cortes, cotas de referência e demais indicações necessárias para perfeita identificação e execução da obra (...) e para a exacta medição dos trabalhos... (artigo 249º).

- Se o empreiteiro executar trabalhos em incumprimento desta regra, terá de demolir e reconstruir trabalhos, à sua custa.
- Se o dono da obra não entregar ao empreiteiro os elementos necessários, causando a interrupção dos trabalhos ou abrandamento do seu ritmo, procede se como na suspensão dos trabalhos pelo dono da obra, lavrando se o correspondente auto (artigo 250º e artigos 272º e seguintes).

Materiais (artigo 252º e seguintes)

Preferência Nacional

Em caso de equivalência de preço e qualidade, o empreiteiro deve dar preferência a materiais produzidos pela indústria angolana (artigo 252º).

Pedreiras e outros locais de exploração de materiais a aplicar na obra (artigo 254º e seguintes)
- Quando são indicadas no projecto, no caderno de encargos ou no contrato:
  - Os materiais devem ser daí retirados;
  - Se houver necessidade de alterar os locais de extracção ou se se verificar alteração por iniciativa do dono da obra, são rectificados os custos dos trabalhos em que os materiais são aplicados.
- Quando não são indicados no projecto, no caderno de encargos ou no contrato:
  - Os locais são escolhidos pelo empreiteiro e aprovados pela fiscalização;
  - O empreiteiro é responsável pela sua extracção, transporte e depósito:
  - Se houver alteração dos locais de extracção por iniciativa do dono da obra, são rectificados os custos dos trabalhos em que os materiais são aplicados.

Aprovação dos Materiais (artigo 258º)
- O empreiteiro é obrigado a fornecer as amostras de materiais que lhe forem solicitadas pela fiscalização;
- O caderno de encargos deve especificar os ensaios cujo encargo deve ser suportado pelo empreiteiro;
- Na omissão do caderno de encargos, os ensaios são por conta do dono da obra.

PARTE III - EMPREITADAS DE OBRAS PÚBLICAS

Procedimento (artigos 258º a 260º)

- Os materiais são submetidos à aprovação da fiscalização, que os deve submeter a exame do Laboratório de Engenharia de Angola;
- A fiscalização deve pronunciar se no prazo de 10 dias, a não ser que os exames exijam prazo superior, o que deve ser comunicado ao empreiteiro no prazo inicial dos 10 dias;
- Se fiscalização nada disser, consideram se os materiais aprovados;
- Se fiscalização não aprovar os materiais, o empreiteiro pode pedir a imediata recolha de amostra e entregar à fiscalização reclamação fundamentada, no prazo de 5 dias;
- A fiscalização deve pronunciar se no prazo de 5 dias, a não ser que novos exames exijam prazo superior, o que deve ser comunicado ao empreiteiro no prazo inicial dos 5 dias;
- Se a fiscalização indeferir a reclamação, o empreiteiro pode recorrer hierarquicamente, para o que se pode proceder a novos ensaios;
- Se o dono da obra indeferir a pretensão do empreiteiro, este deve reservar os seus direitos no prazo e 10 dias e intentar acção judicial ou arbitral;
- Se finalmente vier a ser reconhecida razão ao empreiteiro, este terá direito a ser indemnizado pelos prejuízos sofridos e pelo aumento de encargos decorrente dos novos materiais usados.

Fiscalização (artigo 265º e seguintes)

- É levada a cabo por representantes do dono da obra (artigo 182º, n.º 1 e artigo 265º, n.º 1);
- Quando houver mais do que um fiscal, um deles é designado director de fiscalização;
- O fiscal da obra não pode ser o projectista da obra (artigo 265º, n.º 5);
- Os actos da fiscalização só se provam, contra ou a favor do empreiteiro, por escrito;
- A fiscalização não retira responsabilidade ao empreiteiro: não é por a fiscalização aprovar a actuação do empreiteiro, ou por não a reprovar, que o empreiteiro deixa de ser responsável pelo cumprimento do contrato de empreitada, pelos trabalhos e pelos seus actos em geral.

Reclamação contra ordens recebidas (artigo 269º)
–   Se o empreiteiro receber uma ordem da fiscalização com a qual não concorde, deverá apresentar ao fiscal da obra a sua reclamação fundamentada, no prazo de 5 dias;
–   Em caso de urgência ou perigo iminente, o Fiscal pode exigir o cumprimento da ordem, apesar da reclamação;
–   Se a ordem não for da autoria do Fiscal, este encaminha a para o seu autor, solicitando instruções;
–   O Fiscal comunica a decisão ao empreiteiro no prazo de 30 dias: Se nada disser, considera se a reclamação deferida;
–   Se o Fiscal indeferir a reclamação, o empreiteiro é obrigado a cumprir a ordem, podendo recorrer hierárquicamente, no prazo de 5 dias, ou contenciosamente, nos termos gerais;
–   Se for finalmente reconhecida razão ao empreiteiro, este terá direito a indemnização por prejuízos e aumento de encargos.

Incumprimento de ordens legítimas (artigo 270º)
–   Se o empreiteiro incumprir uma ordem legítima, o dono da obra poderá rescindir o contrato;
–   Se o dono da obra não rescindir o contrato, o empreiteiro fica obrigado a indemnizá lo pelos danos emergentes da desobediência.

Suspensão dos trabalhos (artigo 271º e seguintes)

Suspensão pelo dono da obra (artigo 272º)
–   Se circunstâncias especiais impedirem os trabalhos de progredir em condições satisfatórias ou se for necessário estudar alterações ao projecto, o fiscal pode suspender os trabalhos, no todo ou em parte, mediante autorização do dono da obra;
–   Em caso de urgência pode suspender sem autorização, informando logo o dono da obra;
–   É lavrado auto de suspensão (artigo 273º);
–   O empreiteiro tem direito a fazer exarar no auto qualquer facto para
–   defesa dos seus direitos;
–   Se o empreiteiro se recusar a assinar o auto procede se como relativamente ao incumprimento de uma ordem ilegítima (artigos 273º, nº 4

e 270º): o dono da obra pode rescindir o contrato ou ser indemnizado por danos emergentes;

– Se o dono da obra entender que a suspensão é devida a facto imputável ao empreiteiro (artigo 277º):

  – O empreiteiro pode reclamar no prazo de 10 dias;
  – O dono da obra deve pronunciar se no prazo de 30 dias:

    – Se se concluir que, efectivamente, a suspensão não se deveu a facto imputável ao empreiteiro, segue se o regime da suspensão por facto não imputável ao empreiteiro;
    – Se se concluir que a suspensão se deveu a facto imputável ao empreiteiro:

      – O prazo da empreitada continua a correr durante a suspensão, continuando o empreiteiro obrigado ao cumprimento dos prazos contratuais;
      – Dono da obra pode rescindir o contrato, com perda para o empreiteiro das garantias prestadas e quantias retidas;
      – Se o dono da obra prolongar a suspensão por período desnecessário, o tempo excedente segue o regime da suspensão dos trabalhos não imputável ao empreiteiro.

– Não estando previsto o silêncio do dono da obra, o mesmo equivale a indeferimento da reclamação do empreiteiro (artigo 58º do DL 16-A/95).

Consequências da Suspensão dos trabalhos não imputável ao empreiteiro
Parcial (de alguns trabalhos da empreitada)

– Se não rescindir o contrato, o empreiteiro tem direito a indemnização por danos emergentes (artigo 276º);
– São prorrogados os prazos parciais das actividades afectadas, por período igual ao da suspensão (artigo 280º).

Total (de todos os trabalhos da empreitada)

– Se não rescindir o contrato, o empreiteiro tem direito a indemnização por lucros cessantes e danos emergentes, excepto em caso de força maior, em que só tem direito a danos emergentes (artigo 275º, n.º 3);
– É prorrogado o prazo global da empreitada por período igual ao da suspensão (artigo 280º).

- O empreiteiro pode rescindir o contrato se a suspensão for determinada ou se mantiver (artigo 275º):
  - Por período superior a ⅕ do prazo em caso de força maior;
  - Por período superior a $^{1}/_{10}$ do prazo nos restantes casos não imputáveis ao empreiteiro.
  - Segue se o processo de rescisão pelo empreiteiro (artigo 324º).

Com prazo definido (artigo 278º)
- Reinício dos trabalhos logo que cessem as causas da suspensão sendo o empreiteiro notificado para o reinício.

Por tempo indeterminado (artigo 274º)
- Presume-se que o dono da obra rescindiu o contrato por sua conveniência.
- Segue-se o processo de rescisão do contrato (artigos 320º e seguintes).

Suspensão pelo empreiteiro (artigo 271º)
Com justificação
O empreiteiro pode suspender os trabalhos em consequência de:
- Ordem ou autorização do dono da obra ou facto que lhe seja imputável;
- Caso de força maior;
- Falta de pagamentos por mais de 3 meses e após notificação judicial do dono da obra;
- Impossibilidade da prossecução dos trabalhos por falta de elementos técnicos;
- Disposição legal que preveja a suspensão (por exemplo, o artigo 251º, n.º 2).

Sem justificação: 10 dias
O empreiteiro pode suspender os trabalhos:
- Sempre que a suspensão estiver prevista no plano de trabalhos (por exemplo, encerramento da obra por ocasião das festas de Natal e do Ano Novo);
- Por 10 dias (seguidos ou interpolados) durante toda a empreitada:
  - Se o empreiteiro desrespeitar este prazo, o dono da obra pode rescindir o contrato.

Não Cumprimento e Revisão do Contrato (artigo 281º e seguintes)

São tratados nesta secção os seguintes factos:
- Caso de Força Maior e outros factos não imputáveis ao empreiteiro (artigo 281º),
- Maior onerosidade do contrato (artigo 282º),
- Alteração das circunstâncias (artigo 284º),
- Revisão de preços (artigo 285º),
- Defeitos de execução da obra (artigo 286º),
- Multas por violação dos prazos contratuais (artigo 287º).

Caso de Força Maior (artigo 281º e seguintes)
- É uma noção que vem do direito civil;
- É desculpabilizante: faz cessar a responsabilidade do empreiteiro pelo incumprimento;
- Inclui tanto o caso de força maior (facto natural ou *act of God*) como o facto de terceiro;
- Pressupõe uma situação imprevisível e inevitável;
- Cujos efeitos de produzem independentemente da vontade ou das circunstâncias pessoais do empreiteiro;
- São exemplos: actos de guerra ou subversão, epidemias, ciclones, tremores de terra, fogo, raio, inundações, greves gerais ou sectoriais e quaisquer outros eventos semelhantes – por isso, pode haver casos de força maior que sejam diferentes dos enunciados neste artigo.

Procedimento (artigo 283º)
- Ocorrendo um facto que deva ser considerado força maior, no prazo de 5 dias contados do conhecimento do facto, o empreiteiro requer ao dono da obra que proceda ao apuramento do facto e à determinação dos seus efeitos;
- A fiscalização lavra Auto logo após o requerimento do empreiteiro, contendo a descrição dos factos e o valor provável dos danos (tanto quanto se possa determinar);
- O empreiteiro pode reclamar fundamentadamente no próprio auto ou nos 10 dias subsequentes; se não reclamar, caduca o seu direito, a não ser que o caso de força maior o tenha impedido;

- O dono da obra pronuncia-se no prazo de 30 dias, constituindo o seu silêncio indeferimento tácito (artigo 58º do DL 16-A/95);
- Se a fiscalização não lavrar o Auto, pode o empreiteiro fazê lo em duplicado, com a assistência de duas testemunhas, remetendo o logo para o dono da obra.

Maior Onerosidade no Cumprimento do Contrato (artigo 282º)

Acontece quando o dono da obra causa um facto que:
- Dificulta a execução da empreitada,
- Com agravamento de encargos.

Confere o empreiteiro direito a indemnização pelos danos sofridos:
- Não vem especificado se abrange só danos emergentes ou também lucros cessantes;
- Tendo em conta que, quando a indemnização está só limitada a danos emergentes, a presente lei o determina claramente (por exemplo, em caso de suspensão dos trabalhos devida a caso de força maior), deve entender se a menção a "danos" constante do nº 1 do artigo 282º é empregue no sentido que prejuízos, abrangendo, por isso, tanto os danos emergentes como os lucros cessantes, o que é consentâneo com o princípio de que quem causa prejuízo a outrem o deve reparar integralmente.

Se os danos excederem $1/6$ do valor da empreitada, o empreiteiro pode rescindir o contrato.

O procedimento a seguir é igual ao caso de Força Maior (artigo 283º, n.º 5).

Alteração das Circunstâncias (artigo 284º)

Tal como a força maior, é também uma noção que vem do direito civil.
- Por definição, as circunstâncias são externas às partes do contrato de Empreitada: dono da obra e empreiteiro (bem como os seus agentes); correspondem genericamente ao contexto em que o contrato se desenvolve;
- Não se confundem com condições de execução dos trabalhos;
- Não podem integrar se no caso de força maior;
- Não podem caber nos riscos normais do contrato;
- A alteração a considerar tem de ser anormal e imprevisível;
- Tem de causar um grave aumento de encargos.

PARTE III - EMPREITADAS DE OBRAS PÚBLICAS

Confere ao empreiteiro direito à revisão equitativa do contrato para compensação por aumento de encargos ou para actualização dos preços (equivalendo, neste caso a uma revisão de preços anormal ou extraordinária).

Revisão de Preços (artigo 285º)

Destina se a fazer face ao normal aumento de preços durante a execução da empreitada, em consequência da inflação. Não está regulada nem na presente lei nem em lei especial.

- O contrato deve prever o modo de revisão de preços;
- No Caderno de Encargos podem fixar-se as fórmulas de revisão de preços;
- É aplicável apenas após um ano de execução dos trabalhos;
- É aplicável apenas ao agravamento de preços (inflação) e não à deflação;
- É aplicável no caso de se verificar um agravamento do preço da mão--de-obra ou dos materiais mas, quanto a estes, apenas se não tiver havido adiantamento para materiais.
- Deveria também prever-se expressamente a revisão do preço dos equipamentos a incorporar na obra – não havendo essa previsão específica, eles terão de ser tratados como os materiais, pois são em tudo equivalentes a estes;
- Esta lei não aborda os contratos mistos (empreitada e fornecimento).

Defeitos na Execução da Obra (artigo 286º)

- Esta disposição é relativa a defeitos encontrados tanto durante a execução da obra ou no prazo de garantia;
- Quando a fiscalização entender que a obra tem defeitos ou não foram observadas as condições do contrato, lavra um auto, notificando o empreiteiro e concedendo lhe prazo para efectuar as reparações necessárias;
- Empreiteiro pode reclamar do auto – não é indicado prazo, pelo que devem se cumpridos os 5 dias referidos no artigo 15º;
- É uma imposição que não faz sentido durante a obra, mas só durante o prazo de garantia, pois o empreiteiro deve poder remediar os defeitos durante o prazo que tem para executar a obra;
- O dono da obra pode ordenar as demolições necessárias à verificação dos defeitos, lavando se depois o auto;
- Os Encargos das demolições são por conta do empreiteiro, se se apurarem defeitos, ou do dono da obra, caso contrário;

- Se as demolições ordenadas pelo dono da obra para verificação dos defeitos forem de apreciável valor ou atrasarem os trabalhos, o empreiteiro pode pedir que a presunção da existência dos defeitos seja confirmada por 3 peritos (um indicado por cada parte e o terceiro pelo director do Laboratório de Engenharia de Angola).

Atraso injustificado no cumprimento do plano de trabalhos (artigo 247º)

- Para que o atraso seja relevante, é necessário que ponha em risco a conclusão da obra dentro do prazo contratual. Se a fiscalização verificar tal atraso:
    - Notifica o empreiteiro para apresentar, no prazo de 15 dias, um plano de trabalhos para os meses seguintes (com indicação dos meios a usar);
    - Se a fiscalização aceitar o novo plano de trabalhos do empreiteiro, a obra passa a reger-se pelo novo Plano, sendo os encargos daí decorrentes assumidos pelo empreiteiro.
    - Se o empreiteiro não apresentar o Plano, ou se apresentar um Plano insatisfatório, a fiscalização elabora um plano de trabalhos, com autorização do dono da obra, e impõe-no ao empreiteiro.
- Se o empreiteiro incumprir o novo plano de trabalhos, o dono da obra pode:
    - Tomar posse administrativa da Obra, sendo o acréscimo de encargos daí decorrente pago pelas verbas devidas ao empreiteiro, pelas cauções prestadas e pelas quantias retidas;
    - Rescindir o contrato, com perda, para o empreiteiro, da caução prestada e das quantias retidas.

Aplicação de multas por violação dos prazos contratuais (artigo 287º)

Incumprimento do prazo geral da Empreitada – o empreiteiro fica sujeito à aplicação da seguinte multa diária:

- 1‰ (um por mil) do valor da adjudicação, no primeiro período de atraso correspondente a um décimo do prazo geral da Empreitada;
- Em cada período igual subsequente, a multa é aumentada em 0,5 ‰ (meio por mil), até ao máximo de 5 ‰ (cinco por mil);
- Limite global das multas – 20% (vinte por cento) do valor da adjudicação.

Incumprimento dos prazos parcelares vinculativos – o empreiteiro fica sujeito à aplicação de uma multa de percentagem equivalente a metade da multa prevista para o prazo geral.

Condições de Aplicação:
– A aplicação de multas só é possível até à Recepção Provisória da Empreitada (artigo 319º, n.º 4);
– No caso de recepção provisória parcial, a multa incide apenas sobre o valor dos trabalhos não recebidos (artigo 287º, n.º 4);
– As multas são sempre precedidas de auto lavrado pela fiscalização, da defesa do empreiteiro (ou decurso do prazo sem a sua apresentação) e da decisão final sobre aplicação de multas — tudo antes da recepção provisória, uma vez que as multas apenas se consideram definitivamente aplicadas se ao empreiteiro for dado conhecimento dos seus fundamentos e oportunidade de se defender (artigo 319º, nº 3);
– A pedido do empreiteiro ou por iniciativa do dono da obra, multa apode ser reduzida a montantes adequados, em caso de desajuste relativamente aos prejuízos sofridos pelo dono da obra;
– As multas são anuladas (é uma obrigação do dono da obra) se se demonstrar que a obra foi bem executada, os atrasos nos prazos parcelares foram recuperados e a obra foi concluída no prazo global.

Procedimento (artigo 287º, n.º 4):
– Verificado o atraso do empreiteiro, a fiscalização lavra um auto;
– Dono da obra envia cópia do auto ao empreiteiro;
– O empreiteiro tem o prazo de 10 dias para apresentar a sua defesa ou impugnar a multa;
– O dono da obra emite a sua decisão final sobre a aplicação da multa;
– O valor da multa aplicada é descontada no pagamento seguinte a fazer ao empreiteiro (artigo 319º, nº 2). Se não houver mais nenhum pagamento a fazer, o dono da obra pode usar as quantias retidas ou accionar as garantias prestadas para se pagar da multa. Se as mesmas não forem suficientes, o empreiteiro deve pagar a multa ao dono da obra.

Medições (artigo 288º e seguintes)
Constituem uma obrigação do dono da obra, por meio da fiscalização (artigo 288º, nº 2):

- São mensais;
- Incidem sobre todos os trabalhos executados, tenham ou não sido ordenados e devam ou não ser pagos ao empreiteiro (artigo 289º);
- São feitas no local da obra, com assistência do empreiteiro;
- Podem ser colhidos amostras, materiais ou produtos de escavação;
- Delas é lavrado um auto, no qual os intervenientes exaram tudo o que reputarem conveniente (incluindo as reservas do empreiteiro);
- Se em qualquer altura se verificar que houve erros nas medições, faz se a correcção no auto seguinte – os erros podem ser alegados pelo empreiteiro ou pela fiscalização.

Feitas as medições, elabora se a conta corrente (sem prazo específico), que inclui um mapa com:
- As quantidades dos trabalhos,
- Os preços unitários,
- O total creditado,
- Os descontos a efectuar (por exemplo, reforço de caução, dedução de adiantamentos ou multas),
- Os adiantamentos concedidos ao empreiteiro,
- O saldo a pagar ao empreiteiro.

A **Situação de Trabalhos** (artigo 291º) é constituída por esta conta corrente e os outros documentos necessários à caracterização do estado dos trabalhos e à definição do pagamento a fazer ao empreiteiro (por exemplo, facturas justificativas de custos, se for o caso):
- A situação de trabalhos é verificada e assinada pelo empreiteiro;
- O empreiteiro deve formular as suas reservas ao assinar a situação, se não concordar com algum elemento da mesma constante;
- É entregue uma cópia da situação dos trabalhos ao empreiteiro.

Feita a situação de trabalhos, liquidam se os valores relativamente aos quais não recaiam divergências.

Reclamação do empreiteiro (artigo 292º)

O empreiteiro deve apresentar reclamação especificada e fundamentada no prazo de 10 dias:
- Sempre que tiver formulado reservas no auto de medição ou na situação de trabalhos;

- Se a fiscalização não tiver reconhecido erros de medição alegados pelo empreiteiro;
- Se a fiscalização tiver alegado erros de medição com que o empreiteiro não concorde.

Se não apresentar a reclamação, entende se que se conforma com as medições dos autos e os resultados dos documentos que instruem a situação de trabalhos.

O dono da obra deve decidir no prazo de 30 dias (prorrogáveis), sob pena de aceitação da reclamação.

O empreiteiro assume os encargos com as medições especiais que forem feitas em resultado da reclamação, se não lhe for reconhecida razão.

Se o dono da obra não fizer as medições (artigo 294º):
- O empreiteiro faz as medições e entrega o respectivo mapa à fiscalização, acompanhado dos restantes documentos necessários;
- A fiscalização apõe o seu visto no mapa (sem prazo definido), apenas para o efeito de verificar que existe motivo para ser o empreiteiro a proceder às medições;
- O mapa e documentos entregues pelo empreiteiro são considerados situação provisória de trabalhos;
- A verificação das quantidades é feita no mês seguinte e, se for o caso, corrigem-se as quantidades no auto seguinte;
- O dolo do empreiteiro, na inscrição de quantidades erradas no mapa, é comunicado ao Ministério Público e à Comissão Nacional de Registo e Classificação dos empreiteiros de Obras Públicas.

Pagamentos (artigo 295º e seguintes)

Prazos de pagamentos (artigo 298º)
- São definidos no contrato tendo como limite máximo 60 dias a contar das datas:
  - Dos autos de medição lavrados pela fiscalização;
  - Da apresentação das medições pelo empreiteiro;
  - Da decisão sobre acertos.
- Se o contrato for omisso, o prazo e pagamento é de 60 dias a contar das mesmas datas.

Mora no pagamento (artigo 299º): ocorre quando o pagamento devido não é feito no prazo indicado na lei ou no contrato.

Se a mora exceder 6 meses, o empreiteiro pode rescindir o contrato (artigo 299º, n.º 2).

Se a mora exceder 3 meses, o empreiteiro pode suspender os trabalhos (artigo 271º, alínea c)).

O empreiteiro só tem direito a juros de mora, à taxa de 5% ao ano, se a mora exceder 90 dias após a notificação da liquidação ou da data da prestação fixa.

Se forem feitos pagamentos de quantias indevidas, deduzem se essas quantias (artigo 293º):

– No pagamento seguinte;
– No depósito de garantia, se a incorrecção for relativa ao último pagamento.

Adiantamentos ao empreiteiro (artigo 300º e seguintes)

O dono da obra pode fazer adiantamentos ao empreiteiro, até ao limite de 15% do valor global do contrato:

– Pelos materiais postos ao pé da obra, aprovados e previstos no plano de trabalhos, com o limite de 2/3 do valor dos materiais (salvo disposição diversa no contrato), sendo reembolsado por dedução nos pagamentos, à medida que os materiais forem sendo incorporados na obra;
– Pelos equipamentos postos na obra, aprovados e previstos no plano de trabalhos, com o limite de 50% do valor do equipamento, sendo reembolsado por dedução nos pagamentos de uma percentagem igual ao que o adiantamento representa face à parte da obra ainda por liquidar;
– De parte do custo da obra necessário para aquisição de materiais sujeitos a flutuação de preço e de equipamento, desde que previstos no plano de trabalhos, sendo o adiantamento concedido mediante garantia bancária ou seguro caução de igual montante e reembolsado por dedução nos pagamentos de uma percentagem igual ao que o adiantamento representa face à parte da obra ainda por liquidar; o valor do adiantamento para equipamento não pode exceder 50% do valor deste;
– O valor total dos adiantamentos por equipamento e por materiais sujeitos a flutuação de preço não pode exceder 50% da parte do preço da obra ainda por receber.

PARTE III - EMPREITADAS DE OBRAS PÚBLICAS

Recepção e Liquidação da Obra (artigo 303º e seguintes)
Findos os trabalhos, procede se a vistoria para efeitos de Recepção Provisória da Empreitada (artigo 303º).

Feita a recepção provisória começa a correr o Prazo de Garantia, que é de 3 anos, salvo se prazo diferente estiver definido no caderno de encargos (artigo 312º). Durante este prazo o empreiteiro tem de reparar à sua custa os defeitos de execução e outras anomalias que aparecerem na obra.

Decorrido o prazo de garantia, procede se a nova vistoria para efeitos de Recepção Definitiva da Empreitada (artigo 313º), após o que se extingue a Caução prestada ou se devolvem as quantias retidas (artigo 315º).

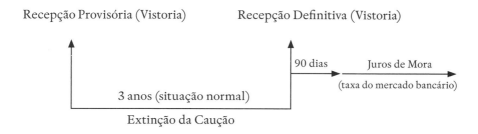

Recepção Provisória (artigo 303º e seguintes)
Vistoria e Recepção (artigo 303º)
– Pode estar prevista uma única recepção total ou várias recepções parciais. Para além disso, mesmo que não previsto, a obra pode ser recepcionada apenas parcialmente;
– A vistoria pode ser feita por iniciativa do dono da obra ou a pedido do empreiteiro;
– Da vistoria é lavrado auto.

Por iniciativa do dono da obra:
– O fiscal convoca o empreiteiro, por escrito, com 5 dias de antecedência;
– O representante do dono da obra faz a vistoria à obra, com a assistência do representante do empreiteiro;
– Lavra se auto assinado por todos os intervenientes, que pode ser:
– De recepção, total ou parcial;
– De não recepção.

- Se o empreiteiro não comparecer injustificadamente:
  - A vistoria faz-se com a assistência de duas testemunhas;
  - Lavra se auto assinado por todos os intervenientes que pode ser de;
    - recepção, total ou parcial;
    - não recepção.
- A pedido do empreiteiro;
  - O empreiteiro solicita a vistoria ao fiscal, por escrito, de toda ou de parte da obra;
  - O fiscal convoca o empreiteiro, por escrito, com 5 dias de antecedência;
  - O representante do dono da obra faz a vistoria à obra, com a assistência do representante do empreiteiro;
  - Lavra se auto assinado por todos os intervenientes, que pode ser de:
    - Recepção, total ou parcial;
    - Não recepção.
- Se o dono da obra não fizer a vistoria no prazo de 45 dias após o pedido do empreiteiro:
  - A obra considera-se recebida provisoriamente;
  - Não é lavrado auto;
  - Inicia-se o prazo de garantia da obra;
  - Se o empreiteiro tiver solicitado a recepção de apenas parte da obra, fica recebida essa parte e inicia se o correspondente prazo de garantia.

AUTO DE NÃO RECEPÇÃO (ARTIGO 304º)

- Se, em consequência da vistoria, for verificado que a obra não está, no todo ou em parte, em condições de ser recebida, o representante do dono da obra faz constar do auto:
  - As deficiências encontradas;
  - A declaração de não recepção e respectivas razões;
  - Uma notificação do empreiteiro, fixando lhe prazo para proceder a modificações ou reparações.
- Pode parte da obra ficar recebida, sendo o auto também de recepção provisória parcial, iniciando se o prazo de garantia nas partes da obra que ficarem recebidas.

PARTE III - EMPREITADAS DE OBRAS PÚBLICAS

- O empreiteiro pode reclamar no próprio auto ou no prazo de 10 dias;
- O dono da obra deve pronunciar-se no prazo de 30 dias.
  - Não está previsto o silêncio do dono da obra, pelo que equivale a indeferimento tácito da reclamação do empreiteiro (artigo 58º do DL 16-A/95).
- Se o empreiteiro não fizer as reparações ou não terminar os trabalhos no prazo que lhe foi fixado, o dono da obra pode substituir o empreiteiro nas reparações, à custa deste, e accionar as garantias do contrato.
- Feitas todas as reparações ou terminados os trabalhos, faz-se nova vistoria para efeitos de recepção provisória, repetindo se o procedimento.

AUTO DE RECEPÇÃO PROVISÓRIA (ARTIGO 305º)

- Se, em consequência da vistoria, for verificado que a obra está, no todo ou em parte, em condições de ser recebida, o representante do dono da obra faz constar do auto a declaração de recepção;
- Começa a contar o prazo de garantia para os trabalhos recebidos;
- O empreiteiro pode reclamar no próprio Auto ou no prazo de 10 dias;
- O dono da obra deve pronunciar-se no prazo de 30 dias, prorrogáveis, sob pena de deferimento tácito da reclamação do empreiteiro.

RECEPÇÃO DEFINITIVA (ARTIGO 313º)

Vistoria e Recepção (artigo 313º)

No fim do prazo de garantia procede se a nova vistoria para efeitos de recepção definitiva da obra:
- Pode ser total ou parcial:
- Por iniciativa do dono da obra ou a pedido do empreiteiro;
- Da vistoria é lavrado auto.

Segue se o mesmo procedimento que para a recepção provisória, sendo declarada a recepção definitiva da obra se a mesma não apresentar defeitos pelos quais o empreiteiro seja responsável.

O empreiteiro apenas é responsável pelos defeitos que se deverem a má execução da obra, não sendo responsável por aqueles decorrentes da depreciação normal causada pelo uso da obra para os fins a que se destina, nem por mau uso ou outras causas que não têm a ver com deficiente execução dos trabalhos da empreitada.

LIQUIDAÇÃO DA EMPREITADA (ARTIGOS 306º E SEGUINTES)

No prazo de 60 dias após a recepção provisória é elaborada a conta da empreitada, que é constituída por:
1) Uma conta corrente com valores globais de:
- – Medições,
- – Reclamações já decididas,
- – Prémios vencidos e
- – Multas aplicadas;

2) Um mapa de todos os trabalhos a mais e a menos, com indicação preços unitários aplicados;

3) Um mapa contendo todas as reclamações do empreiteiro ainda não decididas.

A conta final é notificada ao empreiteiro, para a assinar ou dela reclamar fundamentadamente no prazo de 30 dias.
1) Se o empreiteiro não assinar a conta nem nada disser:
- – Considera se que a aceita;
- – Sem prejuízo das reclamações que haja expressamente declarado querer manter – a lei não diz em que ocasião o empreiteiro deve fazer esta declaração.

2) Se o empreiteiro reclamar:
- – O dono da obra deve decidir no prazo de 60 dias;
- – Se nada disser, considera se a reclamação indeferida tacitamente (artigo 58º do DL 16-A/95)

Na sua reclamação o empreiteiro não pode:
- – Reclamar das medições;
- – Reclamar sobre verbas que reproduzam medições ou reclamações já decididas;
- – Ocupar-se das reclamações pendentes.

Os valores relativos às reclamações pendentes serão liquidados à medida que as mesmas forem sendo definitivamente decididas.

INQUÉRITO ADMINISTRATIVO (ARTIGOS 309º E SEGUINTES)

Destina-se a permitir a apresentação de reclamações que qualquer pessoa possa ter em consequência da execução da obra.

No prazo de 60 dias após a recepção provisória, o dono da obra comunica à autoridade administrativa da área da obra a sua conclusão (artigo 309º).

A autoridade administrativa afixa editais ou publica anúncios em jornais, durante 20 dias, chamando os interessados a reclamar nos 10 dias seguintes ao fim dos editais (artigo 310º).

Se houver reclamações de interessados, a autoridade administrativa envia as reclamações no prazo de 10 dias para o dono da obra (serviço liquidatário), que, por sua vez, as envia para o empreiteiro e para as instituições de crédito que tenham prestado garantias na empreitada, para que as contestem no prazo de 20 dias (artigo 311º):

- Se o empreiteiro ou as instituições de crédito não contestarem as reclamações:
    - As mesmas são consideradas aceites,
    - O empreiteiro tem de pagar o respectivo valor, sob pena de o dono da obra reter igual montante nas garantias prestadas na empreitada ou nas quantias retidas (artigo 316º).
- Se o empreiteiro ou as instituições de crédito contestarem as reclamações:
    - São avisados os reclamantes para que intentem acção judicial no prazo de 30 dias, como forma de fazer valer o seu direito;
    - Os reclamantes fazem prova, junto do dono da obra e no prazo de 15 dias, de que intentaram a acção judicial, sendo, então, retido igual montante nas garantias prestadas na empreitada ou nas quantias retidas (artigo 316º), até à sentença.

RESCISÃO DA EMPREITADA (ARTIGOS 320º E SEGUINTES)

Rescisão pelo dono da obra (artigos 320º a 323º)

Por conveniência sua
- O empreiteiro tem direito a ser indemnizado por danos emergentes e lucros cessantes;

- Se preferir, o empreiteiro pode optar por receber uma compensação equivalente a 10% da diferença entre o valor dos trabalhos executados e os adjudicados.

Por incumprimento do empreiteiro
- O empreiteiro assume os prejuízos decorrentes da rescisão.

A rescisão não produz, em regra, efeitos retroactivos: a lei é omissa quanto aos casos em que à rescisão são atribuídos efeitos retroactivos.

Procedimento
- O dono da obra notifica o empreiteiro da intenção de rescisão;
- O empreiteiro pode contestar em prazo não inferior a 8 dias;
- Rescindido o contrato, o dono da obra toma posse administrativa da obra:
  - A posse é-lhe dada pelas autoridades administrativas competentes;
  - Lavra-se auto com inventário dos bens afectos à obra;
  - O empreiteiro pode reclamar no auto de qualquer coisa indevidamente inventariada;
  - O dono da obra prossegue os trabalhos com os meios do empreiteiro, por aluguer ou compra, sendo o preço depositado como garantia adicional da empreitada;
  - O empreiteiro pode requerer que o dono da obra lhe entregue, mediante caução, os bens que não pretender usar.

Rescisão pelo empreiteiro (artigos 324º e seguintes)
Sempre que ao empreiteiro assistir o direito à rescisão do contrato e quiser usar esse direito, deve requerê lo fundamentadamente ao dono da obra, nos 30 dia seguintes ao facto justificativo da rescisão.
- O empreiteiro não pode paralisar os trabalhos nem incumprir o plano de trabalhos;
- O empreiteiro tem direito a ser indemnizado;
- A rescisão não produz, em regra, efeitos retroactivos;
- O dono da obra deve decidir no prazo de 20 dias:
  - Se aceitar rescisão, o dono da obra toma posse administrativa da obra e dos bens a ela afectos, lavrando se o competente auto;
  - Se não aceitar a rescisão ou nada disser no prazo de 20 dias:

PARTE III - EMPREITADAS DE OBRAS PÚBLICAS

- O empreiteiro tem de requerer ao tribunal que o dono da obra seja obrigado a aceitar a rescisão e tomar posse administrativa da obra;
- O tribunal pode autorizar a suspensão dos trabalhos pelo empreiteiro, ponderados os prejuízos da prossecução dos trabalhos para o empreiteiro e o interesse público;
- Autorizada a suspensão, o empreiteiro pode retirar da obra os seus bens;
- O empreiteiro tem de propor uma acção judicial de rescisão contra o dono da obra, no prazo de 3 meses;
- Ao tomar posse dos bens, o dono da obra é obrigado a comprar os materiais, equipamento e instalações com que o empreiteiro não quiser ficar.

CONTENCIOSO DO CONTRATO (ARTIGOS 329º E SEGUINTES)

Os actos e decisões do dono da obra com que o empreiteiro não concorde podem ser impugnados graciosa ou contenciosamente. Apesar de esta secção se referir ao contencioso dos contratos, por uma questão de facilidade, trata se aqui também a impugnação graciosa.

Impugnação Graciosa
- Processa se dentro dos serviços do dono da obra;
- É uma Impugnação Administrativa (artigo 13º e seguintes), podendo consistir em reclamação ou recurso hierárquico;
- É facultativa (artigo 14º, n.º 2), isto é, não é necessário impugnar graciosamente um acto antes de recorrer ao tribunal;
- Tem de ser apresentada no prazo 5 dias a contar da notificação do acto ou decisão a impugnar;
- Tem efeito suspensivo: o acto ou decisão impugnados não são executados enquanto a impugnação não for decidida.

A Impugnação Administrativa no âmbito da Lei da Contratação Pública segue subsidiariamente as regras da Lei nº 2/94, de 14 de Janeiro (Lei da Impugnação dos Actos Administrativos) – artigo 13º.

Procedimento

- Reclamação – é dirigida ao próprio órgão que tomou a decisão;
  - É interposta dos actos dos membros do governo, governadores provinciais e administradores municipais;
- Recurso hierárquico – é dirigido ao órgão hierarquicamente superior àquele que tomou a decisão;

  - É interposto dos actos de órgãos hierarquicamente inferiores e dos órgãos directivos das pessoas colectivas e institutos de direito público.

Impugnação Contenciosa
- Consiste num recurso contencioso para os tribunais (artigo 329º e seguintes);
- Tem de ser interposto no prazo de 180 dias a contar da notificação da decisão do órgão competente para praticar actos definitivos (que já não são susceptíveis de recurso hierárquico): este é um prazo de caducidade (artigo 330º).
- Competência nos termos da Lei 2/94 (artigos 15º a 18º):
  - Recurso para o Tribunal Supremo:
    - Para o Plenário:
      - Actos do Presidente da República,
      - Actos do Presidente da Assembleia Nacional,
      - Actos do Governo,
      - Actos do Presidente do Tribunal Supremo;
    - Para a Câmara do Cível e Administrativo:
      - Actos dos Membros do Governo,
      - Actos dos Governadores Provinciais,
      - Actos das Pessoas Colectivas de Direito Público de âmbito nacional;
  - Recurso para a Sala do Cível e Administrativo dos Tribunais Provinciais:
    - Actos dos Órgãos locais do poder do Estado,
    - Actos das Pessoas Colectivas de Direito Público de âmbito local,
    - Actos das Empresas Gestoras de Serviços Públicos de âmbito local.

PARTE III - EMPREITADAS DE OBRAS PÚBLICAS

O recurso contencioso pode seguir duas formas de processo, nos termos do Regulamento do processo Contencioso Administrativo (Decreto-Lei nº 4-A/96, de 5 de Abril).

Recurso de acto administrativo
- Segue a forma de recurso contencioso de impugnação de acto administrativo;
- Com processo nos termos do Decreto-Lei nº 4-A/96 (artigo 39º deste diploma).

Recurso de Acto negocial
- Segue a forma de acção derivada de contrato administrativo;
- Com processo nos termos do Código do Processo Civil (artigo 69º do DL 4-A/96).

Tentativa de Conciliação (artigo 333º)

As acções contenciosas relativas à rescisão do contrato por parte do dono da obra ou do empreiteiro são obrigatoriamente precedidas de tentativa de conciliação extrajudicial junto do Conselho Superior de Obras Públicas (CSOP), perante uma comissão composta por um representante do dono da obra, outro do empreiteiro e presidida por um membro do CSOP.
- A tentativa de conciliação inicia se com a entrega de um Requerimento de Conciliação dirigido ao Presidente do CSOP:
- O requerido é notificado para apresentar a sua resposta no prazo de 8 dias;
- A tentativa de conciliação efectua se no prazo de 30 dias a contar do fim do prazo para a resposta;
- Da tentativa de conciliação é lavrado auto:
  - Se não houver acordo, não puder realizar se a diligência ou o acordo não for homologado, é lavrado auto de não conciliação;
    - O requerimento de conciliação interrompe o prazo de prescrição do direito e de caducidade da acção, que volta a correr 22 dias após a recepção do auto de não conciliação (artigo 337º);
- Se houver acordo, é lavrado auto de conciliação, que tem de ser homologado pelo Ministro das Obras Públicas.

Tribunal Arbitral (artigo 338º e seguintes)

As partes podem optar por submeter o litígio a um tribunal arbitral.

– O compromisso tem de ser assinado antes de caducado o direito, o que ocorre findo o prazo de 180 dias para propositura da acção judicial (artigo 330º);
– O tribunal arbitral funciona nos termos da Lei Arbitragem Voluntária (Lei nº 16/2003, de 25 de Julho);
– Salvo acordo escrito em contrário, o julgamento é pelo direito constituído, com recurso para o Tribunal Supremo;
– Nas acções de valor até 36.000.000 Kz, o tribunal pode ser constituído por apenas um árbitro;
– Nas acções de valor superior a 36.000.000 Kz, o tribunal tem de ser constituído por três árbitros.

Especialidades do processo (artigo 339º):
– Há apenas dois articulados: petição e contestação. A lei não o prevê, mas:
  – Deve ser assegurada resposta às excepções, respeitando o princípio do contraditório;
  – Deve ser assegurado o direito à reconvenção, para economia de meios e coerência das decisões, uma vez que propor uma nova acção para matéria que seria reconvencional pode ter como consequência uma decisão contraditória com a acção arbitral;
– Apenas pode haver duas testemunhas por quesito;
– A discussão é escrita (alegações).

Aceitação do acto (artigo 331º)

Apesar de a impugnação graciosa não ser necessária (artigo 14º, nº 2), relativamente a qualquer acto do dono da obra de que discorde (incluindo o indeferimento tácito), o empreiteiro tem de reclamar ou formular a reserva dos seus direitos no prazo de 10 dias, senão o acto considera-se aceite e já não poderá ser impugnado graciosamente nem contenciosamente.

Esta reclamação não se confunde com a reclamação das ordens da fiscalização, que tem de ser entregue no prazo de 5 dias e desde logo fundamentada (artigo 269º).

Na dúvida sobre a disposição aplicável, deve reclamar-se fundamentadamente no prazo de 5 dias.

PARTE III - EMPREITADAS DE OBRAS PÚBLICAS

SUBEMPREITADAS (ARTIGOS 340º E SEGUINTES)

A subempreitada é um contrato de empreitada particular emergente, mediata ou imediatamente, de um contrato administrativo de empreitada de obras públicas – é um contrato de prestação de serviços.

- As subempreitadas só podem ser executadas por empresas que não estejam impedidas, nos termos do artigo 8º, exigência que se aplica também ao contrato entre o subempreiteiro e um terceiro;
- Na presente lei desaparece a exigência de alvará relativamente ao subempreiteiro e de autorização prévia do dono da obra para a sua contratação;
- Os subempreiteiros que figurem no contrato de empreitada (subempreiteiros designados) só podem ser substituídos com autorização do dono de obra;
- O dono da obra não pode opor-se à escolha do subempreiteiro, a não ser em caso de inexistência de condições legais;
- O empreiteiro está proibido de subempreitar mais de 75% do valor da obra adjudicada, o que também se aplica às subempreitadas subsequentes.

São proibidas outras as prestações de serviços no âmbito do contrato de empreitada de obras públicas (sob pena de rescisão do contrato de empreitada pelo dono da obra) SALVO a contratação de (artigo 345º):

- Técnicos responsáveis pelas obras,
- Serviços de elevada especialização técnica ou artística.

Apesar da execução dos trabalhos pelo subempreiteiro, o empreiteiro mantém-se totalmente responsável perante o dono da obra (artigo 346º).

Requisitos do contrato de subempreitada:

- Constar de documento particular;
- Conter várias menções:
  - Identificação dos outorgantes,
  - Identificação dos alvarás,
  - Especificação técnica da obra,
  - Valor global do contrato,

- Forma e prazos de pagamento, que devem ser estabelecidas com condições idênticas às do contrato entre o dono da obra e o empreiteiro;
- A inobservância destes requisitos gera a nulidade do contrato, que é, todavia, inoponível ao Subempreiteiro;
- Ser depositada cópia do contrato junto do dono da obra:
  - Se as autorizações de que o subempreiteiro dispõe tiverem sido necessárias ao empreiteiro para concorrer à empreitada, a cópia tem de ser depositada previamente à celebração do contrato de empreitada;
  - Relativamente às demais autorizações, a cópia tem de ser depositada previamente ao início dos trabalhos da subempreitada.

Pagamentos
- Os prazos e condições de pagamento ao subempreiteiro devem ser idênticas às estabelecidas entre o dono da obra e o empreiteiro;
- Em caso de atraso nos pagamentos, os subempreiteiros podem reclamar junto do dono da obra;
  - Em consequência, o dono da obra pode exercer junto do empreiteiro direito de retenção de quantias do mesmo montante;
  - O dono da obra notifica o empreiteiro para pagar ao subempreiteiro as quantias reclamadas;
  - O empreiteiro tem de comprovar, no prazo de 15 dias após a notificação, que procedeu ao pagamento;
  - Se não o fizer, o dono da obra paga directamente ao subempreiteiro.
  - Este processo de retenção e o pagamento por parte do dono da obra gera problemas sobre:
    - A prova da existência da dívida;
    - A legitimidade da reclamação do subempreiteiro ao dono da obra;
    - O eventual litígio existente entre o empreiteiro e o subempreiteiro;
    - Quem arbitra o litígio;
    - O tipo de acção e o tribunal competente, caso o empreiteiro decida accionar o subempreiteiro ou o dono da obra.

CONTAGEM DOS PRAZOS (ARTIGO 356º)

Os prazos indicados na presente lei contam se em dias úteis, suspendendo-se aos sábados, domingos e feriados.

Não se conta o dia em que ocorre o evento a partir do qual o prazo começa a correr.

Quando o prazo terminar em dia em que o serviço não esteja aberto ao público ou não funcione no período normal, o termo transfere-se para o primeiro dia útil seguinte.

Excepções: os prazos para apresentação propostas, pedidos de participação e de execução da empreitada são prazos contínuos, incluindo sábados, domingos e feriados.

DISPOSIÇÕES FINAIS

1) Transgressões administrativas por infracção à presente lei
O artigo 348º dispõe que as transgressões devem ser disciplinadas em diploma próprio.

No mesmo sentido, a Lei Quadro das Transgressões Administrativas dispõe que a Administração deve elaborar regulamentos específicos para cada actividade (Lei nº 12/11, de 16 de Fevereiro, artigo 5º, nº 2). Porém, ainda não existe qualquer diploma específico para as transgressões relativas aos contratos públicos.

2) Contratos de Fornecimento de Obras
A presente Lei da Contratação Pública é aplicável ao Contratos de Fornecimento de Obras, com as adaptações necessárias.

Contrato de Fornecimento de Obra é o contrato pelo qual alguém se obriga a entregar materiais ou outros bens móveis para serem incorporados na obra, ou para a complementar, mediante o pagamento de um preço e num determinado prazo (artigo 349º).

3) Notificações e comunicações
As notificações e comunicações são redigidas em português e podem ser feitas por (artigo 354º):

- correio electrónico ou outro meio de transmissão electrónica de dados, se a entidade adjudicante tiver optado pela entrega de propostas em suporte electrónico;
- correio registado com aviso de recepção, telefax ou outro meio com prova de entrega, incluindo entrega no departamento, contra recibo, se a entidade adjudicante tiver optado pela entrega de propostas em suporte de papel.

As notificações e comunicações consideram se feitas na data de (artigo 355º):
- expedição, quando feitas por correio electrónico ou outro meio de transmissão electrónica de dados;
- relatório com indicação de recepção (OK), quando feitas por telefax;
- aviso de recepção, quando feitas por correio registado;
- entrega, quando feitas contra recibo.

Anexos

- LEI N.º 20/10 DE 7 DE SETEMBRO

- DECRETO PRESIDENCIAL N.º 298/10 DE 3 DE DEZEMBRO

Lei n.º 20/10, de 7 de Setembro

Com a aprovação da Constituição da República de Angola, impõe-se a necessidade de se adequar o sistema de contratação pública à nova realidade constitucional e de uniformizar a disciplina jurídica aplicável à contratação de empreitadas de obras públicas e à aquisição de bens e serviços por entidades públicas.

Importa assegurar que a contratação pública obedeça, por um lado, aos princípios da competitividade, da economia, da eficiência e da eficácia, e, por outro lado, incentivar e estimular a participação de empreiteiros, fornecedores e prestadores de serviços, especialmente os nacionais.

É ainda necessário capacitar humana, técnica e financeiramente as entidades públicas contratantes, fornecendo-lhes os meios necessários para a contratação de empreitadas e para a aquisição de bens e serviços e proporcionando um tratamento justo e equitativo a todos os concorrentes, assegurando o cumprimento dos princípios da igualdade, da concorrência, da imparcialidade, da transparência e da probidade no âmbito dos procedimentos de contratação pública.

Urge a necessidade de, por um lado, simplificar os procedimentos de aquisição de bens e serviços e, por outro, estabelecer-se o regime de utilização das novas tecnologias em matéria de contratação pública.

Deve-se também ter, em conta que a aquisição de bens e serviços exige a criação de uma estrutura administrativa com a função de fiscalizar e de supervisionar o mercado da contratação pública e de apoiar o Executivo na definição e na implementação de políticas e práticas em matéria de contratação pública.

A Assembleia Nacional aprova, por mandato do povo, nos termos do n.º 2 do artigo 165.º e da alínea *d)* do n.º 2 do artigo 166.º ambos da Constituição da República de Angola, a seguinte:

# Lei da Contratação Pública

TÍTULO I – Princípios Gerais

CAPÍTULO I – Disposições Gerais

Artigo 1.º – (Objecto)
A presente lei estabelece as bases gerais e o regime jurídico relativos à contratação pública.

Artigo 2.º – (Âmbito de aplicação)
1. A presente lei é aplicável à contratação de empreitadas de obras públicas, à locação e aquisição de bens móveis e imóveis e à aquisição de serviços por parte de uma entidade pública contratante.

2. A presente lei é, igualmente, aplicável, com as necessárias adaptações, à formação das concessões de obras públicas e de serviços públicos.

Artigo 3.º – (Definições)
Para efeitos da presente lei, entende-se por:

a) Empreitada de obras públicas – o contrato que tenha por objecto quaisquer obras de construção ou de concepção e de construção, de reconstrução, de ampliação, de alteração, de reparação, de conservação, de limpeza, de restauração, de adaptação, de melhoria e de demolição de bens imóveis, a realizar por conta de uma entidade pública contratante, mediante o pagamento de um preço;

b) Locação de bens móveis e imóveis – o contrato pelo qual um locador se obriga a proporcionar a uma entidade pública contratante o gozo temporário de bens móveis ou imóveis, mediante retribuição, podendo tomar a forma de aluguer, de arrendamento, de locação financeira ou de locação que não envolva a opção de compra dos bens locados;

c) Aquisição de bens móveis e imóveis – o contrato pelo qual uma entidade pública contratante compra bens móveis ou imóveis a um fornecedor;

d) Aquisição de serviços – o contrato pelo qual uma entidade pública contratante adquire a prestação de um ou de vários tipos de serviços mediante o pagamento de um preço;

e) Acordo-Quadro – o contrato entre uma ou várias entidades adjudicantes e um ou mais empreiteiros, fornecedores de bens ou prestadores de serviços, com vista a fixar os termos e as condições dos contratos a celebrar, durante um determinado período, nomeadamente em matéria de preços e, se necessário, de quantidades;

f) Contrato Público de Aprovisionamento – contrato de empreitada ou de aquisição de bens e serviços, celebrado na base de um acordo-quadro;

g) Concessão de obra pública – o contrato pelo qual o co-contratante, concessionário, se obriga, perante uma entidade pública contratante, concedente, à execução ou à concepção e execução, de uma obra pública, mediante a contrapartida da exploração dessa obra, por um determinado período de tempo;

h) Concessão de serviço público – o contrato pelo qual o co-contratante, concessionário, se obriga, perante uma entidade pública contratante, concedente a gerir, em nome próprio e sob sua responsabilidade e em respeito pelo interesse público, por um determinado período de tempo, uma actividade de serviço público, sendo remunerado ou directamente pela entidade pública contratante concedente ou através da totalidade ou parte das receitas geradas pela actividade concedida.

Artigo 4.º – (Entidades sujeitas ao regime da contratação pública)

1. A presente lei aplica-se às seguintes entidades contratantes:

a) ao Titular do Poder Executivo e demais Órgãos da Administração Central e Local do Estado;

b) à Assembleia Nacional;

c) aos Tribunais e Procuradoria Geral da República;

d) às Autarquias Locais;

e) aos Institutos Públicos;

f) aos Fundos Públicos;

g) às Associações Públicas.

2. A presente lei é, igualmente, aplicável às empresas públicas integralmente financiadas pelo Orçamento Geral do Estado, nos termos a regulamentar.

Artigo 5.º – (Regime de exclusão)

1. Ficam excluídos da aplicação do regime da contratação pública estabelecido pela presente lei, quaisquer que sejam os seus valores:

a) os contratos regidos por regras processuais especiais previstas em acordos ou convenções internacionais celebrados entre a República de Angola e um ou vários Países ou com empresas de outros Estados;

b) os contratos celebrados por força de regras específicas de uma organização internacional de que a República de Angola faça parte;

c) os contratos que sejam declarados secretos ou cuja execução deva ser acompanhada de medidas especiais de segurança ou quando a protecção de interesses essenciais, de segurança ou outros, da República de Angola, assim o exijam, designadamente os contratos relativos à contratação de material bélico, relacionados à defesa e segurança do Estado;

d) os contratos cujo processo de celebração seja regulado em lei especial;

e) os contratos celebrados com empreiteiro, prestador de serviços ou fornecedor de bens que seja, ele próprio, uma entidade pública contratante, nos termos do artigo 4.º da presente lei;

f) os contratos de aquisição de serviços financeiros relativos à emissão, à compra e à venda ou à transferência de títulos ou outros produtos financeiros, bem como a serviços prestados pelo Banco Nacional de Angola;

g) os contratos de aquisição de serviços de natureza iminentemente intelectual, designadamente os relativos a serviços de carácter jurídico, de arbitragem e de conciliação, sem prejuízo do disposto nos artigos 30.º e 164.º e seguintes da presente lei.

2. As entidades públicas contratantes previstas no regime de exclusão da aplicação da presente lei, regem-se por diploma próprio em matéria de aquisições.

3. Os contratos de aquisição de bens alimentares ou outros, que estejam sujeitos à grande volatilidade dos preços no mercado internacional, devem ser regidos por diploma próprio.

4. Sem prejuízo do disposto nos números anteriores do presente artigo, as entidades públicas contratantes devem aplicar, com as devidas adaptações, as regras previstas na presente lei aos contratos que celebrarem, desde que as mesmas não sejam incompatíveis com a natureza especial desses contratos, podendo, contudo, serem objecto de regulamentação específica.

CAPÍTULO II – Ética no Processo de Contratação

Artigo 6.º – (Conduta dos funcionários públicos)

1. Os funcionários e os agentes da entidade contratante e os membros da Comissão de Avaliação e do júri envolvidos no planeamento, na preparação e na realização dos processos de contratação pública devem:

a) exercer as suas funções de forma imparcial;

b) actuar segundo o interesse público e de acordo com os objectivos, as normas e os procedimentos determinados na presente lei;

c) evitar conflitos de interesse, bem como a aparência de conflitos de interesse, no exercício das suas funções;

d) não praticar, não participar ou não apoiar actos subsumíveis nos crimes de corrupção activa, passiva ou fraudulentos;

e) observar as leis, os regulamentos e as normas relativas à conduta dos funcionários públicos e o regime geral de impedimentos e incompatibilidades em vigor para a administração pública.

2. Salvo o estipulado em contrário, o previsto na presente lei ou em outras disposições aplicáveis, os funcionários envolvidos em processos de contratação ficam obrigados ao dever de sigilo, devendo tratar como confidenciais todas as informações de que nesse âmbito tomem conhecimento.

3. Todo e qualquer funcionário nomeado para qualquer processo de contratação que tiver algum interesse patrimonial, directo ou indirecto no mesmo deve, de imediato, dar a conhecer esse interesse à entidade contratante que o nomeou, devendo abster-se, por qualquer forma, de participar nesse processo, tomando parte em discussões ou deliberações.

4. O funcionário envolvido em processos de contratação, durante o exercício das suas funções, não pode:

a) participar de qualquer forma, directa ou indirectamente, em processos de contratação ou em processos de impugnação, se o cônjuge, filho ou qualquer outro parente da linha recta até ao terceiro grau da linha colateral, pessoa com quem viva em regime de união de facto ou em economia comum ou associada comercial, tenha um interesse financeiro ou outro sobre um interessado que participe no processo de contratação, um sócio de um interessado pessoa colectiva, qualquer entidade em que um interessado seja sócio ou qualquer entidade fornecedora de um interessado;

b) praticar ou deixar de praticar qualquer acto com o objectivo ou a expectativa de obter qualquer pagamento indevido, oferta, favor ou vantagem, para si ou para qualquer outra pessoa ou entidade;

c) influenciar ou procurar influenciar qualquer acção ou decisão da Comissão de Avaliação ou de qualquer membro da mesma, para efeitos ou com a expectativa de obter qualquer pagamento indevido, oferta, favor ou vantagem para si ou para qualquer outra pessoa ou entidade;

d) solicitar ou receber, directa ou indirectamente, qualquer pagamento indevido, oferta, favor ou vantagem, para si ou para qualquer outra pessoa ou entidade;

e) procurar ou negociar qualquer trabalho ou contrato referido na alínea *b)* do presente artigo.

5. O funcionário envolvido num processo de contratação pública não pode também, durante um período de doze meses após o termo das suas funções, celebrar contrato de trabalho ou qualquer outro de prestação de serviços, com qualquer pessoa ou entidade que, durante o exercício das suas funções, tenha sido parte de um contrato negociado pela Comissão de Avaliação.

6. O funcionário envolvido no processo de contratação deve, anualmente, declarar, na forma que venha a ser prescrita pelo Ministro das Finanças, os seus rendimentos e os dos membros da sua família, assim como os seus investimentos, activos e ofertas substanciais ou benefícios dos quais possa resultar um conflito de interesses relativamente às suas funções.

7. As declarações previstas no número anterior são confidenciais, não podem ser publicamente divulgadas e devem ser estritamente usadas tendo em vista a fiscalização do cumprimento das disposições do presente artigo.

8. Sem prejuízo de qualquer outro procedimento aplicável, qualquer funcionário nomeado para processo de contratação que viole as obrigações previstas no presente artigo, fica sujeito a processo disciplinar e administrativo, nos termos da lei.

Artigo 7.º – (Conduta dos interessados – pessoas singulares e colectivas)

1. Os interessados em processos de contratação não podem envolver-se, participar ou apoiar:

a) práticas corruptas, tais como oferecer quaisquer vantagens patrimoniais, tendo em vista influenciar indevidamente decisões a serem tomadas no processo de contratação;

b) práticas fraudulentas, tais como a declaração intencional de factos falsos ou errados, tendo por objectivo a obtenção de decisões favoráveis em processos de contratação ou em sede de execução de um contrato;

c) práticas restritivas da concorrência, traduzidas em quaisquer actos de conluio entre interessados, em qualquer momento do processo de contratação, com vista a, designadamente, estabelecer artificialmente os preços da proposta, impedir a participação de outros interessados no processo de contratação ou de qualquer outra forma, impedir, falsear ou restringir a concorrência;

d) práticas criminais, tais como ameaças a pessoas ou entidades tendo em vista coagi-las a participar ou a não participar, em processos de contratação;

e) quaisquer outras práticas, ética ou socialmente censuráveis.

2. A entidade contratante que tenha conhecimento de alguma das práticas previstas no número anterior, deve:

a) excluir a proposta apresentada por esse interessado no processo de contratação, notificando-o dos exactos motivos da exclusão;

b) informar o Director do Gabinete da Contratação Pública da prática ilegal cometida e da exclusão operada.

3. Sem prejuízo de outros procedimentos, administrativos ou criminais, os interessados que cometam alguma das práticas previstas no presente artigo ficam, ainda, sujeitos à possibilidade de serem impedidos de participar no período de um a cinco anos, em outros processos de contratação pública.

Artigo 8.º – (Impedimentos dos interessados)

Sem prejuízo do disposto no artigo anterior, estão impedidos de participarem em processos de contratação as pessoas singulares ou colectivas que:

a) sejam objecto de um boicote por parte de organizações internacionais e regionais de que Angola faça parte, nomeadamente a Organização das Nações Unidas (ONU), o Fundo Monetário Internacional (FMI), o Banco Internacional para a Reconstrução e Desenvolvimento (Banco Mundial), União Africana, a Comunidade de Desenvolvimento de África Austral (SADC), a Comunidade Económica da África Central (CEAC) e o Banco Africano de Desenvolvimento (BAD);

b) no passado não tenham cumprido adequadamente os contratos celebrados com entidades públicas;

c) se encontrem em estado de falência, de liquidação ou de cessação das suas actividades ou tenham o respectivo processo pendente;

d) não tenham a sua situação jurídica, fiscal e contributiva regularizada;

e) os sócios ou administradores, gerentes ou outros responsáveis tenham sido condenados, por sentença transitada em julgado, por qualquer delito que afecte a sua honorabilidade profissional incluindo, entre outros, a corrupção ou que tenham sido administrativamente punidos por falta grave em matéria profissional se, entretanto, não tiver havido reabilitação;

f) as propostas, as candidaturas ou os pedidos de participação resultem de práticas ilícitas, restritivas da concorrência.

Artigo 9.º – (Cadastro dos candidatos concorrentes)

Para efeitos do disposto na alínea *b)* do artigo 8.º, as entidades contratantes devem elaborar um cadastro das pessoas singulares ou colectivas que prestaram serviços, forneceram bens e realizaram empreitadas para o Estado, a fim de evitar reincidir na contratação de empresas incumpridoras.

Artigo 10.º – (Denúncia de práticas ilícitas)

1. Aquele que, por qualquer modo, tiver conhecimento da ocorrência ou da tentativa de ocorrência de alguma das práticas ilícitas previstas nos artigos anteriores do presente título, deve, de imediato, comunicar esse facto ao superior da entidade contratante do processo de contratação em causa, ao Director do Gabinete da Contratação Pública ou a quaisquer outros órgãos de fiscalização ou de inspecção em matéria de contratação pública.

2. As participações de boa-fé, mesmo de factos que venham a apurar-se falsos, não podem ser objecto de qualquer sanção, administrativa ou outra.

3. Sem prejuízo do disposto no número anterior, são puníveis, nos termos da lei, as denúncias falsas efectuadas com dolo ou grave negligência.

CAPÍTULO III – Gabinete da Contratação Pública e Portal da Contratação Pública

Artigo 11.º – (Gabinete da Contratação Pública)

1. A operacionalidade e a regulamentação do sistema de contratação pública são asseguradas pelo Gabinete da Contratação Pública, como órgão de apoio ao Executivo em matéria de definição e de implementação de políticas e de práticas relativas à contratação pública.

LEI DA CONTRATAÇÃO PÚBLICA DE ANGOLA - LEI 20/10, DE 7 DE SETEMBRO

2. O Gabinete da Contratação Pública deve criar, com a brevidade possível e de acordo com as condições de cada Província, formas de representação a nível local.

3. A lei fixa as regras sobre a organização, a actividade e o funcionamento do Gabinete da Contratação Pública.

Artigo 12.° – (Portal da Contratação Pública e plataformas electrónicas)

1. As regras de constituição, de funcionamento e de gestão do Portal da Contratação Pública, bem como as respectivas funcionalidades, são fixadas por lei.

2. Lei especial fixa as regras de funcionamento e de utilização de plataformas electrónicas pelas entidades contratantes, bem como o modo de interligação destas com o Portal da Contratação Pública.

CAPÍTULO IV – Impugnação Administrativa

Artigo 13.° – (Direito aplicável)

Sem prejuízo do disposto nos artigos 84.°, 90.° e 126.° da presente lei, em matéria de reclamação e recurso das decisões tomadas pela Comissão de Avaliação no acto público, a impugnação administrativa de decisões relativas à contratação abrangida pela presente lei regem-se pelo presente Título e, subsidiariamente, pelo disposto nas normas do procedimento administrativo aplicáveis.

Artigo 14.° – (Decisões impugnáveis e natureza)

1. São susceptíveis de impugnação administrativa, por via de reclamação ou de recurso hierárquico, quaisquer actos praticados pela entidade pública contratante no âmbito dos procedimentos abrangidos pela presente lei que possam lesar os interesses legalmente protegidos dos particulares.

2. A impugnação administrativa é facultativa.

Artigo 15.° – (Prazo de impugnação)

A impugnação administrativa deve ser apresentada no prazo de cinco dias a contar da notificação da decisão a impugnar.

Artigo 16.° – (Apresentação da impugnação)

1. As reclamações devem ser dirigidas ao superior hierárquico da entidade pública contratante.

2. Os recursos hierárquicos devem ser interpostos para o Director do Gabinete da Contratação Pública.

3. As petições de impugnação administrativa devem ser apresentadas junto da entidade contratante, em suporte de papel ou na respectiva plataforma electrónica.

4. O interessado deve expor, na reclamação ou no requerimento de interposição do recurso hierárquico, todos os fundamentos da impugnação, podendo juntar os documentos que considere convenientes.

Artigo 17.° – (Efeitos da impugnação)

1. A apresentação da impugnação administrativa tem efeito suspensivo.

2. Enquanto a impugnação administrativa não for decidida, ou não tiver decorrido o prazo para a respectiva decisão, não se pode proceder, consoante for o caso:

a) à decisão de qualificação;

b) ao início da fase de negociação;

c) à decisão de adjudicação;

d) à celebração do contrato.

Artigo 18.° – (Audiência dos contra-interessados)

Quando a impugnação administrativa tiver por objecto a decisão de qualificação ou a decisão de adjudicação, o órgão competente para dela conhecer deve, no prazo de quinze dias após a respectiva apresentação, notificar os candidatos ou os concorrentes para, querendo, se pronunciarem, no prazo de cinco dias, sobre o pedido e os seus fundamentos.

Artigo 19.° – (Decisão)

1. As impugnações administrativas devem ser decididas no prazo de quinze dias a contar da data da sua apresentação, equivalendo o silêncio à sua aceitação.

2. Havendo audiência de contra-interessados, o prazo para a decisão conta-se a partir do termo do prazo fixado para aquela audiência.

Artigo 20.° – (Medidas correctivas)

Em caso de procedência do recurso hierárquico, o Director do Gabinete da Contratação Pública pode ordenar uma ou mais das medidas correctivas seguintes:

a) declarar a aplicabilidade das normas ou princípios jurídicos que regem a questão objecto de recurso e ordenar que a entidade pública contratante actue conforme essas normas e princípios;

b) anular, no todo ou em parte, um acto ou decisão ilegal da entidade pública contratante;

c) rever uma decisão ilegal da entidade pública contratante ou substituir aquela pela sua própria decisão;

d) se o contrato já estiver em execução, requerer que a entidade contratante reembolse o interessado dos custos da sua participação no procedimento;

e) se o contrato ainda não estiver em execução, ordenar que o processo de contratação seja cancelado.

Artigo 21.º – (Recurso judicial)

Qualquer interessado pode, nos termos legais, recorrer judicialmente:

a) da decisão do Director do Gabinete da Contratação Pública relativa a um recurso hierárquico;

b) da decisão final do procedimento, tomada pela entidade contratante.

TÍTULO II – Tipos e Escolha de Procedimentos

CAPÍTULO I – Tipos de Procedimentos

Artigo 22.º – (Procedimentos para a formação de contratos)

1. Para a formação dos contratos sujeitos ao presente regime da contratação pública, as entidades públicas contratantes devem adoptar um dos seguintes tipos de procedimentos:

a) concurso público;

b) concurso limitado por prévia qualificação;

c) concurso limitado sem apresentação de candidaturas;

d) procedimento de negociação.

2. A escolha deve ser efectuada em função do valor do contrato ou em função de outros critérios materiais legalmente estabelecidos.

Artigo 23.º – (Definições)

Para efeitos da presente lei, entende-se por:

a) Concurso Público – sistema de contratação aberto, em que, pelo elevado valor das aquisições envolvidas ou por outras razões materiais, podem concorrer todas as entidades, públicas ou privadas, nacionais ou estrangeiras que reúnam os requisitos exigidos em abstracto, no aviso ou no programa;

b) Concurso Limitado por Prévia Qualificação – sistema aberto, mas que exige uma prévia selecção (procedimentalizada ou não) das empresas, pela entidade contratante;

c) Concurso Limitado sem Apresentação de Candidaturas – sistema em que a entidade contratante convida as pessoas singulares ou colectivas que considera mais idóneas e especializadas, para apresentarem as suas propostas;

d) Procedimento por Negociação – sistema de contratação que consiste no convite aos interessados, em geral ou limitadamente, para apresentarem as suas candidaturas ou propostas que, depois de analisadas e valoradas, são objecto de discussão e negociação com a entidade contratante, a fim de as harmonizar com o interesse público, escolhendo-se a proposta adjudicatária em função não só da proposta inicial, mas também, das correcções resultantes da negociação.

CAPÍTULO II – Escolha do Procedimento em Função do Valor Estimado do Contrato

Artigo 24.° – (Valor estimado do contrato)
1. Sem prejuízo de outras regras materiais de escolha de procedimento legalmente estabelecido, a escolha do tipo do procedimento a seguir na formação de contrato objecto da presente lei deve fazer-se em função do valor estimado do contrato.
2. Para efeitos da presente lei, entende-se por valor estimado do contrato o preço base indicado pela entidade pública contratante, calculado em função do valor económico das prestações a contratar.

Artigo 25.° – (Escolha do tipo de procedimento em função do valor estimado do contrato)
Em função do valor estimado do contrato, são aplicáveis à escolha do tipo de procedimento as seguintes regras:
a) concurso público ou concurso limitado por prévia qualificação, quando o valor estimado do contrato for igual ou superior ao constante no nível 8 da Tabela de Limites de Valores, constante do Anexo I da presente lei;
b) concurso limitado sem apresentação de candidaturas, quando o valor estimado do contrato for igual ou superior ao constante no nível 2 e inferior ao constante no nível 8 da Tabela de Limites de Valores constante do Anexo I da presente lei;
c) procedimento por negociação, quando o valor estimado do contrato for igual ou inferior ao constante no nível 3 da Tabela de Limites de Valores constante do Anexo I da presente lei.

Artigo 26.° – (Divisão em lotes)
Quando prestações do mesmo tipo, susceptíveis de constituírem objecto de um único contrato, sejam divididas em vários lotes, correspondendo a cada um deles um contrato separado, o valor a atender, para efeitos de escolha do procedimento aplicável à formação do contrato relativo a cada lote é o somatório dos valores estimados dos vários lotes.

CAPÍTULO III – Escolha do Procedimento em Função de Critérios Materiais

Artigo 27.° – (Regra geral)
A escolha do procedimento, nos termos do disposto no presente Capítulo é aplicável à celebração de contratos de qualquer valor.

LEI DA CONTRATAÇÃO PÚBLICA DE ANGOLA - LEI 20/10, DE 7 DE SETEMBRO

Artigo 28.° – (Escolha do processo de negociação independentemente do objecto do contrato a celebrar)

Qualquer que seja o objecto do contrato a celebrar, pode adoptar-se o processo por negociação quando:

a) for estritamente necessário e, por motivos de urgência imperiosa, resultantes de acontecimentos imprevisíveis não imputáveis à respectiva entidade pública contratante, não possam ser cumpridos os prazos ou formalidades previstos para os restantes procedimentos de formação de contratos;

b) a natureza das obras, dos bens ou dos serviços a adquirir ou as contingências a eles inerentes não permitam uma fixação prévia global do preço;

c) por motivos de aptidão técnica ou artística ou relativos à protecção de direitos exclusivos ou de direitos de autor, a empreitada, a locação ou o fornecimento de bens ou serviços apenas possa ser realizado por poucos empreiteiros, locadores, fornecedores ou prestadores de serviços;

d) em anterior concurso público ou concurso limitado por prévia qualificação, nenhum candidato se haja apresentado ou nenhum concorrente haja apresentado proposta e desde que o caderno de encargos e os requisitos mínimos de capacidade técnica e financeira, quando aplicáveis, não tenham sido alterados.

Artigo 29.° – (Escolha do processo de negociação para a locação ou aquisição de bens)

Sem prejuízo do disposto no artigo anterior, pode, ainda, adoptar-se o procedimento de negociação na formação de contratos de locação ou de aquisição de bens, quando:

a) se trate de alocar ou adquirir bens ou equipamentos destinados à substituição parcial ou ao incremento de bens ou equipamentos de uso corrente da entidade pública contratante, já anteriormente locados ou adquiridos a uma mesma entidade e a mudança de fornecedor obrigasse à locação ou aquisição de bens ou equipamentos de características técnicas diferentes;

b) se trate de adquirir bens cotados em bolsas de matérias-primas;

c) se trate de adquirir bens ou equipamentos em condições de mercado especialmente mais vantajosas, decorrentes, nomeadamente, de liquidação de estoques por motivo de encerramento de actividade comercial ou outros, de falência, de insolvência, de concordata ou de venda forçada.

Artigo 30.° – (Escolha do processo de negociação para a formação de contratos de prestação de serviços)

Sem prejuízo do disposto no artigo 28.°, pode adoptar-se o processo de negociação na formação de contratos de aquisição de serviços, quando:

a) se trate de novos serviços que consistam na repetição de serviços similares objecto de contrato celebrado anteriormente, há menos de três anos, pela mesma entidade pública contratante com o mesmo prestador de serviços;

b) se trate de serviços complementares, não incluídos no projecto inicial ou no primeiro contrato celebrado, mas que, na sequência de circunstâncias imprevistas, se tenham tomado necessários para a execução dos serviços descritos nesses documentos, na condição de a adjudicação ser feita ao prestador inicial, e desde que esses serviços não possam ser, técnica ou economicamente, separados do contrato inicial, sem grave inconveniente para a entidade pública contratante;

c) a natureza das respectivas prestações, não permita a elaboração de especificações contratuais suficientemente precisas para a definição dos atributos qualitativos das propostas, necessários à fixação de um critério de adjudicação.

TÍTULO III – Fase da Formação do Contrato

CAPÍTULO I – Disposições Comuns

SECÇÃO I – Abertura do Procedimento

Artigo 31.° – (Decisão de contratar)
Os procedimentos de contratação iniciam-se com a decisão de contratar, proferida pelo órgão competente para autorizar a despesa inerente ao contrato a celebrar.

Artigo 32.° – (Decisão de escolha do procedimento)
1. A decisão da escolha do procedimento de contratação pública a adoptar em concreto cabe ao órgão competente para a decisão de contratar, de acordo com a legislação aplicável.

2. A decisão de escolha do procedimento de contratação em concreto, de acordo com as regras estabelecidas na presente lei, deve ser sempre fundamentada, ainda que por remissão para estudos ou relatórios que tenham sido realizados para esse propósito.

Artigo 33.° – (Associação de entidades públicas contratantes)
1. As entidades públicas contratantes podem associar-se entre si com vista à formação de um contrato, cuja execução seja do interesse de todas ou de que todas possam beneficiar.

2. Incluem-se na previsão do número anterior, nomeadamente, a celebração de contratos de aprovisionamento conjunto de bens ou serviços, acordos-quadro ou a constituição de centrais de compras comuns.

3. Sem prejuízo das regras especiais previstas para a constituição e funcionamento das centrais de compras comuns, o protocolo de constituição de uma associação de entidades públicas contratantes deve designar qual destas é o representante da asso-

ciação para efeitos de condução do procedimento que venha a ser escolhido, ficando-
-lhe tacitamente cometidos todos os poderes necessários para esse efeito.

4. As decisões de contratar, de escolha do procedimento, de qualificação dos candidatos e de adjudicação devem, contudo, ser tomadas conjuntamente, pelo órgão ou órgãos competentes, com referência a cada entidade contratante, salvo delegação expressa no representante, de todos ou de alguns destes poderes, de acordo com as normas aplicáveis.

SECÇÃO II – Autorização da Despesa

Artigo 34.º – (Competência para autorizar a despesa)
A competência para a autorização das despesas relativa aos contratos sujeitos ao regime da contratação é determinada nos termos do Anexo II da presente lei.

Artigo 35.º – (Despesas com seguros)
1. As despesas com seguros que, em casos excepcionais, sejam consideradas conveniente fazerem-se, carecem de prévia autorização do Ministro das Finanças, sob proposta do Ministro que tutela a matéria objecto de concurso.

2. O disposto no número anterior não se aplica às despesas com seguros:

a) que, por imposição de leis locais ou do titular do direito a segurar, tenham de efectuar-se no estrangeiro;

b) de bens culturais e outros casos previstos em legislação especial.

Artigo 36.º – (Contratos de arrendamento)
1. A celebração de contratos de arrendamento de imóveis para instalação de serviços do Estado e Institutos Públicos, Empresas Públicas e Serviços e Fundos Autónomos está sujeita a parecer da Direcção Nacional do Património do Estado.

2. O parecer da Direcção Nacional do Património do Estado a que se refere o número anterior deve ser emitido no prazo máximo de vinte dias, findo o qual se presume favorável ao arrendamento proposto.

3. A competência para a autorização das despesas previstas no presente artigo depende de autorização a conceder, nos termos do n.º 3 do Anexo II da presente lei.

4. As despesas com contratos de arrendamento de imóveis sitos no estrangeiro ficam apenas sujeitas à autorização do Ministério das Finanças ou de entidade em quem delegue essa competência a ser concedida no prazo máximo de vinte dias, com dispensa do visto do Tribunal de Contas, e se tiverem de constar de título escrito em idioma estrangeiro devem ser remetidos, com a respectiva tradução oficial, ao Ministro de Tutela.

5. Constituem requisitos de validade do contrato de aquisição ou arrendamento de imóvel celebrado em Angola, nos termos da presente lei:

a) ser reduzido a escritura pública;

b) o respectivo registo na Repartição Fiscal da área de localização do imóvel.

Artigo 37.° – (Limites de competência para a autorização de despesas sem concurso)

1. A competência para a autorização das despesas sem concurso é admissível, nos termos da alínea *d)* do n.° 1 do artigo 22.° e do artigo 30.° ambos da presente lei e é determinada, nos termos do disposto no n.° 4 do Anexo II da presente lei.

2. A decisão ou deliberação de contratar, tomada nos termos do número anterior deve constar de proposta fundamentada da entidade por conta de quem a despesa deva ser liquidada e paga, devidamente informada pelos serviços de contabilidade do próprio organismo ou serviço.

3. As despesas realizadas sem concurso não podem ultrapassar o limite anual de 10% do orçamento global da unidade orçamental relativamente à verba inscrita na categoria orçamental que suporta a despesa a realizar.

4. Os contratos a que se refere o presente artigo só podem ser celebrados quando existam os documentos que permitam provar a existência do contrato, nomeadamente, solicitações ou requisições de fornecimentos de bens ou prestação de serviços, propostas de fornecimento de pelo menos três agentes económicos nos termos e condições do contrato e aceitação da entidade competente para qualquer posterior e eventual inspecção e ou auditoria.

Artigo 38.° – (Delegação de competências)

1. Salvo nos casos em que a delegação ou subdelegação esteja expressamente proibida por lei, a competência para a prática dos actos decisórios e de aprovação tutelar podem ser delegados ou subdelegados.

2. As competências do Titular do Poder Executivo podem ser delegadas no Vice-presidente da República, nos Ministros de Estado, nos Ministros e nos Governadores Provinciais.

Artigo 39.° – (Unidade da despesa)

1. Para efeitos do presente regime a despesa a considerar é a do custo total com a execução do respectivo contrato.

2. A despesa autorizada nos termos do número anterior pode ser liquidada e paga em fracções, de acordo com as respectivas cláusulas contratuais ou com as disposições legais e regulamentares aplicáveis.

3. A competência fixada nos termos dos artigos 34.°, 36.° e 37.° da presente lei mantém-se para as despesas provenientes de alterações, de variantes, de revisões de preços e de contratos adicionais, desde que o respectivo custo total não exceda 5% do limite da competência inicial.

LEI DA CONTRATAÇÃO PÚBLICA DE ANGOLA - LEI 20/10, DE 7 DE SETEMBRO

4. Quando for excedido o limite percentual estabelecido no número anterior, a autorização do acréscimo da despesa compete à entidade que detém a competência para autorizar a realização do montante total da despesa, acréscimos incluídos.

5. Nos termos referidos no artigo 26.° da presente lei é proibido o fraccionamento da despesa com a intenção de a subtrair às regras da presente lei.

Artigo 40.° – (Ano económico)

1. As despesas que dêem lugar a encargo orçamental em mais de um ano económico ou em ano que não seja o da sua realização, designadamente com a aquisição de serviços e de bens através de locação com opção de compra, de locação financeira, de locação de venda ou de compra a prestações com encargos, não pode ser efectuada sem prévia autorização conferida por Decreto Executivo Conjunto do Ministro das Finanças e do respectivo Ministro da tutela, salvo quando:

a) resultem de planos ou programas plurianuais legalmente aprovados;

b) os seus encargos não excedam o limite fixado no n.° 5 do Anexo II da presente lei;

c) o prazo de execução não exceda os três anos.

2. Os Decretos Executivos e os contratos a que se refere o número anterior devem fixar o limite máximo do encargo correspondente a cada ano económico.

3. Dentro dos sessenta dias anteriores ao fim do ano económico, podem ser promovidas adjudicações de bens ou serviços ou a celebração de contratos de arrendamento para se efectuarem no começo do ano económico imediato, desde que se verifiquem, cumulativamente, as seguintes condições:

a) constituir o fim da adjudicação ou da celebração do contrato despesa certa e indispensável;

b) os encargos contraídos não excedam a importância de dois duodécimos da verba consignada a despesas da mesma natureza no orçamento do ano em que se fizer a adjudicação ou se celebrar o contrato.

4. Qualquer encargo resultante da aplicação do disposto no número anterior só pode ser assumido desde que seja devidamente declarado pelo órgão competente do Ministério das Finanças que no projecto de orçamento aplicável foi inscrita a verba para suportar aquela despesa.

5. A declaração referida no número anterior supre a informação de cabimentação exigida no instrumento do contrato e obedece à condição do encargo que vier a ser suportada pela correspondente verba do orçamento do ano económico imediato.

6. As despesas resultantes de situações imprevistas ou de fornecimentos ou trabalhos a mais, cujos contratos iniciais tenham sido precedidos do Decreto Executivo publicado ao abrigo do disposto no n.° 1 do presente artigo, não ficam sujeitas ao cumprimento das disposições dos números anteriores, desde que os novos encargos tenham cabimento orçamental, em vigor à data do adicional.

7. Pode ser delegada nos órgãos locais do Estado a competência para autorizar despesas até ao valor estabelecido no n.º 6 do Anexo II da presente lei.

SECÇÃO III – Comissão de Avaliação do Procedimento

Artigo 41.º – (Comissão de avaliação)

1. Os procedimentos de contratação são conduzidos por uma Comissão de Avaliação constituída por um número impar de membros, num mínimo de três membros efectivos e um máximo de cinco membros e dois suplentes.

2. As comissões de avaliação previstas no número anterior são sempre presididas por um representante do Ministério das Finanças ou de outra entidade por ele designada para o efeito, cabendo a designação dos restantes membros ao órgão superior da entidade pública contratante que os escolhe de entre funcionários da entidade pública contratante.

3. Ao nível local, a competência para a nomeação dos presidentes das comissões de avaliação é do respectivo Governador Provincial, sob proposta do Delegado de Finanças.

4. Os membros da Comissão de Avaliação devem ser pessoas com experiência nas operações da entidade pública contratante e em matéria de contratação pública em Angola e devem, ainda, possuir qualificações que satisfaçam os requisitos e as orientações emitidos pelo Executivo ou pelo Gabinete da Contratação Pública.

5. Não pode ser designada para integrar a Comissão de Avaliação qualquer pessoa:

a) que, ou cujo cônjuge ou pessoa com quem viva em regime de união de facto ou em economia comum, parente ou afim, tenha um interesse financeiro ou outro, directo ou indirecto, num determinado processo de contratação;

b) que, ou cujo cônjuge ou pessoa com quem viva em regime de união de facto ou em economia comum, parente ou afim, seja proprietário ou tenha um interesse financeiro ou outro, directo ou indirecto, em alguma sociedade, entidade ou empreendimento que participe no processo de contratação.

6. Qualquer pessoa que seja nomeada membro de uma Comissão de Avaliação e que se encontre numa das situações previstas no n.º 5, deve notificar imediatamente o superior da entidade pública contratante do respectivo impedimento, não podendo participar na comissão.

7. A não observância do disposto no número anterior está sujeita a medidas disciplinares a serem impostas pelo superior da entidade pública contratante, que pode incluir o impedimento para participar, no futuro, em quaisquer outras comissões de avaliação, se outra sanção mais forte não for aplicável.

Artigo 42.° – (Funcionamento)

1. A Comissão de Avaliação do procedimento inicia as suas funções no dia determinado no despacho que designa o seu Presidente.

2. A Comissão de Avaliação funciona quando estiver presente a maioria dos seus membros efectivos.

3. As deliberações da Comissão de Avaliação são tomadas pela maioria dos votos dos membros presentes, não sendo admitidas abstenções.

4. A Comissão de Avaliação pode designar, de entre os seus membros, ou de entre o pessoal dos serviços da entidade pública contratante, um secretário a quem compete, designadamente, lavrar as actas.

5. Sempre que for necessário, o órgão competente para a decisão de contratar pode designar peritos ou consultores para apoiarem a Comissão de Avaliação no exercício das suas funções, podendo aqueles participar, mas sem direito a voto, nas reuniões da comissão.

6. Nas deliberações em que haja voto de vencido, as razões discordantes do membro da Comissão de Avaliação devem constar da respectiva acta, sob a forma de declaração de voto.

Artigo 43.° – (Competência)

1. À Comissão de Avaliação do procedimento compete, nomeadamente:

a) receber as candidaturas;

b) conduzir o acto público do concurso;

c) proceder à apreciação das candidaturas;

d) proceder à apreciação das propostas;

e) elaborar os relatórios de análise das candidaturas e das propostas;

f) elaborar as propostas de decisão quer quanto à admissão das candidaturas, à admissão das propostas e à adjudicação a submeter ao órgão competente para a tomada da decisão de contratar.

2. Cabe ainda à Comissão de Avaliação exercer as competências que lhe sejam delegadas pelo órgão competente para a decisão de contratar, não sendo, contudo, delegáveis as decisões quanto à qualificação dos candidatos e à de adjudicação.

Artigo 44.° – (Confidencialidade dos processos de concurso)

1. Os membros da Comissão de Avaliação e os funcionários chamados a colaborar no procedimento estão obrigados a guardar sigilo e a assegurar a confidencialidade dos elementos do mesmo.

2. A violação do dever de confidencialidade previsto no número anterior faz incorrer o infractor em responsabilidade civil, criminal e disciplinar, nos termos legais.

SECÇÃO IV – Peças do Procedimento

Artigo 45.º – (Tipos de peças)
1. Sem prejuízo das especificações para cada tipo de contrato, as peças dos procedimentos de contratação são as seguintes:

a) no concurso público – o programa do procedimento e o caderno de encargos;

b) no concurso limitado por prévia qualificação, no concurso limitado sem apresentação de candidaturas e no procedimento de negociação – o programa do procedimento, o convite para a apresentação das propostas e o caderno de encargos;

c) no procedimento por negociação – o convite para a apresentação das propostas e o caderno de encargos.

2. As peças dos procedimentos de concurso são aprovadas pelo órgão competente para a decisão de contratar.

Artigo 46.º – (Programa do procedimento)
O programa do procedimento tem a natureza de regulamento administrativo e define os termos a que deve obedecer todo o procedimento, até à celebração do contrato final.

Artigo 47.º – (Caderno de encargos)
1. O caderno de encargos é a peça do procedimento que contém, sob forma articulada, as cláusulas jurídicas, administrativas, financeiras e técnicas gerais e especiais, a incluir no contrato a celebrar.

2. O Ministro da Tutela pode aprovar, por Decreto Executivo, cadernos de encargo tipo, para as categorias de contratos mais frequentes.

3. Nos casos de manifesta simplicidade das prestações que constituem o objecto do contrato a celebrar, as cláusulas do caderno de encargos podem consistir numa mera fixação de especificações técnicas e numa referência a outros aspectos essenciais da execução desse contrato, tais como o preço ou o prazo.

Artigo 48.º – (Peças do projecto nas empreitadas de obras públicas)
1. As peças do projecto a integrar nas empreitadas de obras públicas são as necessárias para uma correcta definição da obra, nomeadamente as relativas à sua localização, ao volume e ao tipo de trabalhos, ao valor estimado para efeitos do procedimento, à natureza do terreno, ao traçado geral e a outros pormenores construtivos e técnicos, necessários à boa execução dos trabalhos.

2. Para efeitos do número anterior, das peças escritas devem constar, além de outros elementos reputados necessários, os seguintes:

a) a memória descritiva;

b) o mapa de medições, contendo a previsão das quantidades e da qualidade dos trabalhos necessários à execução da obra;

LEI DA CONTRATAÇÃO PÚBLICA DE ANGOLA - LEI 20/10, DE 7 DE SETEMBRO

c) o programa de trabalhos, com indicação do prazo de execução e eventuais prazos intermédios.

3. Das peças desenhadas devem constar, além de outros elementos reputados necessários tendo em conta a natureza da empreitada em causa, a planta de localização, as plantas, os alçados, os cortes, os elementos definidores dos projectos de especialidades, os pormenores construtivos indispensáveis para uma exacta e pormenorizada definição da obra, os mapas de acabamentos e, quando existirem, as plantas de sondagens e os perfis geológicos.

4. Se não existir estudo geológico do terreno, devem ser obrigatoriamente definidas pela entidade pública contratante as principais características do terreno previstas para efeitos de procedimento.

5. Em caso de desconformidade entre as peças escritas e as peças desenhadas prevalecem as desenhadas.

6. Em casos excepcionais, devidamente fundamentados, nos quais o adjudicatário deva assumir, nos termos do caderno de encargos, as obrigações de resultado relativas à utilização da obra a realizar ou nos quais, a complexidade técnica do processo construtivo da obra a realizar requeira, em razão da tecnicidade própria dos concorrentes, a especial ligação destes à concepção daquela, a entidade contratante pode prever, como aspecto da execução do contrato a celebrar, a elaboração do projecto de execução, caso em que o caderno de encargos deve ser integrado apenas por um programa base.

Artigo 49.° – (Especificações técnicas)

1. As especificações técnicas definem as características exigidas de um produto, nomeadamente os níveis de qualidade ou de utilização, a segurança, as dimensões, incluindo as prescrições aplicáveis ao produto, no que respeita à terminologia, aos símbolos, aos ensaios e aos métodos de ensaio, à embalagem, à marcação e à rotulagem e que permitem caracterizar objectivamente um material, um produto ou um bem a fornecer, de maneira que corresponda à utilização a que é destinado pela entidade contratante.

2. As especificações técnicas podem ser completadas por um protótipo do material ou do elemento, devendo o mesmo ser expressamente identificado nos documentos do concurso.

3. As especificações técnicas podem ser definidas por referência a normas especiais, nacionais ou estrangeiras.

4. Não é permitido fixar especificações técnicas que mencionem produtos de uma dada fabricação ou proveniência ou mencionar processos de fabrico particulares, cujo efeito seja o de favorecer ou eliminar determinadas empresas ou produtos, sendo igualmente proibido utilizar marcas, patentes ou tipos de marca ou indicar uma origem ou uma produção determinada, salvo quando haja impossibilidade de descrição das especificações, caso em que é permitido o uso daqueles, acompanhados da expressão ou de equivalentes.

5. As especificações técnicas são definidas por referência a:

a) especificações técnicas nacionais em matéria de concepção e de utilização de produtos;

b) outros documentos, designadamente e por ordem de referência, as normas nacionais que transpõem normas internacionais já aceites, outras normas ou condições internas de homologação técnica, nacionais ou a qualquer outra norma.

SECÇÃO V - Regras de Participação

Artigo 50.° – (Candidatos e concorrentes)

1. Para efeitos da presente lei, entende-se por candidato a entidade, pessoa singular ou colectiva que participa na fase de qualificação de um concurso limitado por prévia qualificação ou de um procedimento de negociação, mediante a apresentação de uma candidatura.

2. Por concorrente a entidade entende-se a pessoa singular ou colectiva, que participa em qualquer procedimento de formação de um contrato, mediante a apresentação de uma proposta ou solução.

Artigo 51.° – (Fomento do empresariado angolano)

1. Nos procedimentos de contratação devem ser preferencialmente admitidas, qualificadas e seleccionadas, pessoas singulares ou colectivas nacionais e priorizar a produção nacional.

2. Para efeitos do disposto no número anterior, em cada processo de contratação pode estabelecer-se uma margem de preferência para candidatos ou concorrentes nacionais, nos termos do disposto nos n.ºs 4 e 5 do artigo 99.° da presente lei.

3. Para efeitos do disposto na presente lei, entende-se por pessoas singulares ou colectivas nacionais as definidas como tal na legislação angolana aplicável, nomeadamente a Lei n.° 14/03, de 18 de Julho, sobre o Fomento do Empresariado Nacional e priorizar a produção nacional.

Artigo 52.° – (Candidatos e concorrentes estrangeiros)

1. Os candidatos ou concorrentes que sejam pessoas singulares ou colectivas estrangeiras podem candidatar-se ou apresentar propostas em procedimento de formação de contratos, cujo valor seja superior ao fixado no Anexo III da presente lei.

2. Os candidatos ou concorrentes que sejam pessoas singulares ou colectivas estrangeiras podem candidatar-se ou apresentar propostas, em procedimentos de

LEI DA CONTRATAÇÃO PÚBLICA DE ANGOLA - LEI 20/10, DE 7 DE SETEMBRO

formação de contratos cujo valor estimado seja inferior ao estabelecido no número anterior ou em procedimentos sem dependência de valor, quando:

a) não existam, no mercado angolano, pessoas ou entidades nacionais que preencham os requisitos exigíveis pela natureza do contrato a celebrar;

b) por razões de conveniência, a entidade contratante assim o decida.

3. Para efeitos do disposto na presente lei, entende-se por pessoas singulares ou colectivas estrangeiras as definidas como tal na legislação angolana aplicável.

Artigo 53.° – (Associações)

1. Podem ser candidatos ou concorrentes, associações de pessoas singulares ou colectivas, qualquer que seja a actividade por elas exercida, sem que, entre as mesmas, exista qualquer modalidade jurídica de associação.

2. Os membros de uma associação candidata ou concorrente não podem, por si, individualmente ou integrando uma outra associação concorrente, ser candidatos ou concorrentes no mesmo procedimento.

3. Todos os membros de uma associação são, solidariamente, responsáveis pela manutenção da respectiva proposta.

4. Em caso de adjudicação, todos os membros da associação devem associar-se, antes da celebração do contrato, na modalidade jurídica prevista ou proposta no programa de procedimento.

5. Para efeitos do presente artigo, entende-se por associação qualquer grupo de pessoas singulares ou colectivas, que se associam com o objectivo de apresentar as candidaturas, propostas ou as soluções pretendidas pela entidade contratante.

Artigo 54.° – (Impedimentos)

Não podem ser candidatos, concorrentes ou integrar qualquer associação, as entidades que:

a) se encontrem em estado de insolvência, declarada por sentença judicial, em fase de liquidação, dissolução ou cessação de actividade, sujeitas a qualquer meio preventivo de liquidação de patrimónios ou em qualquer situação análoga ou tenham o respectivo processo pendente;

b) tenham sido condenadas por sentença transitada em julgado por crime que afecte a sua honorabilidade profissional, se entretanto não tiver ocorrido a sua reabilitação, no caso de se tratar de pessoas singulares ou, no caso de se tratar de pessoas colectivas, tenham sido condenados por aqueles crimes os titulares dos seus órgãos sociais de administração, direcção ou gerência, e estes se encontrem em efectividade de funções;

c) tenham sido objecto de aplicação de sanção administrativa por falta grave em matéria profissional, se entretanto não tiver ocorrido a sua reabilitação, no caso de se tratar de pessoas singulares ou, no caso de se tratar de pessoas colectivas, tenham sido objecto de aplicação daquela sanção administrativa, os titulares dos seus órgãos de administração, de direcção ou de gerência, e estes se encontrem em efectividade de funções;

d) não tenham a sua situação jurídica integralmente regularizada;

e) não tenham a sua situação regularizada relativa a contribuições para a segurança social;

f) não tenham a sua situação regularizada relativamente às suas obrigações fiscais.

Artigo 55.° – (Critérios de qualificação)

1. Os interessados devem, em qualquer fase do procedimento, possuir as qualificações jurídicas, profissionais, técnicas e financeiras necessárias à execução do contrato objecto do procedimento.

2. A entidade pública contratante pode estabelecer requisitos mínimos de capacidade técnica, profissional e financeira no programa do procedimento.

3. Salvo disposição legal ou regulamentar em contrário, a entidade pública contratante não deve estabelecer quaisquer critérios ou requisitos discriminatórios relativamente às qualificações dos interessados.

Artigo 56.° – (Habilitações profissionais)

1. No caso de se tratar de um procedimento para a contratação de uma empreitada de obras públicas, só são admitidos como candidatos ou concorrentes empresas titulares de alvará de empreiteiro de obras públicas de categoria ou subcategoria indicada no anúncio e no programa do procedimento e da classe correspondente ao valor da proposta.

2. Nos restantes casos, quando os candidatos ou concorrentes devam ser titulares de habilitações ou autorizações profissionais específicas ou membros de determinadas organizações profissionais para poderem prestar determinado serviço, pode o programa do procedimento exigir a respectiva prova.

Artigo 57.° – (Capacidade financeira)

1. Para a avaliação da capacidade financeira dos candidatos ou concorrentes, o programa do procedimento pode exigir a apresentação dos seguintes documentos:

a) declarações bancárias adequadas ou prova da subscrição de seguro de riscos profissionais;

b) balanços e demonstrações de resultados mais recentes, no caso de pessoas colectivas ou declaração fiscal, no caso de pessoas singulares;

c) declaração relativa aos últimos três anos sobre o volume global de negócios do concorrente.

2. O programa do concurso pode, excepcionalmente, exigir ainda outros elementos probatórios, desde que os mesmos interessem especialmente à finalidade do contrato.

3. Quando, justificadamente, o candidato ou concorrente não estiver em condições de apresentar os documentos exigidos, nomeadamente por ter iniciado a sua actividade há menos de três anos, a prova da sua capacidade financeira pode ser efectuada através de outros documentos que a entidade pública contratante repute adequados.

Artigo 58.° – (Capacidade técnica)

1. Para a avaliação da capacidade técnica dos candidatos ou concorrentes, incluindo a conformidade das soluções técnicas propostas com as características da prestação, o programa do procedimento pode exigir a apresentação dos seguintes documentos:

a) lista das principais obras, serviços ou bens fornecidos, executados nos últimos três anos, respectivos montantes, datas e destinatários, a comprovar, se necessário, por declaração destes últimos;

b) descrição do equipamento técnico do concorrente, no caso de empreitadas;

c) indicação dos técnicos ou dos órgãos técnicos, integrados ou não na empresa, que têm a seu cargo o controlo de qualidade, a segurança e a higiene no trabalho, bem como as respectivas habilitações literárias e as profissionais;

d) indicação dos técnicos ou dos órgãos técnicos responsáveis que estão afectos à execução da obra ou do contrato, com instrução do respectivo curriculum e da experiência em projectos idênticos ou similares;

e) indicação do pessoal efectivo anual dos candidatos ou concorrentes e do pessoal de enquadramento, com referência aos últimos três anos;

f) descrição dos processos e dos métodos a adoptar pelo candidato ou concorrente para garantia da boa execução e dos prazos de execução, bem como dos meios de estudo e de investigação que utilize.

2. É aplicável à comprovação da capacidade técnica dos candidatos ou concorrentes o disposto no n.° 3 do artigo anterior.

CAPÍTULO II – Concurso Público

SECÇÃO I – Anúncio e Peças do Concurso

Artigo 59.° – (Anúncio do Concurso)

1. O anúncio de abertura do concurso público deve ser publicado na III Série do Diário da República, através do modelo constante do Anexo IV da presente lei e num jornal de grande circulação no País.

2. A publicação do anúncio num jornal de grande circulação no País pode incluir apenas o resumo dos elementos mais importantes constantes do anexo referido no número anterior, desde que seja efectuada antes da data de envio para publicação e indique essa data.

LEI N.º 20/10, DE 7 DE SETEMBRO

3. A decisão de abertura de concurso público deve ser obrigatoriamente comunicada pela entidade pública contratante ao Gabinete da Contratação Pública, para efeitos da publicação do respectivo anúncio no Portal da Contratação Pública.

4. No anúncio deve ser, obrigatoriamente, mencionada a morada ou quando aplicável, o site da internet ou a plataforma electrónica da entidade pública contratante onde se encontram disponíveis as peças do procedimento.

5. Sempre que o concurso estiver aberto a entidades estrangeiras, o respectivo anúncio deve, também, ser divulgado através de meios que, comprovadamente, levem a informação aos mercados internacionais.

Artigo 60.º – (Programa do concurso)

1. No concurso público, o programa do concurso deve especificar, designadamente:

a) a identificação do concurso;

b) o órgão que tomou a decisão de contratar;

c) o endereço e a designação do serviço de recepção das propostas, com menção do respectivo horário de funcionamento e a data limite de apresentação das propostas;

d) quando a apresentação das propostas deva ser efectuada por via electrónica, a indicação do respectivo correio electrónico e a data e a hora limite de apresentação das propostas;

e) os requisitos necessários à admissão dos concorrentes, nos termos da presente lei;

f) o modo de apresentação das propostas;

g) os documentos que acompanham e os que instruem as propostas;

h) a possibilidade de apresentação de propostas alternativas ou variantes e, caso as mesmas sejam admitidas, quais as cláusulas do caderno de encargos que não podem ser alteradas;

i) a data, a hora e o local do acto público de abertura das propostas;

j) o prazo durante o qual o concorrente fica vinculado a manter a proposta;

k) o critério que preside à adjudicação, com explicitação dos factores de apreciação das propostas e respectiva ponderação, por ordem decrescente de importância, materializados em grelha de avaliação.

2. Na falta das especificações a que se refere a alínea *h)* do número anterior, não são admitidas propostas alternativas ou variantes.

Artigo 61.º – (Consulta e fornecimento das peças do concurso)

1. As peças do concurso devem estar disponíveis para consulta pelos interessados no serviço indicado no programa de concurso, dentro do respectivo horário laboral.

2. As peças do concurso devem, ainda, ficar disponíveis para consulta na plataforma electrónica da entidade pública contratante.

3. Para efeitos do descarregamento das peças do concurso disponíveis na plataforma electrónica da entidade pública contratante, é obrigatória a autenticação do interessado, mediante o pagamento do preço estabelecido.

4. Os interessados podem ainda solicitar, em tempo útil, que lhes sejam fornecidas pela entidade pública contratante, mediante o pagamento do preço, as cópias devidamente autenticadas das peças do concurso, as quais lhes devem ser remetidas ou entregues no prazo máximo de seis dias a contar da data da recepção do pedido de cópia.

Artigo 62.° – (Esclarecimentos e rectificação de erros ou omissões nas peças do concurso)

1. Os esclarecimentos necessários à boa compreensão e interpretação das peças do concurso devem ser solicitados pelos interessados por escrito, até ao termo do primeiro terço do prazo fixado para a apresentação das propostas, devendo ser prestados por escrito, até ao termo do segundo terço do mesmo prazo.

2. O órgão competente para a decisão de contratar pode, também, dentro do mesmo prazo, por sua iniciativa, proceder à rectificação de erros ou omissões das peças do concurso.

3. Os esclarecimentos e as rectificações referidas nos números anteriores devem ser de imediato incluídos no procedimento, sendo este facto objecto de publicitação, através de Aviso, ou, quando aplicável, publicitados na plataforma electrónica da entidade pública contratante, juntos às peças do procedimento que se encontrem disponíveis para consulta devendo, ainda, tais factos ser comunicados aos interessados que tenham adquirido ou descarregado as peças do concurso.

4. Os esclarecimentos e as rectificações referidos nos números anteriores passam a ser parte integrante das peças do procedimento, prevalecendo sobre estas em caso de divergência.

SECÇÃO II – Proposta

Artigo 63.° – (Noção)

A proposta é o documento pelo qual o concorrente manifesta à entidade contratante a vontade de contratar e indica as condições em que se dispõe a fazê-lo.

Artigo 64.° – (Propostas variantes)

1. São variantes as propostas que apresentam condições alternativas relativamente ao disposto nas cláusulas do caderno de encargos.

2. A apresentação de proposta ou propostas variantes, quando admitida pelo anúncio ou programa do concurso, não dispensa os concorrentes da apresentação da proposta base, em conformidade com o disposto no caderno de encargos.

LEI N.º 20/10, DE 7 DE SETEMBRO

Artigo 65.º – (Indicação do preço)

1. O preço da proposta deve ser sempre indicado por extenso, sendo a este que se atende em caso de divergência com o expresso em algarismos.

2. No preço da proposta devem estar incluídos todos os impostos, as taxas e os encargos aplicáveis.

Artigo 66.º – (Caução provisória)

1. A entidade pública contratante pode exigir, no programa do procedimento, que os concorrentes apresentem uma caução provisória, juntamente com as suas propostas.

2. A caução provisória é accionada se o concorrente resolver retirar ou modificar a sua proposta após o termo do prazo da sua entrega e antes do termo do prazo de manutenção das propostas ou, ainda, no decurso de eventuais renovações automáticas do mesmo.

3. O valor da caução provisória deve ser estabelecido em montante até ao máximo de 5% do valor estimado do contrato.

Artigo 67.º – (Modo de prestação da caução provisória)

1. A caução é prestada por depósito em dinheiro, em títulos emitidos ou garantidos pelo Estado ou mediante garantia bancária ou seguro-caução.

2. O depósito em dinheiro ou os títulos é efectuado em Angola, em qualquer instituição de crédito, à ordem da entidade que for indicada no programa do procedimento, devendo ser especificado o fim a que se destina.

3. Quando o depósito for efectuado em títulos, estes são avaliados pelo respectivo valor nominal, salvo se, nos últimos três meses, a média da cotação na bolsa de valores ficar abaixo do par, caso em que a avaliação é feita em 90% dessa média.

4. O programa do concurso deve conter os modelos referentes à caução que venha a ser prestada por garantia bancária, por seguro-caução ou por depósito em dinheiro ou títulos.

5. Se o concorrente prestar a caução mediante garantia bancária, deve apresentar um documento pelo qual uma entidade bancária legalmente autorizada assegure, até ao limite do valor da caução, o imediato pagamento de quaisquer importâncias exigidas pela entidade contratante em virtude do incumprimento de quaisquer obrigações a que a garantia respeita.

6. Tratando-se de seguro-caução, o programa do concurso pode exigir a apresentação da apólice pela qual uma entidade legalmente autorizada a realizar este seguro assuma, até ao limite do valor da caução, o encargo de satisfazer de imediato quaisquer importâncias exigidas pela entidade contratante, em virtude do incumprimento de quaisquer obrigações a que o seguro respeita.

7. Das condições da garantia bancária ou da apólice de seguro-caução não pode, em caso algum, resultar uma diminuição das garantias da entidade pública contratante, nos moldes em que são asseguradas pelas outras formas admitidas de prestação da caução.

8. Todas as despesas relativas à prestação da caução são da responsabilidade dos concorrentes.

Artigo 68.° – (Restituição ou cessação da caução provisória)

1. Decorrido o prazo de validade da proposta ou logo que seja celebrado contrato com qualquer concorrente, os concorrentes podem solicitar a restituição do dinheiro ou dos títulos depositados ou o cancelamento da garantia bancária ou do seguro-caução, devendo a entidade pública contratante promover, nos dez dias subsequentes, as diligências para o efeito necessárias.

2. O concorrente tem igualmente direito à restituição do depósito ou ao cancelamento da garantia ou do seguro-caução se não se apresentar a concurso ou se a sua proposta não vier a ser admitida, contando-se os dez dias para a promoção das diligências a partir da data do acto público do concurso.

Artigo 69.° – (Documentos que acompanham as propostas)

A proposta deve ser acompanhada dos seguintes documentos de habilitação:

a) declaração na qual o concorrente indique o seu nome, número de contribuinte, número de bilhete de identidade ou de pessoa colectiva, estado civil e domicílio ou, no caso de se tratar de pessoa colectiva, a denominação social, sucursais que devam estar envolvidas na execução do contrato, nomes dos membros dos corpos sociais e de outras pessoas com poderes para a obrigarem, registo comercial, constituição e alterações do pacto social;

b) comprovativo da regularidade da situação jurídica do concorrente;

c) comprovativo da regularização da situação tributária perante o Estado angolano;

d) comprovativo da regularização da situação relativa às contribuições para a segurança social em Angola;

e) comprovativo da entrega da declaração fiscal mais recente;

f) outros documentos que forem exigidos no programa do concurso, adequados à comprovação da idoneidade, da habilitação profissional, da capacidade técnica e da capacidade financeira dos concorrentes, de entre os indicados nos artigos 56.° a 58.° da presente lei.

Artigo 70.° – (Documentos que instruem as propostas)

1. A proposta deve ser instruída com todos os documentos exigidos no programa de concurso.

2. Sem prejuízo de outros exigidos no programa de concurso, a proposta deve ser instruída, nomeadamente com os seguintes documentos:

a) declaração do concorrente de aceitação do conteúdo do caderno de encargos, elaborada em conformidade com as exigências do concurso;

b) comprovativo da prestação da caução provisória, salvo dispensa do programa do concurso.

3. Em concursos públicos relativos a contratos de empreitada de obras públicas e sem prejuízo de outros exigidos no programa do concurso a proposta deve, ainda, ser, obrigatoriamente, instruída com os seguintes documentos:

a) nota justificativa do preço proposto;

b) lista dos preços unitários de todas as espécies de trabalhos previstas no projecto de execução;

c) programa de trabalhos, incluindo plano de trabalhos, plano de mão-de-obra e plano de equipamento;

d) memória justificativa e descritiva do processo de execução da obra;

e) cronograma financeiro;

f) plano de pagamentos;

g) declarações de compromisso subscritas pelo concorrente e por cada um dos subempreiteiros, se houver recurso a subempreitadas;

h) projecto de execução, quando este tiver sido submetido à concorrência pelo caderno de encargos, nos termos do disposto no n.º 6 do artigo 48.º da presente lei.

4. A declaração referida na alínea *a)* do n.º 2 do presente artigo deve ser assinada pelo concorrente ou pelo representante que tenha poderes para o obrigar.

5. O programa do concurso, em concursos públicos relativos a contratos de empreitada de obras públicas, pode obrigar a que a proposta seja instruída, entre outros, com os seguintes elementos:

a) lista de preços por memória;

b) lista de aluguer de equipamento;

c) lista de cedência de mão-de-obra;

d) lista de eventuais subempreiteiros, para aprovação.

6. Quando a proposta seja apresentada por uma associação concorrente, a declaração referida na alínea *a)* do n.º 2 da presente lei deve ser assinada pelo representante comum dos membros que a integram, caso em que devem ser juntos à declaração os instrumentos de mandato emitidos por cada um dos seus membros ou, não existindo representante comum, deve ser assinada por todos os seus membros ou respectivos representantes.

Artigo 71.º – (Modo de apresentação das propostas e demais documentos em suporte de papel)

1. No caso de a entidade pública contratante optar pelo modo de apresentação das propostas em suporte de papel, a proposta, juntamente com os documentos de instrução, deve ser apresentada em invólucro opaco, fechado e lacrado, em cujo rosto se deve escrever a palavra «Proposta» e o nome ou denominação do concorrente.

2. Em outro sobrescrito, com as mesmas características referidas no número anterior, devem ser encerrados os documentos de habilitação dos concorrentes previstos no artigo anterior, no rosto do qual se deve escrever a palavra «Documentos», indicando o nome ou a denominação do concorrente.

3. Os invólucros referidos nos números anteriores devem ser, por sua vez, guardados num outro invólucro opaco, fechado e lacrado, em cujo rosto se identifica o concurso.

4. Em caso de apresentação de propostas variantes, cada uma delas deve ser apresentada em invólucro opaco e fechado e lacrado, em cujo rosto se deve escrever a expressão «Proposta variante» e o nome ou a denominação do concorrente.

5. O programa do concurso pode estabelecer que os documentos, quando formados por mais de uma folha, devam constituir fascículo ou fascículos indecomponíveis com todas as páginas numeradas, criados por processo que impeça a separação ou o acréscimo de folhas, devendo a primeira página escrita de cada fascículo mencionar o número total de folhas.

6. A proposta e os documentos devem ser redigidos em língua portuguesa ou, no caso de não o serem, devem ser acompanhados de tradução devidamente legalizada e em relação à qual o concorrente declara aceitar a prevalência, para todos os efeitos, sobre os respectivos originais.

Artigo 72.° – (Modo de apresentação das propostas e demais documentos em suporte electrónico)

1. A entidade pública contratante pode optar pela apresentação das propostas através de meio de transmissão por via electrónica, apresentadas directamente na respectiva plataforma electrónica, desde que seja garantido que as propostas electrónicas sejam abertas e avaliadas apenas no acto público do concurso.

2. Na hipótese prevista no número anterior, todas as propostas devem ser, obrigatoriamente, apresentadas em suporte electrónico.

3. Os documentos da proposta que respeitem à habilitação dos concorrentes devem ser reunidos em ficheiro próprio, identificado com a menção «Documentos de Habilitação».

4. Os documentos de instrução da proposta, por sua vez, devem ser integrados num ficheiro identificado com a menção «Documentos de Instrução da Proposta».

5. A recepção das propostas deve ser registada com referência às respectivas data e hora, sendo entregue aos concorrentes um recibo electrónico comprovativo dessa recepção.

6. Os termos a que deve obedecer a apresentação e a recepção das propostas, nos termos do disposto nos n.ºs 1 a 3 anteriores, são definidos por diploma próprio.

7. Quando, pela sua natureza, qualquer documento de habilitação ou de instrução da proposta não possa ser apresentado nos termos do disposto no n.º 1 do presente artigo, deve ser encerrado em invólucro opaco, fechado e lacrado e entregue à entidade contratante com observância do seguinte:

a) no rosto do invólucro deve ser identificado o procedimento e a respectiva entidade pública contratante;

b) a entrega pode fazer-se pessoalmente ou por correio registado com aviso de recepção, devendo, em qualquer caso, a sua recepção ocorrer dentro do prazo fixado para a apresentação das propostas.

Artigo 73.º – (Prazo para a apresentação das propostas)

1. A entidade pública contratante deve fixar, no anúncio e no programa do concurso, o prazo para a apresentação de propostas, que deve ter em conta o tempo necessário à sua elaboração, em função da natureza, das características, do volume e da complexidade das prestações objecto do contrato a celebrar.

2. O prazo para a apresentação de propostas não pode ser inferior a 20 nem superior a 120 dias.

Artigo 74.º – (Prazo de manutenção das propostas)

1. Sem prejuízo da possibilidade de fixação de um prazo diferente no programa do concurso, os concorrentes ficam obrigados a manter as suas propostas durante o prazo de 60 dias contados da data do acto público.

2. O prazo de manutenção das propostas considera-se automaticamente prorrogado se os concorrentes não requererem o contrário.

SECÇÃO III – Acto Público do Concurso

Artigo 75.º – (Acto público)

1. No dia útil, imediatamente a seguir à data limite para a apresentação de propostas, a Comissão de Avaliação procede, em acto público, à abertura dos invólucros recebidos ou, no caso da entidade pública contratante ter optado pela recepção electrónica das propostas, à sua desencriptação, descarregamento e abertura pública.

2. Por motivo justificado, pode o acto público do concurso realizar-se dentro dos 30 dias subsequentes ao indicado no número anterior, em data a determinar pela entidade pública contratante.

3. A alteração da data do acto público deve ser comunicada aos interessados que procederam ou venham a proceder ao levantamento dos documentos do concurso e publicitada pelos meios que a entidade contratante entenda mais conveniente.

LEI DA CONTRATAÇÃO PÚBLICA DE ANGOLA - LEI 20/10, DE 7 DE SETEMBRO

Artigo 76.º - (Sessão do acto público)

1. A sessão do acto público deve ser contínua, compreendendo o número de reuniões necessárias ao cumprimento de todas as suas formalidades.

2. A comissão pode, quando o considere necessário, reunir em sessão reservada, interrompendo, para esse efeito, o acto público do concurso.

3. A Comissão de Avaliação limita-se, durante o acto público, a fazer uma análise formal, tanto dos documentos de habilitação dos concorrentes, como dos documentos que instruem as propostas.

Artigo 77.º - (Regras gerais)

1. Ao acto público pode assistir qualquer interessado, apenas podendo nele intervir os concorrentes e seus representantes, devidamente credenciados.

2. Os concorrentes ou os seus representantes podem, no acto:

a) pedir esclarecimentos;

b) apresentar reclamações sempre que, no próprio acto, seja cometida qualquer infracção aos preceitos da presente lei, demais legislação aplicável ou do programa do concurso;

c) apresentar reclamações contra a admissão de qualquer outro concorrente, das respectivas propostas ou contra a sua própria admissão condicionada ou exclusão, ou da entidade que representam;

d) apresentar recurso hierárquico facultativo das deliberações da Comissão de Avaliação;

e) examinar a documentação apresentada pelos concorrentes durante um período razoável, a fixar pela comissão.

3. As reclamações dos concorrentes podem consistir em declaração ditada para a acta ou em petição escrita.

4. As reclamações devem ser decididas no próprio acto, para o que a comissão pode reunir em sessão reservada.

5. Do acto público deve ser elaborada acta, a qual deve ser assinada por todos os membros da Comissão de Avaliação.

Artigo 78.º - (Abertura do acto público)

A sessão do acto público é aberta pelo presidente da comissão e dela constam os seguintes actos que integram a primeira parte do acto público do concurso:

a) identificação do concurso e referência às datas de publicação do respectivo anúncio e dos avisos relativos a esclarecimentos;

b) leitura da lista dos concorrentes, por ordem de entrada dos sobrescritos ou das propostas electrónicas;

c) abertura dos sobrescritos exteriores, bem como dos relativos aos documentos de habilitação dos concorrentes ou dos ficheiros electrónicos correspondentes aos documentos de habilitação, pela ordem referida na alínea anterior, mantendo-se inviolados os documentos ou os ficheiros electrónicos, consoante o caso, relativos à instrução das propostas;

d) verificação dos documentos de habilitação dos concorrentes e deliberação, em sessão reservada, sobre a admissão definitiva ou condicional dos concorrentes ou sobre a sua exclusão.

Artigo 79.° – (Não admissão e admissão condicional de concorrentes)

1. Não são admitidos os concorrentes:

a) cujas propostas não tenham sido recebidas no prazo fixado;

b) cujos documentos incluam qualquer referência que seja considerada indiciadora do preço da proposta ou das respectivas condições de pagamento;

c) que não cumpram as formalidades relativas ao modo de apresentação das propostas.

2. Excepcionalmente, podem ser admitidos, condicionalmente, os concorrentes que:

a) não entreguem a totalidade dos documentos exigidos no programa do concurso e desde que os documentos em falta não sejam essenciais;

b) na documentação apresentada omitam qualquer dado exigido, desde que a omissão não seja sobre matérias essenciais.

3. Retomado o acto público, o presidente da Comissão de Avaliação procede à leitura da lista dos concorrentes admitidos, dos admitidos condicionalmente e dos excluídos, indicando, nestes dois últimos casos, as respectivas razões.

4. No caso de existirem concorrentes admitidos condicionalmente, a Comissão de Avaliação deve conceder-lhes um prazo, de até cinco dias, para entregarem os documentos em falta ou para completarem os dados omissos, contra a emissão de recibo, no caso da entrega não ser feita de imediato no acto público, não sendo exigida qualquer formalidade para a respectiva apresentação.

5. Cumpridas as formalidades previstas nos números anteriores, a Comissão de Avaliação delibera sobre as eventuais reclamações apresentadas pelos concorrentes relativamente a esta fase do acto público.

6. Verificando-se a situação prevista no n.° 3 do presente artigo, a Comissão de Avaliação, se necessário, interrompe o acto público, indicando o local, a hora e o dia limites para os concorrentes completarem as suas propostas e a data da continuação do acto público.

Artigo 80.° – (Prosseguimento do acto público no caso de ocorrer admissão condicional de concorrentes)

1. Ocorrendo a situação prevista no n.° 3 do artigo anterior, o acto público prossegue de imediato se a falta for aí suprida ou no dia útil seguinte ao termo do prazo fixado, para a entrega dos documentos e dados em falta.

LEI DA CONTRATAÇÃO PÚBLICA DE ANGOLA - LEI 20/10, DE 7 DE SETEMBRO

2. Verificados os documentos e os elementos entregues, se necessário em sessão prévia ao prosseguimento do acto público, a Comissão de Avaliação delibera sobre a admissão e exclusão dos concorrentes admitidos condicionalmente.

3. Ficam excluídos os concorrentes admitidos condicionalmente que:

a) não entreguem os documentos em falta no prazo fixado;

b) na nova documentação apresentada seja omitido qualquer dado exigido ou não sejam entregues, no prazo fixado, os dados entretanto exigidos, desde que, em qualquer caso, a falta seja essencial.

4. A Comissão de Avaliação dá a conhecer as razões da exclusão de concorrentes nesta fase do procedimento, bem como a lista dos concorrentes admitidos.

Artigo 81.º – (Prosseguimento do acto público no caso de não ocorrer a admissão condicional de concorrentes)

No caso de não ocorrer a admissão condicional de concorrentes, o acto público prossegue de imediato com a abertura dos invólucros das propostas ou do descarregamento dos respectivos ficheiros electrónicos, nos termos do artigo seguinte.

Artigo 82.º – (Continuação do acto público – Abertura das Propostas)

1. A sessão do acto público prossegue com a abertura dos sobrescritos ou dos ficheiros electrónicos que contêm as propostas dos concorrentes admitidos.

2. Lidos os aspectos essenciais das propostas, a Comissão de Avaliação procede ao seu exame formal, em sessão reservada e delibera sobre a sua admissão.

3. Todos os originais das propostas e documentos que as instruem devem ser rubricados ou chancelados por dois membros do júri ou, no caso de apresentação por meios electrónicos, efectuada a sua autenticação electrónica.

4. Em seguida procede-se à leitura da lista das propostas admitidas e das não admitidas, neste último caso com indicação dos respectivos motivos.

Artigo 83.º – (Não admissão de propostas)

Não são admitidas as propostas que:

a) não contenham os elementos essenciais exigidos no programa do concurso ou não sejam instruídas com todos os documentos exigidos;

b) não observem o disposto quanto ao modo de apresentação de propostas.

Artigo 84.º – (Recurso hierárquico)

1. Das deliberações da Comissão de Avaliação sobre as reclamações deduzidas pode qualquer interessado recorrer para o titular do Departamento Ministerial competente, quando o contrato se destinar a ser celebrado pelo Estado ou para o órgão máximo da entidade contratante, nos restantes casos, a interpor no prazo de cinco dias a contar da data da entrega da certidão, da acta do acto público.

LEI N.º 20/10, DE 7 DE SETEMBRO

2. Considera-se deferido o recurso se o recorrente não for notificado da decisão no prazo de dez dias após a sua recepção pela entidade competente para decidir.

3. Se o recurso for deferido, devem ser praticados todos os actos necessários à sanação dos vícios e à satisfação dos legítimos interesses e direitos do recorrente ou, se tal não bastar para a reposição da legalidade, anula-se o concurso.

SECÇÃO IV – Qualificação dos Concorrentes e Análise das Propostas

Artigo 85.º – (Qualificação dos concorrentes)

1. Antes de proceder à análise das propostas, a Comissão de Avaliação deve apreciar as habilitações profissionais e a capacidade técnica e financeira dos concorrentes.

2. Quando não estejam devidamente comprovadas as habilitações profissionais ou a capacidade técnica e financeira dos concorrentes, a Comissão de Avaliação deve, no relatório preliminar de apreciação das propostas, propor a respectiva exclusão.

Artigo 86.º – (Análise das propostas)

1. Não devem ser objecto de apreciação as propostas apresentadas pelos concorrentes cuja exclusão seja proposta pela Comissão de Avaliação, nos termos do n.º 2 do artigo anterior.

2. As propostas dos concorrentes qualificados devem ser analisadas unicamente em função dos critérios de adjudicação estabelecidos.

Artigo 87.º – (Causas de exclusão de propostas)

Devem ser excluídas as seguintes propostas:

a) sejam apresentadas com variantes, quando estas não sejam admitidas pelo programa do concurso ou estejam em número superior ao máximo por ele admitido;

b) sejam apresentadas com variantes quando, apesar de estas serem admitidas pelo programa do concurso, não seja apresentada a proposta base ou, sendo esta apresentada, seja proposta a respectiva exclusão;

c) sejam constituídas por documentos falsos ou nas quais os concorrentes prestem falsas declarações;

d) contenham alterações das cláusulas do caderno de encargos não admitidas;

e) violem disposições legais ou regulamentares aplicáveis;

f) sejam consideradas inaceitáveis;

g) revelem a existência de fortes indícios de actos, acordos, práticas ou informações susceptíveis de falsear as regras de concorrência.

Artigo 88.º – (Esclarecimentos sobre as propostas)

1. A Comissão de Avaliação pode pedir aos concorrentes quaisquer esclarecimentos sobre as propostas apresentadas que considerem necessários para a sua análise e avaliação.

2. Os esclarecimentos prestados pelos concorrentes fazem parte integrante das suas propostas, desde que não contrariem os elementos constantes dos documentos que as constituem, não as alterem ou completem, nem visem suprir omissões que determinariam a respectiva exclusão do concurso.

3. Os esclarecimentos prestados devem ser notificados a todos os concorrentes.

Artigo 89.º – (Relatório preliminar)

1. Após a análise das propostas, a Comissão de Avaliação deve elaborar um relatório fundamentado sobre o mérito das propostas, ordenando-as para efeitos de adjudicação.

2. No relatório preliminar, a Comissão de Avaliação deve, também, propor a exclusão de concorrentes e de propostas.

Artigo 90.º – (Audiência prévia)

1. Elaborado o relatório preliminar, a Comissão de Avaliação deve proceder à audiência prévia dos concorrentes.

2. Os concorrentes têm cinco dias após a notificação do relatório preliminar com o projecto de decisão final para se pronunciarem por escrito sobre o mesmo.

SECÇÃO V – Leilão Electrónico

Artigo 91.º – (Leilão electrónico)

1. No caso de se tratar de procedimento para locação ou aquisição de bens móveis ou aquisição de serviços, a entidade contratante pode recorrer a um leilão electrónico.

2. O leilão electrónico consiste em processo interactivo baseado num dispositivo electrónico destinado a permitir aos concorrentes melhorar progressivamente as suas propostas, depois de avaliadas, obtendo-se a nova pontuação através de um tratamento automático.

3. A entidade contratante pode recorrer a um leilão electrónico desde que:

a) seja possível formular especificações detalhadas e precisas para os bens ou serviços a fornecer;

b) o preço seja o único critério de adjudicação.

4. A entidade contratante não pode utilizar o leilão electrónico de forma abusiva ou de modo a impedir, restringir ou falsear a concorrência.

LEI N.º 20/10, DE 7 DE SETEMBRO

Artigo 92.º – (Indicações relativas ao leilão electrónico)
Quando a entidade contratante decida utilizar um leilão electrónico, o programa do concurso deve indicar, para além dos elementos referidos no artigo 60.º da presente lei, os seguintes:
a) que deve ser utilizado um leilão electrónico;
b) as condições em que os concorrentes podem propor novos valores relativos aos preços das propostas apresentadas, nomeadamente as diferenças mínimas exigidas entre licitações;
c) outras regras de funcionamento do leilão electrónico;
d) as informações relativas ao dispositivo electrónico a utilizar e as modalidades e especificações técnicas de ligação dos concorrentes ao mesmo.

Artigo 93.º – (Convite)
1. Todos os concorrentes devem ser simultaneamente convidados pela entidade contratante, por via electrónica, para participarem no leilão electrónico.
2. O convite previsto no número anterior deve indicar o seguinte:
a) a pontuação e a ordenação da proposta do concorrente convidado;
b) a data e a hora do início do leilão;
c) o modo de encerramento do leilão.

Artigo 94.º – (Regras do leilão electrónico)
1. Não se pode dar início ao leilão electrónico antes de decorridos, pelo menos, dois dias a contar da data do envio dos convites.
2. O dispositivo electrónico utilizado deve permitir informar permanentemente todos os concorrentes acerca da pontuação e da ordenação de todas as propostas, bem como dos novos valores oferecidos pelos concorrentes.

Artigo 95.º – (Confidencialidade)
No decurso do leilão electrónico, a entidade contratante não pode divulgar, directa ou indirectamente, a identidade dos concorrentes que nele participam.

Artigo 96.º – (Modo de encerramento do leilão electrónico)
1. A entidade contratante pode encerrar o leilão electrónico nos seguintes casos:
a) na data e hora previamente fixadas no convite para participação no leilão electrónico;
b) quando, decorrido o prazo máximo contado da recepção da última licitação e não receba novos valores correspondentes às diferenças mínimas exigidas entre licitações.
2. O prazo máximo referido na alínea *b)* do número anterior deve ser fixado no convite para participação no leilão electrónico.

SECÇÃO VI – Preparação da Adjudicação

Artigo 97.° – (Relatório final)

1. Após a análise das propostas, a Comissão de Avaliação deve elaborar um relatório final, fundamentado, no qual pondera as observações dos concorrentes, mantendo ou modificando o teor e as conclusões do relatório preliminar, podendo ainda propor a exclusão de qualquer proposta se verificar, nesta fase, uma qualquer causa de exclusão da mesma.

2. No caso previsto na parte final do número anterior, bem como quando do relatório final resulte uma alteração da ordenação das propostas constante do relatório preliminar, a Comissão de Avaliação procede a nova audiência prévia, nos termos previstos no artigo anterior, aplicando-se depois o disposto no presente artigo.

3. O relatório final é enviado ao órgão competente da entidade contratante para aprovação.

4. O disposto no presente artigo é aplicável, com as necessárias adaptações, ao relatório final a elaborar pela entidade contratante, na sequência do encerramento do leilão electrónico previsto na Secção V da presente lei.

SECÇÃO VII – Adjudicação

Artigo 98.° – (Noção)

A adjudicação é o acto pelo qual o órgão competente da entidade contratante aceita a única proposta apresentada ou escolhe uma de entre as várias propostas apresentadas.

Artigo 99.° – (Critérios de adjudicação)

1. A adjudicação é feita, de acordo com o que estiver estabelecido no programa do concurso, segundo um dos seguintes critérios:

a) o da proposta economicamente mais vantajosa, que deve ter em conta, entre outros factores, a qualidade, o mérito técnico, as características estéticas, a assistência técnica, os prazos de entrega ou execução e o preço;

b) o do preço mais baixo.

2. Os factores e eventuais subfactores que concretizam o critério da proposta economicamente mais vantajosa não podem dizer respeito, directa ou indirectamente, a situações, qualidades, características ou outros elementos de facto relativos aos concorrentes.

3. Sem prejuízo do disposto no número anterior, o programa de concurso pode estabelecer, para efeitos de avaliação e ordenação das propostas, critérios de preferência quanto a bens produzidos, extraídos ou cultivados em Angola, ou quanto aos serviços prestados por concorrentes de nacionalidade angolana ou com sede em território nacional.

4. O programa do concurso pode, igualmente, estabelecer uma margem de preferência para o preço proposto por concorrentes angolanos, tal como definidos no artigo 50.° da presente lei.

5. A margem de preferência prevista no número anterior não pode ser fixada em percentagem que exceda 10% do montante do preço proposto pelos concorrentes angolanos.

6. Os critérios e as margens de preferência previstos nos n.ºs 3, 4 e 5 anteriores podem, igualmente, ser estabelecidos a favor de bens produzidos, extraídos ou cultivados em Estados que integrem o mercado comum da África Austral, do COMESA ou da SADC ou em benefício de prestadores concorrentes nacionais desses Estados ou com sede nesses territórios.

7. No anúncio e no programa do concurso devem ser, obrigatoriamente, especificados os factores e eventuais subfactores de avaliação das propostas.

8. Se o critério for o do mais baixo preço e uma proposta apresentar um preço anormalmente baixo, a entidade contratante deve solicitar esclarecimentos sobre os elementos constitutivos da proposta.

9. No caso previsto no número anterior é rejeitada a proposta cujo preço não se encontre devidamente justificado por razões objectivas, tais como a economia do método do serviço, o processo de fabrico, a originalidade do projecto, o processo de construção, as soluções técnicas escolhidas ou as condições excepcionalmente favoráveis de que o proponente dispõe para a execução da obra, do fornecimento ou da prestação do serviço.

Artigo 100.° – (Causas de não adjudicação)

1. Não há lugar a adjudicação nos seguintes casos:

a) quando não tenha sido apresentada qualquer proposta;

b) quando todas as propostas tenham sido excluídas;

c) quando, por circunstância imprevista, seja necessário alterar os aspectos fundamentais das peças do concurso após o termo do prazo de apresentação das propostas;

d) quando o interesse da entidade contratante imponha o adiamento do concurso por prazo não inferior a um ano;

e) quando houver forte presunção de conluio entre todos os concorrentes;

f) quando, no programa do concurso, exista cláusula de não adjudicação.

2. A decisão de não adjudicação, bem como os respectivos fundamentos, deve ser notificada a todos os concorrentes.

3. No caso da alínea *c)* do n.° 1 do presente artigo é obrigatório dar início a um novo procedimento no prazo máximo de seis meses a contar da notificação da decisão de não adjudicação.

LEI DA CONTRATAÇÃO PÚBLICA DE ANGOLA - LEI 20/10, DE 7 DE SETEMBRO

Artigo 101.° – (Notificação da decisão de adjudicação)

1. A decisão de adjudicação deve ser notificada ao adjudicatário, determinando-se-lhe que preste, no prazo máximo de seis dias, a caução definitiva, cujo valor expressamente se indica nessa notificação.

2. A adjudicação deve ser notificada aos restantes concorrentes logo que se comprove a prestação de caução, sendo-lhes indicado o prazo, o local e a hora em que se encontra disponível para consulta pública, o processo do concurso.

Artigo 102.° – (Publicidade da adjudicação)

1. As adjudicações que resultem de propostas de valor superior a noventa e um milhões de Kwanzas devem ser comunicadas, pelo órgão competente para a decisão de contratar, ao Gabinete da Contratação Pública para efeitos de publicitação no Portal da Contratação Pública.

2. A informação referida no número anterior deve identificar o seguinte:

a) a entidade pública contratante;

b) a prestação do serviço em causa;

c) o adjudicatário;

d) o preço.

SECÇÃO VIII – Caução Definitiva

Artigo 103.° – (Função)

1. O adjudicatário deve garantir através de uma caução definitiva o exacto e pontual cumprimento das obrigações que assume com a celebração do contrato.

2. A entidade pública contratante pode recorrer à caução, sem necessidade de prévia decisão judicial ou arbitral, para satisfação de quaisquer importâncias que se mostrem devidas por força do não cumprimento por aquele das obrigações legais ou contratuais.

Artigo 104.° – (Valor da caução)

O valor da caução é fixado no caderno de encargos até um montante máximo correspondente a 20% do valor total da adjudicação.

Artigo 105.° – (Modo de prestação da caução)

1. A caução definitiva é prestada por depósito em dinheiro, títulos ou mediante garantia bancária ou seguro-caução, pela mesma forma prescrita para a caução provisória no artigo 67.° da presente lei.

2. O adjudicatário pode utilizar o depósito provisório para prestação da caução definitiva.

LEI N.º 20/10, DE 7 DE SETEMBRO

Artigo 106.º – (Libertação da caução)

1. No prazo máximo de 90 dias contados do cumprimento de todas as obrigações contratuais por parte do contraente particular, a entidade contratante promove a libertação da caução prestada.

2. A demora na libertação da caução confere ao contraente particular o direito de exigir à entidade pública contratante juros sobre a importância da caução, calculados sobre o tempo decorrido desde o dia seguinte ao termo do prazo referido no número anterior, nas condições a estabelecer por diploma próprio.

Artigo 107.º – (Não prestação da caução)

1. A adjudicação caduca se, por facto que lhe seja imputável, o adjudicatário não prestar, em tempo e nos termos estabelecidos nos artigos anteriores, a caução que lhe seja exigida.

2. No caso previsto no número anterior, o órgão competente para a decisão de contratar deve adjudicar o contrato à proposta ordenada em lugar subsequente.

SECÇÃO IX – Celebração do Contrato

Artigo 108.º – (Redução do contrato a escrito)

1. Salvo nos casos previstos no artigo seguinte, o contrato deve ser reduzido a escrito.

2. As despesas e os encargos inerentes à redução do contrato a escrito são da responsabilidade do adjudicatário, salvo disposição em contrário constante do programa do procedimento.

Artigo 109.º – (Inexigibilidade ou dispensa de redução de contrato a escrito)

1. Salvo previsão expressa no programa do procedimento, não é exigível redução do contrato a escrito nos seguintes casos:

a) quando se trate de contrato de locação ou de aquisição de bens móveis ou de aquisição de serviços cujo preço não exceda cinco milhões de Kwanzas;

b) quando se trate de contrato de empreitada de obras públicas cujo preço não exceda dezoito milhões de Kwanzas.

2. A redução do contrato a escrito pode ser dispensada pelo órgão competente para a decisão de contratar, mediante decisão fundamentada, quando:

a) a segurança pública interna ou externa o justifique;

b) por motivos de urgência imperiosa resultante de acontecimentos imprevisíveis pela entidade contratante, seja necessário dar imediata execução ao contrato.

3. Ainda que seja dispensada a redução a escrito, estes contratos só podem ser celebrados quando, apesar de se prescindir da forma escrita, existam os documentos mínimos que permitam provar a existência do contrato para qualquer posterior eventual inspecção e/ou auditoria.

Artigo 110.° – (Conteúdo do contrato)

1. O contrato deve conter, sob pena de nulidade o seguinte:

a) a identificação das partes e dos respectivos representantes, assim como do título em que intervêm;

b) a indicação do acto de adjudicação e do acto de aprovação da minuta do contrato;

c) a descrição do objecto do contrato;

d) o preço contratual;

e) o prazo de execução das principais prestações objecto do contrato;

f) a referência à caução prestada pelo adjudicatário.

2. Fazem sempre parte do contrato, independentemente da sua redução a escrito os seguintes elementos:

a) o caderno de encargos;

b) os esclarecimentos e as rectificações relativos ao caderno de encargos;

c) a proposta adjudicada;

d) os esclarecimentos sobre a proposta adjudicada prestados pelo adjudicatário.

3. Sempre que a entidade contratante considere conveniente, o clausulado do contrato pode também incluir uma reprodução do caderno de encargos completada por todos os elementos resultantes dos documentos referidos nas alíneas *a)* e *c)* do número anterior.

4. A entidade contratante pode excluir, expressamente, do contrato os termos ou condições constantes da proposta adjudicada que se reportem a aspectos da execução do contrato, não regulados pelo caderno de encargos e que não sejam considerados estritamente necessários a essa execução.

5. Em caso de divergência entre os documentos referidos no n.° 2 do presente artigo, a prevalência é determinada pela ordem pela qual são indicados nesse número.

Artigo 111.° – (Aprovação da minuta do contrato)

1. A minuta do contrato deve ser aprovada pelo órgão competente para a decisão de contratar depois de comprovada a prestação de caução pelo adjudicatário.

2. Depois de aprovada a minuta do contrato a celebrar, o órgão competente para a decisão de contratar deve remetê-la ao adjudicatário.

Artigo 112.° – (Aceitação da minuta do contrato)

A minuta do contrato a celebrar considera-se aceite pelo adjudicatário quando haja aceitação expressa ou quando não haja reclamação nos cinco dias subsequentes à recepção da minuta pelo adjudicatário.

LEI N.º 20/10, DE 7 DE SETEMBRO

Artigo 113.º – (Reclamação da minuta do contrato)

1. As reclamações da minuta do contrato só podem ter por fundamento a previsão de obrigações que contrariem ou que não constem dos documentos que integram o contrato.

2. No prazo de 10 dias a contar da recepção da reclamação, o órgão que aprovou a minuta do contrato deve notificar o adjudicatário da sua decisão, equivalendo o silêncio à aceitação da reclamação.

Artigo 114.º – (Prazo para a celebração do contrato)

1. O contrato deve ser celebrado no prazo de 30 dias contados da data da aceitação da minuta ou da decisão sobre a reclamação.

2. O órgão competente para a decisão de contratar deve comunicar ao adjudicatário, com a antecedência mínima de 15 dias, a data, a hora e o local em que deve ocorrer a outorga do contrato.

Artigo 115.º – (Representação na outorga do contrato)

1. Na outorga do contrato, a representação das entidades contratantes referidas na alínea *a)* do artigo 4.º da presente lei, cabe à pessoa ou às pessoas nas quais tenha sido delegado o poder para o efeito.

2. No caso das entidades contratantes referidas nas alíneas *b)* a *e)* do artigo 4.º da presente lei, a representação na outorga do contrato cabe ao órgão designado no respectivo diploma orgânico ou nos respectivos estatutos.

3. Nos casos em que o órgão competente, nos termos dos números anteriores, seja um órgão colegial, a representação na outorga do contrato cabe ao presidente desse órgão.

4. A competência prevista nos números anteriores pode ser delegada nos termos gerais.

Artigo 116.º – (Caducidade do contrato)

1. A adjudicação caduca se, por facto que lhe seja imputável, o adjudicatário não comparecer no dia, na hora e no local fixados para a outorga do contrato, bem como, no caso de o adjudicatário ser uma associação, se os seus membros não se tiverem associado nos termos previstos no n.º 4 do artigo 53.º da presente lei.

2. Nos casos previstos no número anterior, o adjudicatário perde a caução prestada a favor da entidade contratante, devendo o órgão competente para a decisão de contratar adjudicar o contrato à proposta ordenada em segundo lugar.

CAPÍTULO III – Concurso Limitado por Prévia Qualificação

SECÇÃO I – Disposições Gerais

Artigo 117.º – (Regime)

O concurso limitado por prévia qualificação rege-se, com as necessárias adaptações, pelas disposições que regulam o concurso público, em tudo o que não esteja especialmente previsto nos artigos seguintes.

Artigo 118.º – (Fases do procedimento)

O programa de concurso limitado por prévia qualificação integra as seguintes fases:

a) apresentação das candidaturas e qualificação dos candidatos;

b) apresentação e análise das propostas e adjudicação.

Artigo 119.º – (Anúncio)

1. O procedimento de concurso limitado por prévia qualificação inicia-se com a publicação na III Série do Diário da República, através do modelo constante do Anexo V da presente lei e num jornal de grande circulação no País.

2. É aplicável ao concurso limitado por prévia qualificação o disposto no artigo 58.º da presente lei.

Artigo 120.º – (Programa do concurso)

1. O programa de concurso limitado por prévia qualificação deve indicar:

a) a identificação do concurso;

b) o órgão que tomou a decisão de contratar;

c) o endereço e a designação do serviço de recepção das candidaturas, com menção do respectivo horário de funcionamento e a data limite de apresentação das candidaturas;

d) quando a apresentação das candidaturas deva ser efectuada por via electrónica, a indicação do respectivo correio electrónico e a data e a hora limite de apresentação das candidaturas;

e) o modo de apresentação das candidaturas;

f) a documentação necessária à instrução das candidaturas;

g) as condições de carácter profissional, técnico e financeiro ou de qualquer outra natureza que os interessados devem preencher;

h) a explicitação dos critérios de selecção de candidaturas;

i) o número mínimo e o máximo de candidatos que se pretende convidar a apresentarem propostas;

j) o critério de adjudicação, com explicitação, no caso de o mesmo ser o da proposta economicamente mais vantajosa, dos factores que nela intervêm, por ordem decrescente de importância.

2. O programa do concurso pode indicar requisitos mínimos de capacidade técnica e financeira que os candidatos devem preencher, sob pena de exclusão.

SECÇÃO II – Apresentação de Candidaturas e Qualificação dos Candidatos

Artigo 121.º – (Documentos da candidatura)

1. A candidatura integra todas as declarações exigidas ao candidato e os documentos destinados a comprovar a sua idoneidade, habilitações profissionais, capacidade técnica e capacidade financeira.

2. A declaração referida na primeira parte do artigo anterior deve ser assinada pelo candidato ou pelo representante que tenha poderes para o obrigar.

3. Quando a candidatura seja apresentada por uma associação, a declaração referida no n.º 1 deve ser assinada pelo representante comum dos membros que o integram, caso em que devem ser juntos à declaração os instrumentos de mandato emitidos por cada um dos seus membros ou, não existindo representante comum, deve ser assinada por todos os seus membros ou respectivos representantes.

Artigo 122.º – (Modo de apresentação das candidaturas)

1. O programa do concurso deve determinar o modo de apresentação das candidaturas, de entre o meio ou os meios previstos no número seguinte, indicando, consoante o caso, o serviço, a morada, o número de fax ou o endereço electrónico para esse efeito.

2. As candidaturas devem ser apresentadas com os seguintes requisitos:

a) presencialmente, no endereço da entidade pública contratante indicado no programa de concurso;

b) por carta registada, com aviso de recepção;

c) por telefax;

d) por correio electrónico.

3. A candidatura deve ser acompanhada dos documentos referidos no n.º 1 do artigo anterior e elencados no programa do concurso.

4. O órgão competente para a decisão de contratar pode sempre exigir ao candidato a apresentação dos originais de quaisquer documentos da candidatura, cuja reprodução tenha sido apresentada, em caso de fundada dúvida sobre o seu conteúdo ou autenticidade.

Artigo 123.º – (Apresentação de candidaturas por associações)

Quando o candidato for uma associação de pessoas singulares ou collectivas, os documentos destinados à qualificação podem ser apresentados por apenas um ou alguns dos seus membros, salvo se o programa de concurso dispuser em contrário.

LEI DA CONTRATAÇÃO PÚBLICA DE ANGOLA - LEI 20/10, DE 7 DE SETEMBRO

Artigo 124.º – (Prazo para a apresentação das candidaturas)

1. O prazo para a apresentação das candidaturas pode ser fixado livremente pela entidade contratante.

2. Na fixação do prazo para a apresentação das candidaturas, deve ser tido em conta o tempo necessário à respectiva elaboração, em função da natureza, das características, do volume e da complexidade dos documentos que a constituem.

Artigo 125.º – (Admissão e selecção das candidaturas)

1. Recebidas as candidaturas, a Comissão de Avaliação procede à verificação dos requisitos exigidos no programa do concurso e à selecção dos candidatos em função dos critérios fixados.

2. A entidade contratante decide, sob proposta da Comissão de Avaliação, sobre a exclusão e selecção das candidaturas, em despacho devidamente fundamentado, o qual deve estar disponível para consulta dos candidatos.

3. Sempre que possível, o número de candidatos seleccionados não deve ser inferior a cinco.

Artigo 126.º – (Reclamações)

1. Os candidatos não seleccionados são notificados do despacho referido no número anterior, podendo dele reclamar no prazo de dois dias.

2. A reclamação deve ser decidida no prazo de cinco dias.

SECÇÃO III – Apresentação das Propostas e Adjudicação

Artigo 127.º – (Convite)

1. Com a notificação da decisão de selecção, o órgão competente para a decisão de contratar deve enviar aos candidatos qualificados, em simultâneo, um convite para a apresentação de propostas.

2. O convite para a apresentação de propostas deve indicar:

a) a identificação do concurso;

b) a referência ao anúncio do concurso;

c) os documentos de instrução das propostas;

d) se é admissível a apresentação de propostas variantes e o número máximo de propostas variantes admitidas;

e) o prazo para a apresentação das propostas;

f) o local de apresentação das propostas e o respectivo horário de funcionamento, ou, quando a apresentação das propostas deva ser efectuada por via electrónica, a indicação do respectivo correio electrónico e a data e hora limite de apresentação das mesmas;

g) o prazo de obrigação de manutenção das propostas, quando diferente do previsto no n.º 1 do artigo 74.º da presente lei;

h) o modo de prestação da caução e o respectivo valor.

Artigo 128.º – (Procedimentos subsequentes)

Ao acto público de abertura das propostas e procedimentos subsequentes até à celebração do contrato aplica-se o disposto nos artigos 75.º a 102.º da presente lei.

CAPÍTULO IV – Concurso Limitado sem Apresentação de Candidaturas

Artigo 129.º – (Regime aplicável)

O concurso limitado sem apresentação de candidaturas rege-se, com as necessárias adaptações, pelas disposições que regulam o concurso público em tudo o que não seja incompatível com o disposto nos artigos seguintes.

Artigo 130.º – (Convite)

O convite para a apresentação de propostas deve ser simultaneamente formulado a, pelo menos, três entidades, podendo, para esse efeito, ser utilizado qualquer meio escrito.

Artigo 131.º – (Prazo para a entrega das propostas)

O prazo para a entrega das propostas não pode ser inferior a seis dias a contar da data do envio do convite.

CAPÍTULO V – Procedimento de Negociação

Artigo 132.º – (Regime aplicável)

O procedimento de negociação rege-se, com as necessárias adaptações, pelas disposições que regulam o concurso limitado por prévia qualificação, em tudo o que não esteja especialmente previsto nos artigos seguintes.

Artigo 133.º – (Fases do procedimento)

O procedimento de negociação integra as seguintes fases:

a) apresentação das candidaturas e a qualificação dos candidatos;

b) apresentação e análise das propostas;

c) negociação das propostas;

d) adjudicação.

LEI DA CONTRATAÇÃO PÚBLICA DE ANGOLA - LEI 20/10, DE 7 DE SETEMBRO

Artigo 134.° – (Admissibilidade de leilão electrónico)

No procedimento de negociação, a entidade pública contratante pode recorrer a um leilão electrónico.

Artigo 135.° – (Anúncio)

1. O procedimento de negociação inicia-se com a publicação na III Série do Diário da República e num jornal de grande circulação no País de um anúncio de admissão de candidaturas, nos termos do modelo constante do Anexo VI da presente lei, do qual faz parte integrante.

2. Ao procedimento de negociação é aplicável o disposto nos n.ºs 2 a 5 do artigo 59.° da presente lei.

Artigo 136.° – (Programa do procedimento)

Para além dos elementos previstos no n.° 1 do artigo 60.° da presente lei, o programa do procedimento de negociação deve indicar o seguinte:

a) se a negociação é restringida aos concorrentes cujas propostas foram ordenadas nos primeiros lugares e, nesse caso, qual o número mínimo e máximo de propostas ou de concorrentes a seleccionar;

b) quais os aspectos da execução do contrato a celebrar que a entidade adjudicante não está disposta a negociar;

c) se a negociação deve decorrer, parcial ou totalmente, por via electrónica e os respectivos termos.

Artigo 137.° – (Remissão)

1. A fase de apresentação das candidaturas e qualificação dos candidatos segue os termos do disposto nos artigos 121.° a 126.° da presente lei.

2. À fase de apresentação e análise das propostas aplicam-se as regras dos artigos 127.° e 128.° da presente lei, com as especialidades assinaladas nos artigos seguintes.

Artigo 138.° – (Negociação)

1. Recebidas e analisadas as propostas, a Comissão de Avaliação deve notificar os concorrentes, com uma antecedência mínima de três dias, da data, da hora e do local da primeira sessão de negociação, agendando as restantes sessões, nos termos que forem convenientes.

2. Na notificação referida no número anterior a comissão deve indicar o formato a seguir nas negociações, nomeadamente se decorrem em separado ou em conjunto com os diversos concorrentes.

3. Os concorrentes devem fazer-se representar nas sessões de negociação pelos seus representantes legais ou pelos representantes comuns das associações concorrentes, se existirem, podendo serem acompanhados por técnicos por eles indicados.

4. As propostas que não sejam alteradas na sessão de negociação, bem como as entregues pelos concorrentes que não compareçam à sessão são consideradas, para efeitos de apreciação, nos termos em que inicialmente foram apresentadas.

5. De cada sessão de negociação deve ser lavrada uma acta, assinada por todos os intervenientes, devendo fazer-se menção da recusa de algum dos representantes dos concorrentes em assiná-la.

6. As actas e quaisquer outras informações ou comunicações, escritas ou orais, prestadas pelos concorrentes à entidade adjudicante ou à Comissão de Avaliação devem manter-se sigilosas durante a fase de negociação.

Artigo 139.º – (Procedimentos subsequentes)
Encerrada a fase de negociação e apreciadas as propostas, a Comissão de Avaliação elabora um relatório fundamentado com a ordenação das propostas, seguindo-se em tudo o mais o disposto na presente lei para o concurso limitado por prévia qualificação.

CAPÍTULO VI – Procedimentos Especiais

SECÇÃO I – Concursos para Trabalhos de Concepção

Artigo 140.º – (Concursos para trabalhos de concepção)
1. Os concursos para trabalhos de concepção são os procedimentos que permitem à entidade pública contratante adquirir, nomeadamente nos domínios artístico, do ordenamento do território, do planeamento urbano, da arquitectura, da engenharia civil ou do processamento de dados, um plano ou um projecto, seleccionado por um júri de concurso, com ou sem a atribuição de prémio.

2. Os concursos para trabalhos de concepção podem ou não conferir o direito à celebração de um contrato na sua sequência.

3. Os prémios referidos no n.º 1 do presente artigo podem consistir quer em menções honrosas quer no pagamento de quantias pré-determinadas.

Artigo 141.º – (Procedimentos dos concursos para trabalhos de concepção)
1. Os concursos para trabalhos de concepção seguem a modalidade do concurso público ou do concurso limitado por qualificação.

2. Quando a decisão quanto ao procedimento aplicável recaia sobre o concurso limitado por qualificação, devem ser definidos critérios de selecção claros e não discriminatórios, devendo o número de candidatos convidados a participar no concurso ter em conta a necessidade de se assegurar uma concorrência efectiva.

3. Os concursos para trabalhos de concepção devem seguir a forma do concurso limitado por prévia qualificação, entre outros casos, quando a complexidade do objecto do concurso aconselhe maior exigência de qualificação técnica dos participantes, nomeadamente experiência anterior reconhecida em domínios específicos.

Artigo 142.° – (Início do concurso para concepção)

1. O concurso para concepção tem início com a decisão de seleccionar um ou mais trabalhos de concepção, a qual cabe ao órgão competente, por lei ou por delegação, para a decisão de autorizar a despesa relativa aos prémios ou pagamentos a que os concorrentes tenham direito, podendo essa decisão estar implícita nesta última.

2. Quando o concurso de concepção não implique o pagamento de prémios aos concorrentes, a decisão de seleccionar um ou mais trabalhos de concepção cabe ao órgão da entidade pública contratante que for competente para o efeito, nos termos da respectiva lei orgânica.

Artigo 143.° – (Decisão de escolha da modalidade do concurso de concepção)

1. A decisão de escolha da modalidade do concurso de concepção cabe ao órgão competente para a decisão prevista no número anterior.

2. A decisão de escolha da modalidade do concurso limitado por prévia qualificação deve ser fundamentada.

Artigo 144.° – (Associação de entidades públicas contratantes)

As entidades públicas contratantes podem associar-se com vista à adopção de um concurso para trabalhos de concepção, sendo aplicável, com as necessárias adaptações, o disposto no artigo 53.° da presente lei.

Artigo 145.° – (Anúncio do concurso para concepção)

1. O concurso para trabalhos de concepção deve ser publicitado no Diário da República através de anúncio conforme modelo aprovado por Decreto Executivo do Ministro das Finanças e do Ministro que tenha a seu cargo a construção.

2. O anúncio referido no número anterior ou um resumo dos seus elementos mais importantes, deve ser posteriormente divulgado por qualquer meio considerado conveniente, nomeadamente através da sua publicação em plataforma electrónica utilizada pela entidade pública contratante.

Artigo 146.° – (Termos de referência)

1. Nos concursos para trabalhos de concepção deve ser previamente aprovado um documento, designado por termos de referência, que deve indicar o seguinte:

a) a identificação do concurso, bem como a respectiva modalidade escolhida;

b) uma descrição, tão completa quanto possível, das características, das particularidades, das referências e de quaisquer outros requisitos de natureza estética, funcional ou técnica que os trabalhos de concepção apresentados devem observar;

c) a entidade pública contratante;

d) o órgão que tomou a decisão de seleccionar um ou mais trabalhos de concepção e, no caso de esta ter sido tomada no uso de delegação ou de subdelegação de competência, a qualidade em que aquele decidiu, com menção das decisões de delegação ou de subdelegação e do local da respectiva publicação;

e) a identidade dos membros, efectivos e suplentes, que compõem o júri e, quando for o caso, as respectivas habilitações profissionais específicas;

f) as habilitações profissionais específicas de que os concorrentes devem ser titulares, se for o caso;

g) os documentos que materializam os trabalhos de concepção a apresentar;

h) o prazo e o local para a apresentação dos documentos referidos na alínea anterior;

i) o critério de selecção, explicitando claramente os factores e os eventuais subfactores que o densificam;

j) o montante global dos eventuais prémios de participação a atribuir aos concorrentes cujos trabalhos de concepção não sejam excluídos;

l) o número de trabalhos de concepção apresentados a seleccionar;

m) o valor do prémio de consagração a atribuir a cada um dos concorrentes seleccionados.

2. Quando for adoptada a modalidade de concurso limitado por prévia qualificação, os termos de referência devem, ainda, indicar:

a) os requisitos mínimos de capacidade técnica que os candidatos devem preencher;

b) os documentos destinados à qualificação dos candidatos;

c) o prazo e o local para a apresentação das candidaturas.

3. Os termos de referência podem, ainda, conter quaisquer regras específicas sobre o concurso consideradas convenientes pela entidade pública contratante, desde que não tenham por efeito impedir, restringir ou falsear a concorrência, bem como ser acompanhados de quaisquer documentos complementares necessários à cabal descrição referida na alínea *b)* do n.° 1 do presente artigo ou indicar a entidade e o local onde esses documentos podem ser obtidos directamente pelos interessados.

4. Os termos de referência podem, também, prever a obrigatoriedade de apresentação dos trabalhos de concepção através de correio electrónico ou de outro meio de transmissão electrónica de dados, caso em que devem definir os termos a que deve obedecer essa apresentação de forma a garantir o respectivo anonimato.

5. As normas dos termos de referência prevalecem sobre quaisquer indicações constantes dos anúncios com elas desconformes.

Artigo 147.° – (Júri do concurso)

1. O júri do concurso para os trabalhos de concepção, designado pelo órgão competente para a respectiva decisão é composto, em número ímpar, por um mínimo de três membros efectivos, um dos quais preside e dois suplentes.

LEI DA CONTRATAÇÃO PÚBLICA DE ANGOLA - LEI 20/10, DE 7 DE SETEMBRO

2. Quando, nos termos de referência, for exigida aos concorrentes a titularidade de habilitações profissionais específicas, a maioria dos membros do júri deve ser titular da mesma habilitação.

3. Ao funcionamento do júri do concurso para trabalhos de concepção é aplicável o disposto nos n.ºs 1, 3, 4, 5 e 6 do artigo 41.° e nos artigos 42.° a 44.° da presente lei.

4. As deliberações do júri do concurso sobre a ordenação dos trabalhos de concepção apresentados ou sobre a exclusão dos mesmos por inobservância da descrição a que se refere a alínea *b)* do n.° 1 do artigo anterior têm carácter vinculativo para a entidade pública contratante, não podendo, em qualquer caso, ser alteradas depois de conhecida a identidade dos concorrentes.

Artigo 148.° – (Anonimato)
1. No concurso para concepção, qualquer que seja a modalidade adoptada, a identidade dos concorrentes autores dos trabalhos de concepção apresentados só pode ser conhecida e revelada depois de elaborado o relatório final do concurso.

2. A entidade pública contratante, o júri do concurso e os concorrentes devem praticar ou abster-se de praticar, se for o caso, todos os actos necessários ao cumprimento do disposto no número anterior.

Artigo 149.° – (Apresentação dos trabalhos de concepção)
Cada concorrente pode apresentar vários trabalhos de concepção.

Artigo 150.° – (Fixação dos prazos para a apresentação dos documentos)
O prazo para a apresentação dos documentos destinados à qualificação, quando a modalidade escolhida for a de concurso limitado por prévia qualificação, bem como o prazo para a apresentação dos documentos que materializam os trabalhos de concepção, são fixados livremente pela entidade pública contratante, tendo em conta o tempo necessário à respectiva elaboração, em função da natureza das características e da complexidade inerentes ao concurso em causa.

Artigo 151.° – (Regras do concurso público)
1. Quando a modalidade escolhida for a de concurso público, os documentos que materializam cada um dos trabalhos de concepção devem ser encerrados em invólucro opaco, fechado e lacrado, no rosto do qual deve ser escrita apenas a palavra ‹‹Trabalho›› e a designação do concurso.

2. Em invólucro com as características indicadas no número anterior, deve ser encerrado um documento com a identificação e os contactos do concorrente, no rosto do qual deve ser escrita apenas a palavra ‹‹Concorrente›› e a designação do concurso.

LEI N.º 20/10, DE 7 DE SETEMBRO

3. Os invólucros a que se referem os números anteriores são encerrados num outro, igualmente opaco, fechado e lacrado, que se denomina «Invólucro exterior», indicando-se apenas a designação do concurso e da entidade adjudicante.

4. Os documentos que materializam os trabalhos de concepção, bem como todos os invólucros referidos nos números anteriores, devem ser elaborados e apresentados de tal forma que fique assegurado o total e absoluto anonimato dos concorrentes, não podendo conter qualquer elemento que permita, de forma directa ou indirecta, identificar o seu autor ou autores.

5. O invólucro exterior pode ser entregue directamente ou enviado por correio registado, sem indicação do remetente, devendo, em qualquer caso, a respectiva recepção ocorrer dentro do prazo e no local fixados para a apresentação dos trabalhos de concepção.

6. A recepção dos invólucros exteriores deve ser registada, anotando-se a data e a hora em que os mesmos são recebidos e, no caso de entrega directa, deve ser apenas entregue ao seu portador um recibo comprovativo dessa entrega.

7. Depois do termo fixado para a apresentação dos trabalhos de concepção, o júri do concurso atribui um número a cada um dos invólucros exteriores, abre-os e escreve esse mesmo número nos respectivos invólucros referidos nos n.ºs 1 e 2 do presente artigo.

8. O júri do concurso deve proceder, em seguida, à abertura dos invólucros que contém os documentos que materializam os trabalhos de concepção apresentados pelos concorrentes, procedendo à sua apreciação e elaborando um relatório final, assinado por todos os seus membros, no qual deve indicar, fundamentadamente o seguinte:

a) a ordenação dos trabalhos de concepção apresentados de acordo com o critério de selecção fixado nos termos de referência;

b) a exclusão dos trabalhos de concepção:

i) cujos invólucros tenham sido apresentados após o termo do prazo fixado nos termos de referência;

ii) cujos documentos que os materializam ou os invólucros referidos nos n.ºs 1 a 3, contenham qualquer elemento que permita, de forma directa ou indirecta, identificar o seu autor ou autores;

iii) que não observem as exigências do artigo 152.º

9. O júri do concurso só pode proceder à abertura dos invólucros referidos no n.º 2 depois de integralmente cumprido o disposto no número anterior.

10. No caso de os termos de referência estabelecerem a obrigatoriedade de apresentação dos trabalhos de concepção através de correio electrónico ou de outro meio de transmissão electrónica de dados, o disposto nos números anteriores é aplicável com as necessárias adaptações.

LEI DA CONTRATAÇÃO PÚBLICA DE ANGOLA - LEI 20/10, DE 7 DE SETEMBRO

Artigo 152.° – (Regras do concurso limitado por prévia qualificação)

1. Quando a modalidade escolhida for a de concurso limitado por prévia qualificação, os documentos destinados à qualificação devem ser encerrados em invólucro opaco, fechado e lacrado, no rosto do qual deve ser escrita apenas a palavra ‹‹Candidatura››, o nome ou a denominação social do candidato, a designação do concurso e da entidade pública contratante.

2. O invólucro referido no número anterior pode ser entregue directamente ou enviado por correio registado, devendo, em qualquer caso, a respectiva recepção ocorrer dentro do prazo e no local fixado para a apresentação das candidaturas.

3. A recepção dos invólucros deve ser registada, anotando-se a data e a hora em que os mesmos são recebidos e, no caso de entrega directa, a identidade das pessoas que a efectuaram, sendo entregue a estas, um recibo comprovativo dessa entrega.

4. Depois do termo fixado para a apresentação das candidaturas, o júri do concurso procede à sua apreciação, qualificando os candidatos que, tendo apresentado as respectivas candidaturas tempestivamente, cumpram os requisitos mínimos de capacidade técnica fixados nos termos de referência.

5. Efectuada a qualificação, o júri do concurso envia aos candidatos qualificados, em simultâneo, um convite para a apresentação dos trabalhos de concepção de acordo com as regras fixadas nos termos de referência.

6. Cumprido o disposto no número anterior, o concurso de concepção prossegue os seus termos de acordo com o disposto no artigo anterior.

7. O relatório final do concurso deve ainda indicar, fundamentadamente, quais os candidatos a excluir, quer por não preencherem os requisitos mínimos de capacidade técnica exigidos nos termos de referência, quer por terem apresentado as respectivas candidaturas após o termo do prazo fixado para o efeito.

8. No caso de os termos de referência preverem a obrigatoriedade de apresentação dos trabalhos de concepção através de correio electrónico ou de outro meio de transmissão electrónica de dados, o disposto nos números anteriores é aplicável com as necessárias adaptações.

Artigo 153.° – (Decisão de selecção e prémios)

1. O órgão competente para a decisão de lançar o concurso para trabalhos de concepção deve seleccionar um ou mais trabalhos de concepção, consoante o número fixado nos termos de referência do concurso, de acordo com o teor e as conclusões do relatório final, nomeadamente com as deliberações vinculativas tomadas pelo júri.

2. Da decisão de selecção deve também constar a atribuição dos prémios de consagração aos concorrentes seleccionados, bem como a atribuição dos eventuais prémios de participação.

LEI N.º 20/10, DE 7 DE SETEMBRO

3. A decisão de selecção referida nos números anteriores deve ser notificada simultaneamente a todos os concorrentes e, quando a modalidade escolhida for a de concurso limitado por prévia qualificação, também aos candidatos excluídos.

Artigo 154.° – (Caducidade da decisão de selecção)
1. Quando os termos de referência do concurso para concepção exigirem aos concorrentes a titularidade de habilitações profissionais específicas, os concorrentes seleccionados devem apresentar documentos comprovativos das mesmas no prazo de cinco dias a contar da notificação da decisão de selecção.

2. A decisão de selecção caduca se o concorrente seleccionado não apresentar os documentos referidos no número anterior no prazo nele fixado.

3. No caso previsto no número anterior, deve o órgão competente para a decisão seleccionar o trabalho de concepção ordenado no lugar seguinte.

Artigo 155.° – (Prevalência)
As normas constantes do presente capítulo relativas ao concurso de concepção prevalecem sobre quaisquer disposições dos termos de referência e respectivos documentos complementares com elas desconformes.

SECÇÃO II – Sistemas de Aquisição Dinâmica Electrónica

Artigo 156.° – (Noção)
1. A entidade contratante pode celebrar contratos de aquisição de bens móveis ou de serviços de uso corrente através de um procedimento especial totalmente electrónico designado por sistema de aquisição dinâmica electrónica.

2. Para efeitos do disposto no número anterior, consideram-se bens e serviços de uso corrente, aqueles cujas especificações técnicas se encontram totalmente estandardizadas.

Artigo 157.° – (Fases do sistema)
O sistema de aquisição dinâmica electrónica compreende as seguintes fases:
a) instituição do sistema e formação do catálogo electrónico;
b) convite;
c) adjudicação.

Artigo 158.° – (Instituição do sistema)
1. A decisão de instituição do sistema cabe ao órgão competente para a decisão de contratar.

2. A escolha do procedimento para a instituição do sistema é efectuada de acordo com as regras previstas no artigo 25.° da presente lei, atendendo ao valor estimado de

LEI DA CONTRATAÇÃO PÚBLICA DE ANGOLA - LEI 20/10, DE 7 DE SETEMBRO

aquisições de bens móveis ou de serviços de uso corrente, pela entidade contratante, no período de tempo fixado para a duração do sistema.

3. A entidade contratante não pode instituir um sistema de aquisição dinâmico de modo a impedir, restringir ou falsear a concorrência.

4. Não podem ser cobradas aos interessados ou aos concorrentes quaisquer despesas relacionadas com a instituição, manutenção e a operatividade do sistema.

Artigo 159.° – (Anúncio)

1. O anúncio de instituição do sistema deve ser publicado na III Série do Diário da República e num jornal de grande circulação no País.

2. É aplicável a este anúncio o disposto nos n.ºs 2 a 5 do artigo 59.° da presente lei.

Artigo 160.° – (Programa do procedimento)

1. Para além do disposto nas alíneas *a)*, *b)*, *f)* e k) do artigo 60.° da presente lei, o programa do procedimento deve ainda:

a) fixar a duração do sistema de aquisição dinâmica electrónica, o qual não pode ter uma duração superior a quatro anos;

b) fornecer todas as informações necessárias ao acesso dos interessados ao sistema de aquisição dinâmica electrónica, indicando o equipamento electrónico utilizado, as modalidades e os aspectos técnicos de ligação ao sistema.

2. O programa do procedimento deve ser integralmente disponibilizado, até ao encerramento do sistema, de forma gratuita e directa, na plataforma electrónica utilizada pela entidade contratante.

Artigo 161.° – (Formação do catálogo electrónico)

1. Dentro do prazo fixado para o efeito no anúncio referido no artigo 159.° da presente lei, os interessados podem apresentar versões iniciais de propostas tendentes à formação do catálogo electrónico.

2. No prazo de 15 dias a contar do termo do prazo da recepção no sistema da versão inicial de proposta, a entidade contratante deve notificar o respectivo apresentante da sua aceitação ou rejeição.

3. Devem ser rejeitadas as versões iniciais das propostas cujos atributos, termos ou condições violem o caderno de encargos.

4. Os interessados cujas versões iniciais de propostas sejam rejeitadas podem apresentar uma versão alterada das mesmas no prazo de cinco dias a contar da data da notificação de rejeição.

5. A decisão da entidade contratante relativamente à admissão das versões alteradas das propostas deve ser tomada no prazo de 15 dias.

6. São admitidos no sistema, e incluídos no catálogo electrónico, todos os interessados que apresentem uma versão inicial da proposta ou uma versão alterada da mesma, que não seja rejeitada.

Artigo 162.° – (Convite)

1. O procedimento de formação do contrato a celebrar ao abrigo do sistema de aquisição dinâmica electrónica inicia-se com o envio, em simultâneo, a todos os concorrentes que integram o catálogo electrónico, de um convite para apresentarem uma versão definitiva de proposta para o contrato a celebrar.

2. No convite, a entidade contratante deve indicar:

a) o prazo para a apresentação das versões definitivas das propostas, que não pode ser inferior a cinco dias a contar da data do envio do convite;

b) as quantidades de bens ou de serviços de uso corrente a adquirir.

3. Durante o período de vigência do sistema, a entidade contratante pode endereçar aos concorrentes que fazem parte do catálogo electrónico tantos convites quanto os que sejam necessários para a satisfação das suas necessidades de bens ou de serviços de uso corrente.

Artigo 163.° – (Adjudicação)

1. A adjudicação é efectuada à versão definitiva de preço mais baixo.

2. O concorrente adjudicatário fica obrigado a apresentar os documentos de habilitação referidos nas alíneas *a)* a *d)* do n.° 1 do artigo 58.°, no prazo de dois dias, sob pena de caducidade da decisão de adjudicação.

3. Após a entrega e validação dos documentos de habilitação, a entidade contratante, na sequência da autorização da despesa pelo órgão competente, procede à requisição electrónica dos materiais, dos bens ou dos serviços incluídos no catálogo electrónico.

4. A factura do fornecimento ou da aquisição de serviços deve ser enviada à entidade contratante por meio electrónico, podendo o respectivo pagamento, após conferência, ser feito também por meio electrónico.

SECÇÃO III – Regras Aplicáveis à Contratação de Serviços

SUBSECÇÃO I – Consultores

Artigo 164.° – (Método de contratação de serviços de consultoria)

1. Salvo disposição em contrário na presente lei ou em legislação especial, a contratação de serviços de consultoria deve obedecer a um processo de selecção prévia.

2. Os serviços de consultoria podem ser contratados a pessoas singulares e a pessoas colectivas, públicas ou privadas, incluindo universidades e institutos de pesquisa.

3. Os critérios de avaliação na selecção de consultores pessoas colectivas são os seguintes:

a) qualidade da proposta técnica;

b) preço para a execução dos serviços a contratar.

4. Na selecção de um consultor para prestar serviços de consultoria, a entidade contratante deve ter como objectivo a contratação de serviços de qualidade, com base no princípio da concorrência e de acordo com as modalidades previstas na presente lei.

5. O consultor deve actuar e executar os serviços com diligência, profissionalismo e competência, no estrito interesse da entidade contratante, devendo, sempre que possível, assegurar a transferência de conhecimentos do consultor para a entidade contratante.

6. Na selecção de consultores pessoas singulares, a entidade contratante deve ter em conta a experiência e as qualificações da pessoa a contratar e obedecer às seguintes regras:

a) os consultores devem ser seleccionados com base na comparação de, pelo menos, três candidatos de entre aqueles que reúnam os requisitos publicados em anúncio e manifestem interesse na execução dos serviços de consultoria;

b) se menos de três candidatos manifestarem interesse em prestar os serviços de consultoria, a entidade contratante pode seleccioná-los de entre os consultores da lista de consultores candidatos que a entidade possua ou da lista que tenha sido preparada nos termos previstos no artigo 9.º ou de entre consultores que já tenham prestado serviços de consultoria à entidade contratante, desde que justificado por razões de urgência e a relevância dos serviços;

c) os consultores pessoas singulares seleccionados devem preencher todos os requisitos relevantes de qualificações e capacidade para a realização dos serviços, devendo a sua capacidade ser auferida com base no seu historial académico, experiência e, quando necessário, no conhecimento das condições locais e outros factores relevantes;

d) o consultor seleccionado deve ser convidado a apresentar as propostas técnica e financeira antes da celebração do contrato de aquisição.

Artigo 165.º – (Conflitos de interesses)

1. Ficam impedidos de prestar serviços de consultoria às entidades contratantes os consultores em situação de conflito de interesses, considerando-se, para efeitos do presente diploma, como conflito de interesses todas as situações que potencialmente possam impedir o consultor de prestar consultoria profissional de um modo objectivo e imparcial e no interesse exclusivo da entidade contratante.

2. Considera-se que existe conflito de interesses, nomeadamente nas seguintes situações:

a) quando o consultor tenha participado, directa ou indirectamente, na elaboração dos termos de referência e de outros documentos relacionados com a matéria objecto da contratação;

b) quando o consultor tenha sido anteriormente contratado pela entidade contratante para a elaboração ou execução de um serviço e a entidade contratante entender que o objecto da nova consultoria a ser contratada está relacionado com o serviço anterior, excepto nos casos de continuação desses serviços de consultoria;

c) quando os serviços de consultoria, pela sua natureza, estejam em conflito com outro serviço executado pelo mesmo consultor;

d) tratando-se de consultores pessoas colectivas, quando um ou mais dos sócios, directores, membros do Conselho de Administração ou do pessoal técnico pertençam ao quadro de pessoal permanente ou temporário da entidade contratante;

e) quando o consultor mantenha um relacionamento com a entidade contratante, directamente ou através de terceiros, que lhe permita influenciar as decisões da entidade contratante.

3. A verificação de uma situação de conflito de interesses resulta na desqualificação e rejeição da proposta apresentada pelo consultor candidato ou na invalidade do contrato de aquisição entretanto celebrado.

SUBSECÇÃO II – Procedimentos

Artigo 166.° – (Fases do processo de selecção)

1. O processo de selecção de consultores deve observar, pela ordem indicada, as seguintes fases:

a) elaboração dos termos de referência;

b) determinação do custo estimado da contratação e elaboração do respectivo orçamento;

c) anúncio do processo de contratação, nos termos dos artigos 119.° e 145.°;

d) preparação da lista de consultores candidatos;

e) preparação e emissão da solicitação de propostas que deve incluir:

i) uma carta-convite;

ii) instruções aos consultores candidatos;

iii) termos de referência;

iv) uma minuta do contrato de aquisição;

f) recepção das propostas;

g) avaliação das propostas técnicas, com vista a análise de qualidade;

h) abertura pública das propostas financeiras;

i) avaliação das propostas financeiras;

j) avaliação final de qualidade e custo;

LEI DA CONTRATAÇÃO PÚBLICA DE ANGOLA - LEI 20/10, DE 7 DE SETEMBRO

k) adjudicação da proposta;

l) negociação, com observância do disposto no número seguinte e celebração do respectivo contrato de aquisição.

2. A entidade contratante deve negociar apenas com o consultor candidato cuja proposta tenha sido classificada em primeiro lugar na avaliação técnica.

Artigo 167.º – (Termos de referência)

1. Os termos de referência são os documentos que definem claramente os objectivos, âmbito dos serviços, prazos, obrigações e responsabilidades dos consultores candidatos, bem como os serviços a contratar e as qualificações exigidas.

2. Os termos de referência devem incluir, igualmente, as informações disponíveis relativas à entidade contratante de que os consultores candidatos necessitem para elaborar as suas propostas.

Artigo 168.º – (Anúncio e convite para a apresentação de propostas)

1. A entidade contratante deve publicar um anúncio nos termos do artigo 119.º, solicitando que os candidatos manifestem o seu interesse em participar do processo de contratação.

2. A entidade contratante deve, também, divulgar a manifestação de interesse dos consultores candidatos ao Gabinete para a Contratação Pública, para publicação simultânea no Portal da Contratação Pública.

3. As informações solicitadas devem limitar-se ao mínimo necessário para que a entidade contratante possa determinar se as qualificações dos consultores são adequadas ao objecto do contrato a celebrar.

4. O prazo para responder a uma manifestação de interesse de prestação de serviços de consultoria deve ser suficiente para que os consultores candidatos possam elaborar as suas propostas, não podendo ser inferior a 15 dias.

5. A entidade contratante deve estabelecer a lista de consultores candidatos com um mínimo de três consultores pré-qualificados, devendo emitir um convite para a apresentação de propostas de prestação de serviços de consultoria aos candidatos pré-qualificados, o qual deve conter os seguintes elementos:

a) indicação da intenção de contratar os serviços, a data, a hora e o local de recepção e abertura das propostas;

b) os elementos necessários à elaboração das propostas pelos consultores candidatos, os critérios de selecção, os requisitos e os respectivos pesos das propostas técnica e financeira, bem como a pontuação mínima para selecção;

c) os termos de referência;

d) a minuta do contrato de aquisição a celebrar.

6. Os consultores candidatos podem, por escrito, solicitar esclarecimentos sobre o convite para a apresentação de propostas previsto no número anterior, no primeiro

LEI N.º 20/10, DE 7 DE SETEMBRO

terço do prazo fixado para a recepção das propostas, devendo a entidade contratante responder, também por escrito, no segundo terço do mesmo prazo, enviando cópias da resposta a todos os consultores da lista de consultores candidatos.

Artigo 169.º – (Prazos)

1. O convite para a apresentação de propostas previsto no artigo anterior deve fixar um prazo razoável e suficiente para que os consultores candidatos possam preparar as suas propostas, de acordo com a natureza e a complexidade dos serviços, não devendo esse prazo ser inferior a 30 ou superior a 90 dias.

2. O prazo concedido para os consultores candidatos expressarem o seu interesse em participar do processo de contratação não pode ser menor do que o período estabelecido no n.º 4 do artigo anterior, nem maior do que a metade do período permitido para a solicitação de propostas.

Artigo 170.º – (Orçamento)

O orçamento deve basear-se na avaliação feita pela entidade contratante sobre os recursos necessários para a execução dos serviços de consultoria.

Artigo 171.º – (Lista de consultores candidatos)

1. A participação no processo de contratação pode ser feita com base numa lista de consultores candidatos elaborada pela entidade contratante, com um mínimo de três e um máximo de seis consultores para cada contratação.

2. A lista de consultores candidatos deve ser elaborada tendo em conta os consultores que tenham manifestado o seu interesse e que possuam as qualificações necessárias.

3. A entidade contratante deve, a todo o tempo, garantir que, pelo menos, metade dos consultores incluídos na lista de consultores candidatos sejam consultores nacionais, salvo nos casos de comprovada inexistência de consultores nacionais qualificados, para o efeito, no mercado.

4. A entidade contratante deve preparar um relatório justificando a escolha dos consultores que integrem a lista de consultores candidatos.

TÍTULO IV – Centrais de Compras

CAPÍTULO I – Disposições Gerais

Artigo 172.º – (Centrais de compras)

1. As entidades públicas contratantes podem constituir centrais de compras para centralizar a contratação de empreitadas de obras públicas, a locação e a aquisição de bens e de serviços.

2. As entidades referidas no número anterior podem, ainda, constituir centrais de compras exclusivamente destinadas a um determinado sector de actividade.

Artigo 173.° – (Principais actividades das centrais de compras)

1. As centrais de compras destinam-se, nomeadamente a:

a) adjudicar propostas de execução de empreitadas de obras públicas, de fornecimento de bens móveis e de prestação de serviços, a pedido e em representação das entidades públicas contratantes;

b) alocar ou adquirir bens ou serviços destinados a entidades públicas contratantes, nomeadamente de forma a promover o agrupamento de encomendas;

c) celebrar acordos - quadro, designados contratos de aprovisionamento, que tenham por objecto a posterior celebração de contratos de empreitadas de obras públicas ou de locação ou de aquisição de bens móveis ou de aquisição de serviços.

2. Para os efeitos do exercício das actividades previstas no número anterior, as centrais de compras estão sujeitas às disposições da presente lei.

3. Nos casos previstos nas alíneas *a)* e *b)* do n.° 1 do presente artigo, as despesas inerentes ao procedimento de formação de cada contrato a celebrar em concreto são da responsabilidade da entidade pública contratante beneficiária, salvo disposição legal expressa em contrário.

Artigo 174.° – (Princípios orientadores)

No exercício das suas actividades, além do respeito pelas regras da contratação pública, as centrais de compras devem orientar-se pelos seguintes princípios:

a) segregação das funções de contratação, de compras e de pagamentos;

b) utilização de ferramentas de compras electrónicas com funcionalidades de catálogos electrónicos e de encomenda automatizada;

c) adopção de práticas aquisitivas por via electrónica baseadas na acção de negociadores e especialistas de elevada qualificação técnica, com vista à redução de custos;

d) preferência pela aquisição dos bens e serviços que promovam a protecção da indústria nacional e o ambiente;

e) promoção da concorrência.

CAPÍTULO II – Constituição e Gestão das Centrais de Compras

Artigo 175.° – (Actos constitutivos)

1. Os actos constitutivos das centrais de compras públicas devem regular, nomeadamente as seguintes matérias:

a) âmbito objectivo, designadamente as actividades a desenvolver, o tipo ou tipos de contratos abrangidos e, se for o caso, identificação do sector de a actividade a que se destina;

b) âmbito subjectivo, designadamente as entidades abrangidas;

c) natureza obrigatória ou facultativa do recurso à central de compras por parte das entidades abrangidas.

2. Os actos constitutivos das centrais de compras podem ainda prever critérios de remuneração dos serviços prestados, designadamente nas relações contratuais com terceiros que não sejam entidades adjudicantes, tendo em conta os indicadores de desempenho adequado, como o volume de compras ou a poupança gerada.

Artigo 176.° – (Viabilidade e racionalidade económico-financeira)

A criação de centrais de compras deve ser sempre precedida de um estudo que deve incidir sobre a necessidade, viabilidade económico - financeira e vantagens, designadamente na perspectiva dos ganhos de qualidade e eficiência, da criação da central de compras, bem como a sua conformidade com o regime legal aplicável.

Artigo 177.° – (Gestão por terceiros)

1. As entidades gestoras das centrais de compras podem atribuir a gestão de algumas das suas actividades a um terceiro, independentemente da sua natureza pública ou privada, desde que tal se encontre expressamente previsto nos respectivos actos constitutivos.

2. O terceiro referido no número anterior deve oferecer garantias de idoneidade, qualificação técnica e capacidade financeira adequadas à gestão das actividades da central de compras em causa.

3. O disposto no presente artigo não prejudica a aplicabilidade das normas que regem a contratação pública à selecção do terceiro.

Artigo 178.° – (Contratos de gestão com terceiros)

O contrato de gestão celebrado para os efeitos previstos no artigo anterior deve ser reduzido a escrito e regular, designadamente as seguintes matérias:

a) prestações especificamente abrangidas pelo objecto do contrato de gestão;

b) garantia de continuidade e qualidade na execução das prestações por parte do terceiro;

c) definição de actividades acessórias que o terceiro pode prosseguir e respectivos termos;

d) critérios de remuneração do terceiro e modo de pagamento;

e) duração do contrato.

LEI DA CONTRATAÇÃO PÚBLICA DE ANGOLA - LEI 20/10, DE 7 DE SETEMBRO

Artigo 179.° – (Criação das centrais de compras)

1. Diploma próprio regula a constituição, estrutura orgânica e funcionamento das centrais de compras do Estado.

2. O Estado pode criar centrais de compras gerais ou destinadas apenas a um sector de actividade específico e vocacionadas para satisfazer necessidades especiais e diferenciadas.

TÍTULO V – Empreitadas de Obras Públicas

CAPÍTULO I – Disposições Gerais

Artigo 180.° – (Noção)

1. Entende-se por empreitada de obras públicas, o contrato oneroso que tenha por objecto a execução ou a concepção e execução de uma obra pública.

2. Para efeitos do número anterior, entende-se por obra pública qualquer trabalho de construção, concepção e construção, reconstrução, ampliação, alteração, reparação, conservação, limpeza, restauro, adaptação, beneficiação e demolição de bens imóveis, executadas por conta de um dono de obra pública.

3. Para efeitos do presente regime jurídico, entende-se por dono de obra pública:

a) qualquer das entidades públicas contratantes enunciadas no artigo 4.º da presente lei;

b) quaisquer pessoas colectivas que, independentemente da sua natureza pública ou privada, celebrem estes contratos no exercício de funções materialmente administrativas.

Artigo 181.° – (Partes do contrato)

1. São partes do contrato de empreitada de obras públicas o dono da obra e o empreiteiro.

2. O dono da obra é a pessoa colectiva que manda executá-la ou, no caso de serem mais do que uma, aquela a quem pertençam os bens ou que fique incumbida da sua administração, nos termos estabelecidos no n.° 3 do artigo anterior.

3. Sempre que, na presente lei, se faça referência a decisões e deliberações do dono da obra, entende-se que são tomadas pelo órgão que, segundo a lei ou os respectivos estatutos, for competente para o efeito ou, no caso de omissão na lei e nos estatutos, pelo órgão superior de administração.

Artigo 182.° – (Representação das partes)

1. Durante a execução do contrato o dono da obra é representado pelo director de fiscalização da obra e o empreiteiro pelo director técnico da obra, salvo quanto às matérias em que, por força de lei ou de estipulação contratual, se estabeleça outra representação.

2. Sem prejuízo de outras limitações previstas no contrato, o director de fiscalização da obra não tem poderes de representação em matéria de modificação, resolução ou revogação do contrato.

3. O empreiteiro obriga-se, sob reserva da aceitação pelo dono da obra, a confiar a direcção técnica da empreitada a um técnico com a qualificação mínima e experiência indicadas no respectivo caderno de encargos.

4. O director técnico da empreitada deve acompanhar assiduamente os trabalhos e estar presente no local da obra, sempre que, para tal, seja convocado.

Artigo 183.° – (Impedimentos)

1. Não é permitido a funcionários, agentes ou outros titulares de cargos públicos, a intervenção, a qualquer título, directa ou indirecta, na fiscalização de uma empreitada, se tiverem algum interesse pessoal, directo ou por interposta pessoa, singular ou colectiva, face ao respectivo empreiteiro ou em empresa por este participada, sua sócia ou fornecedora.

2. São aplicáveis à fiscalização da execução da empreitada, as regras sobre impedimentos, escusa, suspeição e ética, previstas nos artigos 6.º, 7.° e 8.º da presente lei.

CAPÍTULO II – Tipos de Empreitadas

SECÇÃO I – Disposição Geral

Artigo 184.° – (Tipos de empreitada e modos de retribuição do empreiteiro)

1. De acordo com o modo de retribuição estipulado, as empreitadas de obras públicas podem ser:

a) por preço global;

b) por série de preços;

c) por percentagem.

2. É lícito adoptar, na mesma empreitada, diversos modos de retribuição para distintas partes da obra ou diferentes tipos de trabalho.

3. A empreitada pode ser de partes ou da totalidade da obra e, salvo convenção em contrário, implica o fornecimento pelo empreiteiro dos materiais a empregar.

SECÇÃO II – Empreitada por Preço Global

Artigo 185.° – (Conceito e âmbito)

1. Diz-se por preço global a empreitada cujo montante da remuneração, correspondente à realização de todos os trabalhos necessários para a execução da obra ou da parte da obra objecto do contrato, é previamente fixado.

2. Só podem ser contratadas por preço global as obras cujos projectos permitam determinar, com pequena probabilidade de erro, a natureza e as quantidades dos trabalhos a executar, bem como os custos dos materiais e da mão-de-obra a empregar.

Artigo 186.° – (Objecto da empreitada)

O dono da obra deve definir, com a maior precisão possível, nos elementos escritos e desenhados do projecto e no caderno de encargos, as características da obra e as condições técnicas da sua execução, bem como a qualidade dos materiais a aplicar e apresentar mapas de medições de trabalhos, tão próximos quanto possível das quantidades de trabalhos a executar, nos quais assentem a análise e o ordenamento por custos globais das propostas dos concorrentes à empreitada.

Artigo 187.° – (Apresentação de projecto base pelos concorrentes)

1. Quando se trate de obras cuja complexidade técnica ou especialização o justifiquem, o dono da obra posta a concurso pode solicitar aos concorrentes a apresentação de projecto base, devendo, para o efeito, definir, com suficiente precisão, em documento pelo menos com o grau equivalente ao de programa base, os objectivos que deseja atingir, especificando os aspectos que considera vinculativos.

2. Escolhido no concurso um projecto base, serve este para a elaboração do projecto de execução.

3. Na hipótese prevista no presente artigo, o dono da obra pode atribuir prémios aos autores dos projectos melhor classificados, caso em que deve fixar, no programa do concurso, os respectivos critérios de atribuição.

4. Para efeitos do número anterior deve ser estritamente respeitada a ordem de classificação estabelecida pela respectiva Comissão de Avaliação, sendo, contudo, possível a não atribuição, total ou parcial, de prémio, caso os trabalhos sejam considerados não satisfatórios.

Artigo 188.° – (Variantes ao projecto)

1. O dono da obra posta a concurso pode autorizar, mediante declaração expressa constante do respectivo programa, que os concorrentes apresentem variantes ao projecto ou a parte dele e com o mesmo grau de desenvolvimento, conjuntamente com a proposta para a execução da empreitada tal como posta a concurso.

2. Depois de aprovada, a variante substitui, para todos os efeitos, o projecto do dono da obra na parte respectiva.

Artigo 189.° – (Elementos e método de cálculo dos projectos base e variantes)

1. Os projectos base e as variantes da autoria do empreiteiro devem conter todos os elementos necessários para a sua perfeita apreciação e para a justificação do método de cálculo utilizado, podendo sempre o dono da obra exigir quaisquer esclarecimentos, pormenores, planos e desenhos explicativos.

2. Nos casos em que a República de Angola não disponha de normas e regulamentos adoptados para os efeitos previstos no número anterior, o dono da obra pode aprovar e aceitar outros métodos apresentados e devidamente justificados pelo empreiteiro.

Artigo 190.° – (Reclamações quanto a erros e omissões do projecto)

1. No prazo que, para o efeito, for estabelecido no caderno de encargos, de acordo com a dimensão e complexidade da obra, que não deve ser inferior a quinze dias nem superior a noventa dias, contados da data da consignação, o empreiteiro pode reclamar:

a) contra erros ou omissões do projecto, relativos à natureza ou volume dos trabalhos, por se verificarem diferenças entre as condições locais existentes e as previstas ou entre os dados em que o projecto se baseia e a realidade;

b) contra erros de cálculo, erros materiais e outros erros ou omissões das folhas do mapa de medições, por se verificarem divergências entre estas e o que resulta das restantes peças do projecto.

2. Findo o prazo estabelecido no número anterior, admite-se ainda as reclamações com fundamento em erros ou omissões do projecto, desde que, cumulativamente:

a) sejam arguidos nos 10 dias subsequentes ao da verificação;

b) o empreiteiro demonstre que lhe era impossível descobri-los mais cedo.

3. Na reclamação prevista nos dois números anteriores, o empreiteiro deve indicar o valor que atribui aos trabalhos, a mais ou a menos, resultantes da rectificação dos erros ou omissões reclamados.

4. O dono da obra deve pronunciar-se sobre as reclamações apresentadas pelo empreiteiro, no prazo máximo de 60 dias, contados a partir da data da respectiva apresentação.

5. Se o dono da obra verificar, em qualquer altura da execução, a existência de erros ou omissões no projecto, devidos a causas cuja previsão ou descoberta fosse impossível mais cedo, deve notificar dos mesmos o empreiteiro, indicando o valor que lhes atribui.

6. Sobre a interpretação e o valor dados pelo dono da obra aos erros ou omissões a que alude o número anterior pode o empreiteiro reclamar no prazo de 10 dias.

Artigo 191.° – (Rectificações de erros ou omissões do projecto)

1. Rectificado qualquer erro ou omissão do projecto, o respectivo valor é acrescido ou deduzido ao valor da adjudicação.

2. No caso do projecto-base ou da variante ter sido da sua autoria, o empreiteiro deve suportar os danos resultantes de erros ou omissões desse projecto ou variante ou do correspondente mapa de medições, excepto se os erros ou omissões resultarem de deficiências dos dados fornecidos pelo dono da obra.

Artigo 192.° – (Valor das alterações ao projecto)

A importância dos trabalhos, a mais ou a menos, que resultar de alterações ao projecto é, respectivamente, adicionada ou diminuída ao valor da adjudicação.

Artigo 193.° – (Pagamentos)

1. O pagamento do preço da empreitada pode efectuar-se em prestações periódicas fixas ou em prestações variáveis, em qualquer dos casos, sempre em função das quantidades de trabalho periodicamente executadas.

2. Quando o pagamento tenha de fazer-se em prestações fixas, o contrato deve fixar os seus valores, as datas dos seus vencimentos e a sua compatibilidade com o plano de trabalhos aprovado.

3. Nos casos previstos no número anterior, a correcção que o preço sofrer, por virtude de rectificações ou alterações ao projecto, é dividida pelas prestações que se vencerem posteriormente ao respectivo apuramento, salvo estipulação em contrário.

4. Se o pagamento tiver de fazer-se de acordo com as quantidades de trabalho periodicamente executadas, realiza-se por medições e com base nos preços unitários contratuais, mas apenas até à concorrência do preço da empreitada.

5. Se, realizados todos os trabalhos, subsistir ainda um saldo a favor do empreiteiro, este deve ser-lhe pago com a última prestação.

SECÇÃO III – Empreitada por Série de Preços

Artigo 194.° – (Conceito)

A empreitada é estipulada por série de preços quando a remuneração do empreiteiro resulta da aplicação dos preços unitários, previstos no contrato, para cada espécie de trabalho a realizar, tendo em conta a quantidade desses trabalhos efectivamente executados.

Artigo 195.° – (Objecto da empreitada)

1. Nas empreitadas por série de preços, o contrato tem sempre por base a previsão das espécies e das quantidades dos trabalhos necessários para a execução da obra relativa ao projecto patenteado, obrigando-se o empreiteiro a executar pelo respectivo preço unitário do contrato todos os trabalhos de cada espécie.

2. Se, nos elementos do projecto ou no caderno de encargos existirem omissões quanto à qualidade dos materiais, o empreiteiro não pode empregar materiais que não correspondam às características da obra ou que sejam de qualidade inferior aos usualmente empregues em obras que se destinem a idêntica utilização e da mesma categoria.

Artigo 196.° – (Projecto ou variante do empreiteiro)

1. Quando a adjudicação de uma empreitada resulte de projecto-base apresentado pelo empreiteiro, compete a este a elaboração do projecto de execução, nos termos estabelecidos para a empreitada por preço global.

2. O projecto de execução de uma empreitada pode ser alterado de acordo com as variantes propostas pelo empreiteiro, nos mesmos termos estabelecidos para a empreitada por preço global.

3. Com a variante, o empreiteiro deve apresentar a previsão das espécies e quantidades dos trabalhos necessários para a execução da obra e a respectiva lista de preços unitários.

4. Os trabalhos correspondentes às variantes são executados em regime de preço global, se o empreiteiro o propuser e o dono da obra aceitar, devendo o empreiteiro apresentar um plano de pagamentos do preço global e calculando-se este pela aplicação dos preços unitários às quantidades previstas.

Artigo 197.° – (Trabalhos não previstos)

1. Os trabalhos necessários, cuja espécie ou quantidade não tenham sido incluídos na previsão que serve de base ao contrato, são executados pelo empreiteiro como trabalhos a mais.

2. Sempre que a totalidade dos trabalhos a mais, previstos no número anterior exceder 20% do valor dos trabalhos contratados, torna-se obrigatória a negociação entre as partes de uma adenda ao contrato, que tem por especial objecto estes trabalhos.

Artigo 198.° – (Cálculo dos pagamentos)

1. Periodicamente, deve proceder-se à medição dos trabalhos executados de cada espécie para efeitos de pagamento das quantidades apuradas, às quais são aplicados os preços unitários.

2. A periodicidade relativa à medição dos trabalhos e dos pagamentos é obrigatoriamente expressa no contrato.

SECÇÃO IV – Disposições Comuns às Empreitadas por Preço Global e por Série de Preços

Artigo 199.° – (Lista de preços unitários)

Os concorrentes devem apresentar com as suas propostas as listas de preços unitários que lhes tenham servido de base.

Artigo 200.° – (Encargos do empreiteiro)

Constitui encargo do empreiteiro, salvo o estipulado em contrário, o fornecimento dos aparelhos, instrumentos, ferramentas, utensílios e andaimes indispensáveis à boa execução da obra.

Artigo 201.° – (Trabalhos preparatórios ou acessórios)

1. O empreiteiro tem a obrigação de, salvo o estipulado em contrário, realizar à sua custa todos os trabalhos preparatórios ou acessórios que, por natureza ou segundo o uso corrente, a execução da obra implique.

2. Constitui, em especial, obrigação do empreiteiro, salvo estipulação em contrário, a execução dos seguintes trabalhos:

a) a montagem, a construção, a desmontagem, a demolição e a manutenção do estaleiro;

b) os necessários para garantir a segurança de todas as pessoas que trabalhem na obra, incluindo o pessoal dos subempreiteiros e do público em geral, para evitar danos nos prédios vizinhos e para satisfazer os regulamentos de segurança, de higiene e de saúde no trabalho e de polícia das vias públicas;

c) o restabelecimento, por meio de obras provisórias, de todas as servidões e serventias que seja indispensável alterar ou destruir para a execução dos trabalhos e para evitar a estagnação de águas que os mesmos trabalhos possam originar;

d) a construção dos acessos ao estaleiro e das serventias internas deste;

e) a colocação de placa contendo as menções previstas no artigo 229.° da presente lei;

f) outros trabalhos previstos em regulamentação específica.

Artigo 202.° – (Servidões e ocupação de prédios particulares)

É da conta do empreiteiro, salvo estipulação em contrário, o pagamento das indemnizações devidas pela constituição de servidões ou pela ocupação temporária de prédios particulares, necessárias à execução dos trabalhos adjudicados e efectuados, nos termos da lei.

Artigo 203.° – (Execução de trabalhos a mais)

1. Consideram-se trabalhos a mais aqueles cuja espécie ou quantidade não tenham sido previstos ou incluídos no contrato, nomeadamente no respectivo projecto, se destinem à realização da mesma empreitada e se tenham tornado necessários na sequência de circunstâncias imprevistas, desde que se verifique qualquer das seguintes condições:

a) quando esses trabalhos não possam ser técnica ou economicamente separados do contrato, sem inconvenientes grave para o dono da obra;

b) quando esses trabalhos, ainda que separáveis da execução do contrato, sejam estritamente necessários ao seu acabamento.

2. O empreiteiro é obrigado a executar os trabalhos a mais previstos no número anterior, caso lhe sejam ordenados por escrito pelo dono da obra e o fiscal da obra lhe forneça os respectivos planos, desenhos, perfis, mapa da natureza e volume dos trabalhos e demais elementos técnicos indispensáveis para a sua perfeita execução e para a realização das medições.

3. A obrigação cessa quando o empreiteiro opte por exercer o direito de rescisão ou quando, sendo os trabalhos a mais de espécie diferente dos previstos no contrato, o empreiteiro alegue, dentro de 10 dias após a recepção da ordem e a fiscalização verifique, que não possui nem o equipamento nem os meios humanos indispensáveis para a sua execução.

4. O projecto de alteração deve ser entregue ao empreiteiro com a ordem escrita de execução.

5. Do projecto de alteração não podem constar, a não ser que haja sido estipulado em contrário, preços diferentes dos contratuais ou dos anteriormente acordados para trabalhos da mesma espécie nas mesmas condições.

6. Quando, em virtude do reduzido valor da alteração ou por outro motivo justificado, não exista ou não se faça projecto, deve a ordem de execução conter a espécie e a quantidade dos trabalhos a executar e os preços unitários daqueles para os quais não existam ainda preços contratuais ou acordados por escrito.

7. Havendo acordo entre as partes, podem os trabalhos ser executados em regime de percentagem.

8. A execução dos trabalhos a mais deve ser averbada ao contrato de empreitada como sua adenda.

Artigo 204.° – (Supressão de trabalhos)

Fora dos casos previstos no artigo anterior, o empreiteiro só deixa de executar quaisquer trabalhos incluídos no contrato desde que, para o efeito, o fiscal da obra lhe dê ordem por escrito e dela constem especificamente os trabalhos suprimidos.

Artigo 205.° – (Inutilização de trabalhos já executados)

Se, das alterações impostas, resultar inutilização de trabalhos já feitos de harmonia com o contrato ou com ordens recebidas, não é o seu valor deduzido do montante da empreitada e o empreiteiro tem ainda direito à importância dispendida com as demolições a que houver procedido.

LEI DA CONTRATAÇÃO PÚBLICA DE ANGOLA - LEI 20/10, DE 7 DE SETEMBRO

Artigo 206.° – (Fixação de novos preços)

1. O empreiteiro pode reclamar contra os novos preços constantes no projecto de alteração ou dos indicados na ordem de execução, apresentando, simultaneamente, a sua lista de preços, no prazo de 20 dias a contar, respectivamente, da data da recepção do projecto ou da data da ordem.

2. Quando a complexidade do projecto de alteração o justifique, o empreiteiro pode pedir a prorrogação do prazo previsto no número anterior por um período não superior a mais 20 dias, salvo em casos excepcionais, devidamente justificados.

3. A reclamação deve ser decidida pelo director de fiscalização da obra no prazo de 30 dias.

4. A falta de decisão no prazo previsto no número anterior tem como efeito a aceitação dos preços indicados na lista do empreiteiro, salvo se, dentro do referido prazo, o director de fiscalização da obra comunicar ao empreiteiro que carece de um período de tempo superior ao legalmente fixado para proferir a sua decisão.

5. Enquanto não houver acordo sobre todos ou alguns dos preços ou não estiverem estes fixados por arbitragem ou judicialmente, os trabalhos respectivos liquidam-se, logo que medidos, com base nos preços unitários constantes do projecto de alteração ou da ordem de execução.

6. Logo que, por acordo, por arbitragem ou judicialmente, ficarem determinados os preços definitivos, são pagas ao empreiteiro as diferenças que porventura existam a seu favor quanto aos trabalhos já realizados.

7. Se, no projecto ou na ordem de execução, não constarem preços unitários, o empreiteiro apresenta a sua lista no prazo estabelecido no n.° 1, sendo por esta liquidados os trabalhos medidos, até à fixação dos preços definitivos.

8. A decisão do dono da obra sobre a lista de preços do empreiteiro aplica-se o disposto no n.° 3, devendo as diferenças que se apurarem relativamente aos trabalhos já medidos e pagos, entre os preços da lista e os que vierem a ser finalmente fixados, ser compensadas, pagando ou recebendo o empreiteiro, consoante lhe couber.

9. Nos casos a que se refere o presente artigo, não havendo acordo sobre quaisquer preços, pode qualquer das partes recorrer à arbitragem por três peritos, sendo um designado pelo dono da obra, outro pelo empreiteiro e o terceiro por acordo entre os dois.

Artigo 207.° – (Alterações propostas pelo empreiteiro)

1. Em qualquer momento dos trabalhos, o empreiteiro pode propor ao dono da obra variantes ou alterações ao projecto relativamente a parte ou as partes dele ainda não executadas.

2. As variantes e as alterações previstas no número anterior obedecem ao disposto sobre os projectos ou as variantes apresentados pelo empreiteiro, mas o dono da obra pode ordenar a sua execução desde que aceite o preço global ou os preços unitários propostos pelo empreiteiro ou com este chegue a acordo sobre os mesmos.

3. Se da variante ou da alteração aprovada resultar economia, sem decréscimo da utilidade, duração e solidez da obra, o empreiteiro tem direito a metade do respectivo valor.

Artigo 208.° – (Direito de rescisão por parte do empreiteiro)

1. Quando, compulsados os trabalhos a mais ou a menos resultantes de ordens dadas pelo dono da obra, de supressão parcial de alguns trabalhos, de rectificação de erros e de omissões do projecto ou de alterações neste introduzidas, se verifique que há uma redução superior a 1/5 do valor da adjudicação inicial, tem o empreiteiro o direito de rescindir o contrato.

2. O empreiteiro tem, também, o direito de rescisão sempre que, da variante ou da alteração ao projecto, provenientes do dono da obra, resulte substituição de trabalhos incluídos no contrato por outros de espécie diferente, embora destinados ao mesmo fim, desde que o valor dos trabalhos substituídos represente 1/4 do valor total da empreitada.

3. O facto de o empreiteiro não exercer o direito de rescisão com base em qualquer alteração, ordem ou rectificação, não o impede de exercer tal direito a propósito de alterações, ordens ou rectificações subsequentes.

4. Para os efeitos do disposto no n.° 1, consideram-se compensados os trabalhos a menos com os trabalhos a mais, salvo se estes últimos não forem da mesma espécie dos da empreitada objecto do contrato.

Artigo 209.° – (Prazo do exercício do direito de rescisão)

O direito de rescisão deve ser exercido no prazo improrrogável de trinta dias, contados a partir:

a) da data em que o empreiteiro seja notificado da decisão do dono da obra sobre a reclamação quanto aos erros e omissões do projecto ou do 60.° dia posterior ao da apresentação dessa reclamação, no caso de o dono da obra não se ter, entretanto, pronunciado sobre ela;

b) da data da recepção da ordem escrita para a execução ou supressão de trabalhos, desde que essa ordem seja acompanhada do projecto, se for caso disso ou da discriminação dos trabalhos a executar ou a suprimir;

c) da data da recepção do projecto ou da discriminação dos trabalhos a executar ou a suprimir, quando tal data não coincidir com a da ordem;

d) da data da recepção da comunicação escrita em que o dono da obra se pronuncie sobre a lista de preços apresentada pelo empreiteiro.

Artigo 210.° – (Cálculo do valor dos trabalhos para efeito de rescisão)

1. Para o cálculo do valor dos trabalhos a mais ou a menos consideram-se os preços fixados no contrato, os posteriormente alcançados por acordo ou arbitragem e os resultantes das cominações estatuídas nos artigos 208.° e 213.°, conforme os que forem aplicáveis.

2. Na falta de acordo em relação a preços não fixados, aplicar-se-ão os seguintes:

a) no caso dos n.ºs 5 e 6 do artigo 206.°, os indicados pelo empreiteiro, se o dono da obra não se pronunciar sobre a reclamação no prazo de sessenta dias ou a eles se não opuser e os indicados pelo dono da obra se, na hipótese contrária, este os fixar;

b) no caso do n.° 1 do artigo 206.°, não havendo reclamação do empreiteiro, os indicados pelo dono da obra;

c) os do projecto de alteração, se este existir e os contiver;

d) no caso do n.° 1 do artigo 212.°, os da ordem, se os contiver.

3. O empreiteiro pode, também, para cálculo do valor dos trabalhos, basear-se nos preços que propôs, quando sobre eles não exista acordo.

Artigo 211.° – (Exercício do direito de rescisão)

1. Verificando-se todas as condições de que depende a existência do direito de rescisão, este exerce-se mediante requerimento do empreiteiro, acompanhado de estimativa do valor dos trabalhos em causa, com a exacta discriminação dos preços unitários que lhe serviram de base.

2. Recebido o requerimento, o dono da obra procede à imediata medição dos trabalhos efectuados e toma em seguida posse da obra.

Artigo 212.° – (Correcção de preços)

1. Quando a assinatura do contrato tenha lugar decorridos mais de cento e oitenta dias sobre a data da apresentação da proposta, por causas não imputáveis ao empreiteiro adjudicatário, pode este, antes de assinar o contrato, requerer que se proceda à correcção do preço ou dos preços respectivos, com base em fórmulas que as partes para o efeito acordarem entre si ou, na falta de acordo, por aplicação da fórmula tipo, prevista na legislação especial sobre revisão de preços, considerando-se susceptível de revisão a totalidade de cada um dos preços a actualizar.

2. No caso de não ser admitida a correcção, o adjudicatário pode desistir da empreitada.

Artigo 213.° – (Indemnização por redução do valor total dos trabalhos)

1. Sempre que, em consequência de alteração ao projecto ou de rectificação de erros de previsão ou, ainda, de supressão de trabalhos, nos termos do artigo 204.°, o empreiteiro execute um volume total de trabalhos de valor inferior em mais de 20% aos que foram objecto do contrato, tem direito à indemnização correspondente a

10% do valor da diferença verificada, se outra mais elevada não for estabelecida no caderno de encargos ou no contrato.

2. A indemnização é liquidada na conta final.

Artigo 214.º – (Esgotos e demolições)

Quaisquer esgotos ou demolições de obras que houver necessidade de fazer e que não tenham sido previstos no contrato são sempre executados pelo empreiteiro em regime de percentagem.

Artigo 215.º – (Responsabilidade por erros de execução)

1. O empreiteiro é responsável por todas as deficiências e os erros relativos à execução dos trabalhos ou à qualidade, à forma e às dimensões dos materiais aplicados, quer nos casos em que o projecto não fixe as normas a observar, quer nos casos em que sejam diferentes dos aprovados.

2. A responsabilidade do empreiteiro cessa quando os erros e os vícios de execução tenham resultado de obediência a ordens ou instruções escritas transmitidas pelo fiscal da obra ou que tenham obtido a concordância expressa deste, através de inscrição no livro de obra.

Artigo 216.º – (Responsabilidade por erros de concepção)

1. Pelas deficiências técnicas e os erros de concepção dos projectos e dos restantes elementos patenteados no concurso ou em que posteriormente se definam os trabalhos a executar respondem o dono da obra ou o empreiteiro, conforme aquelas peças sejam apresentadas pelo primeiro ou pelo segundo.

2. Quando o projecto ou a variante for da autoria do empreiteiro, mas estiver baseado em dados de campo, estudos ou previsões fornecidos, sem reservas, pelo dono da obra, é este responsável pelas deficiências e erros do projecto ou da variante que derivem da inexactidão dos referidos dados, estudos ou previsões.

Artigo 217.º – (Efeitos da responsabilidade)

Quem incorrer na responsabilidade estabelecida nos dois artigos anteriores deve custear as obras, as alterações e as reparações necessárias à adequada supressão das consequências da deficiência ou do erro verificado, bem como indemnizar a outra parte ou a terceiros pelos prejuízos sofridos.

SECÇÃO V – Empreitada por Percentagem

Artigo 218.º – (Conceito)

1. Diz-se empreitada por percentagem, o contrato pelo qual o empreiteiro assume a obrigação de executar a obra por preço correspondente ao seu custo, acrescido de uma percentagem destinada a cobrir os encargos de administração e a remuneração normal da empresa.

2. O recurso à modalidade prevista no número anterior depende de prévio despacho de autorização, devidamente fundamentado, do Ministro da Tutela.

Artigo 219.° – (Custo dos trabalhos)

1. O custo dos trabalhos é o que resultar da soma dos dispêndios correspondentes aos materiais, ao pessoal, à direcção técnica, aos estaleiros, aos transportes, aos seguros, aos encargos inerentes ao pessoal, a depreciação e a reparação de instalações, de utensílios e de máquinas e a tudo o mais necessário para a execução dos trabalhos, desde que tais dispêndios sejam feitos de acordo com o dono da obra, nos termos estabelecidos no caderno de encargos.

2. Não se inclui no custo qualquer encargo administrativo.

Artigo 220.° – (Encargos administrativos e lucros)

A percentagem para cobertura dos encargos administrativos e da remuneração do empreiteiro é a que, para cada caso, se fixar no caderno de encargos.

Artigo 221.° – (Trabalhos a mais ou a menos)

1. O empreiteiro não é obrigado a executar trabalhos a mais que excedam 1/4 do valor dos trabalhos objecto do contrato.

2. Aplica-se ao contrato o disposto nos artigos 203.° e 204.° da presente lei.

Artigo 222.° – (Pagamentos)

1. Salvo o estipulado em contrário, os pagamentos são feitos mensalmente, com base em factura apresentada pelo empreiteiro, correspondente ao custo dos trabalhos executados durante o mês anterior, acrescido da percentagem a que se refere o artigo 297.° da presente lei.

2. A factura deve discriminar todas as parcelas que se incluem no custo dos trabalhos e deve ser acompanhada dos documentos justificativos necessários.

3. Os pagamentos sofrem o desconto para garantia, nos termos gerais.

Artigo 223.° – (Regime subsidiário)

São aplicáveis subsidiariamente a este contrato e em particular à responsabilidade pela concepção e execução da obra, as disposições respeitantes às outras modalidades de empreitada que não forem incompatíveis com a sua natureza específica.

CAPÍTULO III – Execução da Empreitada

SECÇÃO I – Disposições Gerais

Artigo 224.º – (Notificações relativas à execução da empreitada)

1. As notificações das resoluções do dono da obra ou do seu fiscal são obrigatoriamente feitas ao empreiteiro ou seu representante por escrito e assinadas pelo fiscal da obra.

2. A notificação é feita mediante a entrega do texto da resolução notificada em duplicado, devolvendo o empreiteiro ou o seu representante um dos exemplares com recibo.

3. No caso de o notificado se recusar a receber a notificação ou a passar recibo, o fiscal da obra lavra auto do ocorrido, perante duas testemunhas que com ele assinem e considera feita a notificação.

Artigo 225.º – (Ausência do local da obra do empreiteiro ou seu representante)

1. O empreiteiro ou o seu representante não podem ausentar-se do local dos trabalhos sem o comunicar ao fiscal da obra, deixando um substituto aceite pelo dono da obra.

2. O empreiteiro que não possa residir na localidade da obra deve designar um representante com residência permanente nessa localidade e que disponha de poderes necessários para o representar, em todos os actos que requeiram a sua presença e, ainda, para responder perante a fiscalização pela marcha dos trabalhos.

Artigo 226.º – (Segurança e ordem no local dos trabalhos)

1. O empreiteiro é obrigado a garantir a segurança e a boa ordem no local dos trabalhos.

2. Para efeitos da observância da obrigação de boa ordem no local dos trabalhos prevista no número anterior, o empreiteiro deve retirar deste local, por sua iniciativa ou imediatamente após ordem do dono da obra nesse sentido, o pessoal que tenha tido comportamento perturbador dos trabalhos, designadamente por menor probidade no desempenho dos respectivos deveres, por indisciplina ou por desrespeito aos representantes, aos agentes do dono da obra ou aos representantes ou agentes do empreiteiro, dos subempreiteiros ou de terceiros.

3. A ordem prevista no número anterior deve ser fundamentada por escrito, quando o empreiteiro o exija, sem prejuízo da imediata suspensão do trabalhador ou pessoal em causa.

Artigo 227.° – (Actos em que é exigida a presença do empreiteiro)

1. O empreiteiro ou o seu representante acompanha os representantes do dono da obra nas visitas de inspecção aos trabalhos, quando para tal seja convocado, bem como em todos os actos em que a sua presença for exigida.

2. Sempre que, nos termos da presente lei ou do contrato, deva lavrar-se auto da diligência efectuada, o mesmo deve ser assinado pelo fiscal da obra e pelo empreiteiro ou seu representante, ficando um duplicado na posse deste.

3. Se o empreiteiro ou o seu representante se recusar a assinar o auto, nele se deve fazer menção disso e da razão do facto, o que deve ser confirmado por duas testemunhas, que também o assinam.

4. A infracção ao disposto no presente artigo, bem como no anterior, é punida com multa no montante de Kz: 50 000,00 actualizado através da UCF, elevada ao dobro em caso de reincidência.

5. A multa contratual referida no número anterior deve ser cobrada pelo fiscal da obra e os valores depositados na conta do Tesouro Nacional, mediante DAR – Documento de Arrecadação de Receitas.

Artigo 228.° – (Publicidade)

A afixação de publicidade no local dos trabalhos pelo empreiteiro depende da autorização do dono da obra.

Artigo 229.° – (Menções obrigatórias no local dos trabalhos)

Sem prejuízo do disposto em lei especial, o empreiteiro deve, para efeitos do disposto na alínea *e)* do artigo 201.°, afixar no local dos trabalhos, de forma visível, a identificação da obra, do dono da obra e do empreiteiro, com menção do respectivo alvará ou de outro título habilitante.

Artigo 230.° – (Salários)

1. O empreiteiro é obrigado a pagar ao pessoal empregado na obra salários não inferiores à tabela de salários mínimos que estiver em vigor para o respectivo sector.

2. A tabela de salários mínimos a que o empreiteiro se encontra sujeito, depois de autenticada pela fiscalização, deve estar afixada de forma bem visível no local da obra.

3. A tabela referida no número anterior é também obrigatória para os tarefeiros e subempreiteiros.

4. Sempre que se verifique que o empreiteiro paga salários de montante inferior ao que está adstrito nos termos da respectiva tabela, tal facto deve ser imediatamente comunicado pela fiscalização da obra às autoridades competentes.

Artigo 231.º – (Pagamento dos salários)

1. O empreiteiro deve pagar os salários aos seus trabalhadores nos termos do disposto na Lei Geral do Trabalho, podendo, contudo, efectuá-lo em intervalos diferentes quando as circunstâncias locais o imponham e tal seja informado aos trabalhadores e ao fiscal da obra.

2. Em caso de atraso do empreiteiro no pagamento dos salários, o dono da obra pode satisfazer os que se encontrarem comprovadamente em dívida, descontando nos primeiros pagamentos a efectuar ao empreiteiro as somas despendidas para esse fim.

Artigo 232.º – (Seguros)

1. O empreiteiro deve efectuar junto de seguradoras estabelecidas na República de Angola os seguintes seguros:

a) contra acidentes de trabalho e doenças profissionais, de todos os trabalhadores ao serviço do empreiteiro ou que prestem serviço na obra;

b) por danos próprios da obra, pelo valor da empreitada mencionado no respectivo contrato;

c) de responsabilidade civil contra terceiros;

d) de responsabilidade profissional do empreiteiro.

2. O dono da obra pode, sempre que o entenda conveniente, incluir no caderno de encargos cláusulas relativas a seguros de execução da obra.

Artigo 233.º – (Protecção, higiene, saúde e segurança no trabalho)

O empreiteiro obriga-se a cumprir e a fazer cumprir pelo seu pessoal o disposto na legislação em matéria de protecção, higiene, saúde e segurança no trabalho.

Artigo 234.º – (Morte, interdição ou falência do empreiteiro)

1. Se, depois de assinado o contrato, o empreiteiro falecer ou, por sentença judicial, for interdito, inabilitado ou declarado em estado de falência, o contrato caduca.

2. O dono da obra pode, segundo a sua conveniência, aceitar que os herdeiros do empreiteiro falecido tomem sobre si o encargo do seu cumprimento, desde que se habilitem, para o efeito, nos termos legais.

3. O dono da obra pode também, de acordo com a sua conveniência, quando o empreiteiro se apresente ao tribunal para declaração de falência e tenha o acordo de credores, aceitar que a execução do contrato continue com a sociedade formada pelos credores, a requerimento destes e conquanto as obras não tenham entretanto sofrido interrupções.

4. Verificada a caducidade do contrato, procede-se à medição dos trabalhos efectuados e à sua liquidação pelos preços unitários respectivos, se existirem ou, no caso contrário, pelos que forem fixados por acordo, por arbitragem ou judicialmente, observando-se, na parte aplicável, as disposições relativas à recepção e liquidação da obra, precedendo inquérito administrativo.

5. Por virtude da caducidade, os herdeiros ou os credores têm direito à seguinte indemnização:

a) a 5% do valor dos trabalhos não efectuados, se a morte ou falência ocorrer durante a execução do contrato;

b) o valor correspondente às despesas comprovadamente efectuadas para a execução do contrato, de que os futuros executantes possam ter proveito e que não sejam cobertas pela aquisição dos estaleiros, equipamentos e materiais a que se refere o n.° 7 seguinte, no caso da morte ou da falência ocorrerem antes do início dos trabalhos.

6. Não há contudo lugar a qualquer indemnização:

a) se a falência for classificada culposa ou fraudulenta;

b) se se provar que a impossibilidade de solver os compromissos existia já à data da apresentação da proposta;

c) se os herdeiros ou os credores do empreiteiro não se habilitarem a tomar sobre si o encargo do cumprimento do contrato.

7. O destino dos estaleiros, dos equipamentos e dos materiais existentes na obra ou a esta destinada regulam-se pelas normas aplicáveis no caso da rescisão do contrato pelo empreiteiro.

8. As quantias que, nos termos dos números anteriores, se apurar serem devidas, são depositadas em instituição de crédito, para serem pagas a quem se mostrar com direito.

Artigo 235.° – (Cessão da posição contratual)

1. O empreiteiro não pode ceder a sua posição contratual na empreitada, no todo ou em parte, sem prévia autorização do dono da obra.

2. Salvo casos especiais, a cessão da posição contratual de empreitadas só deve ser autorizada na totalidade.

3. O dono da obra não pode, sem a concordância do empreiteiro, retirar da empreitada quaisquer trabalhos ou parte da obra para os fazer executar por outrem.

4. Se o empreiteiro ceder a sua posição contratual na empreitada sem observância do disposto no n.° 1, pode o dono da obra rescindir o contrato.

5. Se o dono da obra deixar de cumprir o disposto no n.° 3 do presente artigo, tem o empreiteiro o direito de rescindir o contrato.

SECÇÃO II – Consignação da Obra

Artigo 236.° – (Conceito e efeitos da consignação da obra)

Chama-se consignação da obra ao acto pelo qual o representante do dono da obra faculta ao empreiteiro os locais onde tenham de ser executados os trabalhos e as peças escritas ou desenhadas complementares do projecto que sejam necessárias para que possa proceder-se a essa execução.

Artigo 237.º – (Prazo para execução da obra e sua prorrogação)

1. O prazo fixado no contrato para a execução da obra começa a contar a partir da data da consignação, quando outra não for especialmente expressa no contrato.

2. Sempre que, por imposição do dono da obra ou em virtude de deferimento de reclamação do empreiteiro, tenha lugar à execução de trabalhos a mais, o prazo contratual para a conclusão da obra é prorrogado a requerimento do empreiteiro.

3. O cálculo da prorrogação do prazo prevista no número anterior é feito:

a) sempre que se trate de trabalhos a mais da mesma espécie dos definidos no contrato, proporcionalmente ao que estiver estabelecido nos prazos parcelares da execução constantes do plano de trabalhos aprovado e atendendo ao seu enquadramento geral na empreitada;

b) quando os trabalhos forem de espécie diversa dos que constam no contrato, por acordo entre o dono da obra e o empreiteiro, considerando as particularidades técnicas da execução.

Artigo 238.º – (Prazo da consignação)

1. No prazo máximo de 30 dias contados da data da assinatura do contrato, deve fazer-se a consignação da obra, comunicando-se ao empreiteiro, por carta registada com aviso de recepção, o dia, a hora e o lugar em que deve apresentar-se.

2. Quando o empreiteiro não compareça no dia fixado e não tenha justificado a falta, é-lhe marcado pela entidade que deve proceder à consignação um novo prazo improrrogável, para se apresentar e, se no decurso dele, não comparecer, caduca o contrato, respondendo o empreiteiro civilmente pela diferença entre o valor da empreitada no contrato caducado e aquele por que a obra vier a ser de novo adjudicada, com perda definitiva da caução.

3. Se, dentro do prazo aplicável referido no n.º 1, não estiverem ainda na posse do dono da obra todos os terrenos necessários para a execução dos trabalhos, faz-se a consignação logo que essa posse seja adquirida.

Artigo 239.º – (Consignações parciais)

1. Nos casos em que, pela extensão e importância da obra, as operações de consignação sejam demoradas ou não possam efectuar-se logo na totalidade por qualquer outra circunstância, pode o dono da obra proceder a consignações parciais, começando pelos terrenos que, com base nas peças escritas ou desenhadas, permitam o início dos trabalhos, desde que esteja assegurada a posse dos restantes elementos em tempo que garanta a não interrupção da empreitada e o normal desenvolvimento do plano de trabalhos.

2. Se se realizarem consignações parciais, a data do início da execução da obra é a da primeira consignação parcial, desde que a falta de oportuna entrega de terrenos ou peças escritas e desenhadas não determine qualquer interrupção da obra ou não prejudique o normal desenvolvimento do plano de trabalhos.

3. Se, no caso do número anterior, a falta de oportuna entrega de terrenos ou peças escritas ou desenhadas do projecto determinar qualquer interrupção da obra ou prejudicar o normal desenvolvimento do plano de trabalhos, considera-se iniciada a obra na data da última consignação parcial, podendo, no entanto, o prazo ser alterado, por acordo entre o dono da obra e o empreiteiro, em correspondência com os volumes de trabalho a realizar a partir dessa data.

Artigo 240.° – (Retardamento da consignação)

1. O empreiteiro pode rescindir o contrato:

a) se não for feita a consignação no prazo de seis meses contados a partir da data em que esta deveria ter sido efectuada;

b) se, tiverem sido feitas uma ou mais consignações parciais, o retardamento da consignação ou das consignações subsequentes acarretar a interrupção dos trabalhos por mais de seis meses, seguidos ou interpolados.

2. Todo o retardamento das consignações que, não sendo imputável ao empreiteiro, obste ao início da execução da empreitada ou de que resulte a interrupção da obra ou perturbação do normal desenvolvimento do plano de trabalhos, dá ao empreiteiro o direito de ser indemnizado pelos danos sofridos, como consequência necessária desse facto.

3. Se, nos casos previstos nos números anteriores, o retardamento da consignação for devido a caso fortuito ou de força maior, a indemnização a pagar ao empreiteiro limitar-se-á aos danos emergentes.

Artigo 241.° – (Auto da consignação)

1. Da consignação é lavrado auto, no qual se deve fazer referência ao contrato e nele deve mencionar-se o seguinte:

a) as modificações que, em relação ao projecto, se verifiquem ou se tenham dado no local em que os trabalhos hão-de ser executados e que possam influir no seu custo;

b) as operações executadas ou a executar, tais como restabelecimento de traçados, implantação de obras e colocação de referências;

c) os terrenos e as construções de que se dê posse ao empreiteiro;

d) quaisquer peças escritas ou desenhadas, complementares do projecto que no momento forem entregues ao empreiteiro;

e) as reclamações ou as reservas apresentadas pelo empreiteiro, relativamente ao acto da consignação e os esclarecimentos que forem prestados pelo representante do dono da obra.

2. O auto da consignação deve ser lavrado em duplicado e assinado pelo representante do dono da obra que fizer a consignação e pelo empreiteiro ou representante deste.

3. Nos casos de consignação parcial devem lavrar-se tantos autos quantas as consignações.

Artigo 242.° – (Modificação das condições locais e suspensão do acto da consignação)

1. Quando se verifiquem, entre as condições locais existentes e as previstas no projecto ou nos dados que serviram de base à sua elaboração, diferenças que possam determinar a necessidade de um projecto de alteração, o acto de consignação é suspenso na parte relativa a tais diferenças, podendo, no entanto, prosseguir quanto às zonas da obra que não sejam afectadas pelo projecto de alterações, desde que se verifiquem as condições estabelecidas para a realização de consignações parciais.

2. A consignação suspensa só pode prosseguir depois de terem sido notificadas ao empreiteiro as alterações introduzidas no projecto, elaborando-se, para o efeito, o respectivo auto.

Artigo 243.° – (Reclamação do empreiteiro)

1. O empreiteiro deve exarar as suas reclamações no próprio auto de consignação, podendo limitar-se a enunciar o seu objecto e a reservar o direito de apresentar por escrito exposição fundamentada no prazo de 10 dias.

2. Se o empreiteiro não proceder como se dispõe no número anterior, toma-se como definitivos os resultados do auto, sem prejuízo, todavia, da possibilidade de reclamar conta erros ou omissões do projecto, se for caso disso.

3. A reclamação exarada ou enunciada no auto é decidida pelo dono da obra no prazo de 20 dias, a contar da data do auto ou da entrega da exposição, conforme os casos e com essa decisão tem o empreiteiro de conformar-se para o efeito de prosseguimento dos trabalhos.

4. Atendida pelo dono da obra a reclamação considera-se como não efectuada a consignação na parte em relação à qual deveria ter sido suspensa.

5. Presume-se atendida a reclamação não decidida no prazo fixado no n.° 3 do presente artigo.

Artigo 244.° – (Indemnização)

1. Se, no caso de o empreiteiro querer usar o direito de rescisão por retardamento do acto da consignação, esse direito lhe for negado pelo dono da obra e posteriormente se verificar, pelos meios competentes, que tal negação não era legítima, deve o dono da obra indemnizá-lo dos danos resultantes do facto de não haver podido exercer o seu direito oportunamente.

2. A indemnização deve limitar-se aos danos emergentes do cumprimento do contrato que não derivem de originária insuficiência dos preços unitários da proposta ou dos erros desta e só é devida quando o empreiteiro, na reclamação formulada no auto de consignação, tenha manifestado expressamente a sua vontade de rescindir o contrato, especificando o fundamento legal.

SECÇÃO III – Plano de Trabalhos

Artigo 245.° – (Objecto e aprovação do plano de trabalhos)

1. O plano de trabalhos destina-se à fixação da ordem, da sequência, do prazo e do ritmo de execução de cada uma das espécies de trabalhos que constituem a empreitada e a especificação dos meios com que o empreiteiro se propõe executá-los e deve incluir, obrigatoriamente, o respectivo plano de pagamentos, com a provisão do escalonamento e da periodicidade dos mesmos durante o prazo contratual.

2. No prazo estabelecido no caderno de encargos ou no contrato e que não pode exceder 90 dias, contados a partir da data da consignação, o empreiteiro deve apresentar ao representante do dono da obra, para aprovação, o seu plano definitivo de trabalhos.

3. O dono da obra deve pronunciar-se sobre o plano de trabalhos no prazo máximo de 30 dias, podendo introduzir-lhe as modificações que considere convenientes, mas não lhe sendo todavia permitido, salvo acordo prévio com o empreiteiro, alterá-lo nos pontos que tenham constituído condição essencial de validade da proposta do empreiteiro.

4. Aprovado o plano de trabalhos, com ele se deve conformar a execução da obra.

Artigo 246.° – (Modificação do plano de trabalhos)

1. O dono da obra pode alterar, em qualquer momento, o plano de trabalhos em vigor, ficando o empreiteiro com o direito a ser indemnizado dos danos sofridos em consequência dessa alteração.

2. O empreiteiro pode, em qualquer momento, propor modificações ao plano de trabalhos ou apresentar outro para substituir o vigente, justificando a sua proposta, sendo a modificação ou o novo plano aceites desde que deles não resulte prejuízo para a obra ou a prorrogação dos prazos de execução.

Artigo 247.° – (Atraso no cumprimento do plano de trabalhos)

1. Se o empreiteiro, injustificadamente, retardar a execução dos trabalhos previstos no plano em vigor, de modo a pôr em risco a conclusão da obra dentro do prazo resultante do contrato, o fiscal da obra pode notificá-lo para apresentar, nos 15 dias seguintes, o plano dos diversos trabalhos que, em cada um dos meses seguintes, conta executar, com indicação dos meios de que se vai servir.

2. Se o empreiteiro não cumprir a notificação prevista no número anterior, ou se a resposta for dada em termos pouco precisos ou insatisfatórios, o fiscal da obra, quando autorizado pelo dono da obra, deve elaborar novo plano de trabalhos, acompanhado de uma memória justificativa da sua viabilidade e deve notificar o empreiteiro.

3. Nos casos previstos no número anterior, o plano de trabalhos deve fixar o prazo suficiente para o empreiteiro proceder ao reajustamento ou à organização dos estaleiros necessários à execução do plano notificado.

4. Se o empreiteiro não der cumprimento ao plano de trabalhos, por si próprio apresentado ou que lhe tenha sido notificado, nos termos dos números antecedentes, pode o dono da obra requerer a posse administrativa das obras, bem como dos materiais, das edificações, dos estaleiros, das ferramentas, das máquinas e dos veículos nela existentes, encarregando pessoa idónea da gerência e administração da empreitada por conta do empreiteiro e procedendo aos inventários, às medições e às avaliações necessários.

5. Cumprido o que se dispõe no número anterior, a empreitada continua assim administrada até à conclusão dos trabalhos ou é posta de novo em praça, em qualquer altura da sua execução, conforme for mais conveniente aos interesses do dono da obra.

6. Em ambos os casos de que trata o número antecedente, qualquer excesso de despesa ou aumento de preços que se verifique é pago por conta das verbas que se deverem ao empreiteiro e pelas cauções prestadas, sem prejuízo do direito que ao dono da obra assiste de se fazer pagar mediante todos os bens daquele, se as referidas quantias forem insuficientes.

7. Se, da administração por terceiros ou do procedimento adoptado resultar qualquer economia, pertence esta ao dono da obra e nunca ao empreiteiro, ao qual devem ser, todavia, neste caso, restituídos o depósito de garantia e as quantias retidas logo que, decorridos os prazos de garantia, a obra se encontre em condições de ser definitivamente recebida.

8. No caso previsto no número anterior, tem o empreiteiro ainda direito a ser pago, na medida em que a economia obtida o permita, das importâncias correspondentes à amortização do seu equipamento durante o período em que foi utilizado depois da posse administrativa ou do valor do aluguer estabelecido para a utilização desse equipamento pelo novo empreiteiro.

9. No caso previsto no n.° 4 do presente artigo, pode também o dono da obra, quando o julgue preferível, optar pela rescisão pura e simples do contrato, com perda para o empreiteiro da caução ou garantia prestada e das quantias retidas.

SECÇÃO IV – Execução dos Trabalhos

Artigo 248.° – (Data do início dos trabalhos)
1. Os trabalhos devem iniciar na data fixada no respectivo plano.

2. O dono da obra pode consentir que os trabalhos sejam iniciados em data posterior, quando o empreiteiro alegue e prove as razões justificativas do atraso.

3. Caso o empreiteiro não inicie os trabalhos de acordo com o plano, nem obtenha adiamento, o dono da obra pode rescindir o contrato ou optar pela aplicação da multa contratual, por cada dia de atraso, correspondente a um por mil do valor de adjudicação, se outro montante não estiver estabelecido no caderno de encargos.

4. No caso de rescisão do contrato, são aplicáveis as normas prescritas para a não comparência do empreiteiro ao acto de consignação.

Artigo 249.° – (Elementos necessários para a execução e medição dos trabalhos)

1. Nenhum elemento da obra pode ser começado sem que ao empreiteiro tenham sido entregues, devidamente autenticados, os planos, os perfis, os alçados, os cortes, as cotas de referência e as demais indicações necessárias para perfeita identificação e execução da obra de acordo com o projecto ou suas alterações e para a exacta medição dos trabalhos, quando estes devam ser pagos por medições.

2. Devem ser demolidos e reconstruídos pelo empreiteiro, à sua custa, sempre que isso lhe seja ordenado por escrito, todos os trabalhos que tenham sido realizados com infracção do disposto no n.° 1 do presente artigo ou executados em desconformidade com os elementos nele referidos.

Artigo 250.° – (Demora na entrega dos elementos necessários para a execução e medição dos trabalhos)

Se a demora na entrega dos elementos técnicos mencionados no n.° 1 do artigo anterior implicar a suspensão ou a interrupção dos trabalhos ou o abrandamento do ritmo da sua execução, procede-se segundo o disposto para os casos de suspensão dos trabalhos pelo dono da obra.

Artigo 251.° – (Objectos de arte e antiguidades)

1. Todos os objectos de arte, de antiguidades, as moedas e quaisquer substâncias minerais ou de outra natureza, com valor histórico, arqueológico ou científico, encontrados nas escavações ou demolições, devem ser entregues, pelo empreiteiro, ao fiscal da obra, por auto, onde conste especificamente a natureza da entrega.

2. Quando a extracção ou a desmontagem dos objectos envolverem trabalhos, conhecimentos ou processos especializados, o empreiteiro deve comunicar o achado ao fiscal da obra e suspender a execução da obra até receber as instruções necessárias.

3. O descaminho ou a destruição de objectos compreendidos entre os mencionados no presente artigo devem ser participados pelo dono da obra ao Ministério Público para o competente procedimento criminal.

4. De todos os achados deve o dono da obra dar conhecimento à entidade competente do Executivo.

SECÇÃO V – Materiais

Artigo 252.° – (Preferência dos produtos nacionais)

1. Em caso de equivalência de preço e de qualidade, o empreiteiro, salvo estipulações expressas em contrário, deve dar preferência, para aplicação na obra, aos materiais produzidos pela indústria nacional.

2. A qualidade dos materiais nacionais ou importados deve ser devidamente comprovada pelo Laboratório de Engenharia de Angola.

Artigo 253.° – (Especificações)

1. Todos os materiais que se empregarem nas obras devem ter a qualidade, as dimensões, a forma e as demais características designadas no respectivo projecto, com as tolerâncias regulamentares ou admitidas no caderno de encargos.

2. Sempre que o empreiteiro julgue que as características dos materiais fixadas no projecto ou no caderno de encargos, não são tecnicamente aconselháveis ou as mais convenientes, deve comunicar o facto ao fiscal da obra e elaborar uma proposta fundamentada da alteração.

3. No caso previsto no número anterior, a proposta deve ser acompanhada de todos os elementos técnicos necessários para a aplicação dos novos materiais e da execução dos trabalhos correspondentes, bem como da alteração de preços a que a aplicação daqueles materiais possa dar lugar e do prazo em que o dono da obra deve pronunciar-se.

4. Se o dono da obra não se pronunciar sobre a proposta no prazo nela indicado e não ordenar por escrito a suspensão dos respectivos trabalhos, o empreiteiro deve utilizar os materiais previstos no projecto ou no caderno de encargos.

5. Sempre que o projecto, o caderno de encargos ou o contrato não fixem as características dos materiais, a escolha dos mesmos cabe ao empreiteiro, o qual deve, em todo o caso, respeitar as respectivas normas oficiais e as características habituais em obras análogas.

6. Qualquer especificação do projecto, cláusula do caderno de encargos ou do contrato em que se estabeleça que incumbe ao dono da obra ou ao seu fiscal a fixação, das características técnicas dos materiais é nula.

7. O aumento ou a diminuição de encargos resultante de alteração das características técnicas dos materiais deve ser, respectivamente, acrescido ou deduzido ao preço da empreitada.

Artigo 254.° – (Exploração de pedreiras, burgaleiras, areeiros e semelhantes)

1. Os materiais a aplicar na obra, provenientes da exploração de pedreiras, de burgaleiras, de areeiros ou de semelhantes, são, em regra, extraídos nos locais fixados no projecto, no caderno de encargos ou no contrato e, quando tal exploração não for

LEI DA CONTRATAÇÃO PÚBLICA DE ANGOLA - LEI 20/10, DE 7 DE SETEMBRO

especificamente imposta, noutros que mereçam a preferência do empreiteiro, sendo, neste caso, a aplicação dos materiais precedida de aprovação do fiscal da obra.

2. Se o empreiteiro aceitar a extracção dos materiais nos locais fixados no projecto, no caderno de encargos ou no contrato e se, durante a execução da obra e por exigência desta, for necessário que passe a explorar todos ou alguns deles em lugares diferentes, deve proceder-se à rectificação dos custos dos trabalhos onde esses materiais são aplicados, aumentando-se ou deduzindo-se o acréscimo ou a redução de encargos consequentes da transferência dos locais de extracção.

3. Quando a extracção dos materiais for feita em locais escolhidos pelo empreiteiro, a sua transferência não determina qualquer alteração do custo dos trabalhos, salvo nos casos previstos nos artigos seguintes ou se resultar da imposição pelo dono ou pelo fiscal da obra da aplicação de materiais com características diferentes das fixadas no projecto ou no caderno de encargos.

4. Para rectificação do custo dos trabalhos devem seguir-se as disposições relativas às alterações do projecto.

Artigo 255.° – (Contratação dos fornecimentos)

1. Quando no projecto, no caderno de encargos ou no contrato não se fixarem pedreiras, burgaleiras ou areeiros de onde o empreiteiro possa extrair os materiais necessários para a construção, este tem a obrigação de obter, utilizando os meios legais à sua disposição, os materiais de que necessita para a realização da empreitada, responsabilizando-se pela extracção, transporte e depósitos dos materiais.

2. No caso previsto no número anterior, o empreiteiro deve apresentar, quando lhe seja exigido pelo dono da obra ou seus representantes, os contratos ou ajustes que, para o efeito, tiver celebrado com os proprietários.

3. Enquanto durarem os trabalhos de empreitada os terrenos por onde se tenha de fazer o acesso aos locais de exploração de pedreiras, de burgaleiras ou de areeiros, ficam sujeitos ao regime legal de servidão temporária.

Artigo 256.° – (Novos locais de exploração)

Se, durante a execução dos trabalhos, o dono da obra, por motivos alheios a esta, tiver necessidade ou conveniência de aplicar materiais provenientes de locais diversos dos fixados no projecto, no caderno de encargos, no contrato ou dos escolhidos pelo empreiteiro, pode ordená-lo, desde que proceda à rectificação do custo dos trabalhos onde esses materiais sejam aplicados.

Artigo 257.° – (Materiais pertencentes ao dono da obra ou provenientes de outras obras ou demolições)

1. Se o dono da obra julgar conveniente empregar nela materiais que lhe pertençam, provenientes de demolições ou de outras obras é o empreiteiro obrigado a fazê-lo, descontando-se, se for caso disso, no preço da empreitada, o respectivo custo ou rectificando-se o preço dos trabalhos em que devam utilizar-se.

2. O disposto no número anterior não é aplicável se o empreiteiro demonstrar já ter adquirido os materiais necessários para a execução dos trabalhos ou na medida em que o tiver feito.

Artigo 258.° – (Aprovação de materiais)

1. Sempre que deva ser verificada a conformidade das características dos materiais a aplicar com as estabelecidas no projecto, no caderno de encargos ou no contrato, o empreiteiro deve submeter os materiais à aprovação do fiscal da obra, que os deve submeter a exame no Laboratório de Engenharia de Angola.

2. Em qualquer momento, pode o empreiteiro solicitar a aprovação referida no número anterior, a qual se considera concedida se o fiscal da obra não se pronunciar nos dez dias subsequentes, a não ser que os ensaios exijam período mais longo, facto que, naquele prazo, deve ser comunicado ao empreiteiro.

3. O empreiteiro é obrigado a fornecer as amostras de mate riais que forem solicitadas pelo fiscal da obra para serem submetidas a exame no Laboratório de Engenharia de Angola.

4. A colheita e a remessa das amostras devem ser feitas de acordo com as normas oficiais em vigor ou com outras que, porventura, sejam impostas pelo contrato.

5. O caderno de encargos da empreitada deve especificar os ensaios, cujo custo de realização deva ser suportado pelo empreiteiro, entendendo-se, em caso de omissão, que os encargos com a realização dos ensaios são da conta do dono da obra.

Artigo 259.° – (Reclamação contra a não aprovação de materiais)

1. Se for negada a aprovação e o empreiteiro entender que deveria ter sida concedida por os materiais satisfazerem as condições do contrato, pode pedir a imediata colheita de amostras e apresentar ao fiscal da obra a sua reclamação fundamentada, no prazo de cinco dias.

2. Considera-se deferida a reclamação, se o fiscal da obra se não pronunciar sobre ela nos cinco dias subsequentes, a não ser que exijam período mais longo, quaisquer novos ensaios a realizar, facto que, naquele prazo, deve comunicar ao empreiteiro.

3. Em caso de indeferimento pelo fiscal da obra, cabe recurso hierárquico, para a instrução do qual se pode proceder a novos ensaios.

4. O empreiteiro tem direito a ser indemnizado pelo prejuízo sofrido e pelo aumento de encargos resultante da obtenção e aplicação de outros materiais quando, pelos meios competentes, venha, a final, a ser reconhecida a procedência da sua reclamação.

5. Os encargos com os novos ensaios a que a reclamação do empreiteiro dê origem impendem sobre a parte que não tiver razão.

Artigo 260.º – (Efeitos da aprovação dos materiais)

1. Aprovados os materiais postos ao pé da obra, não podem os mesmos ser posteriormente rejeitados, salvo se ocorrerem circunstâncias que modifiquem a sua qualidade.

2. No acto da aprovação dos materiais, pode o empreiteiro exigir que se colham amostras de quaisquer deles.

3. Se a modificação da qualidade dos materiais for devida a circunstâncias imputáveis a culpa do empreiteiro, deve este substitui-los à sua custa mas, se for devida a caso de força maior, tem o empreiteiro direito a ser indemnizado, pelo dono da obra, dos prejuízos sofridos com a substituição.

Artigo 261.º – (Aplicação dos materiais)

1. Os materiais devem ser aplicados pelo empreiteiro em absoluta conformidade com as especificações técnicas do contrato.

2. Na falta de especificações devem ser observadas as normas oficiais em vigor ou, se estas não existirem, os processos propostos pelo empreiteiro e aprovados pelo dono da obra, sob proposta do fiscal da obra.

Artigo 262.º – (Substituição de materiais)

1. Devem ser rejeitados, removidos para fora da zona dos trabalhos e substituídos por outros, como necessários requisitos os materiais que:

a) sejam diferentes dos aprovados;

b) não tenham sido aplicados em conformidade com as especificações técnicas do contrato ou, na falta destas, com as normas ou os processos a observar e que não possam ser utilizados de novo.

2. As demolições, a remoção e a substituição dos materiais são de conta do empreiteiro.

3. Se o empreiteiro entender que não se verificam as hipóteses previstas nas alíneas *a)* e *b)* do n.º 1 do presente artigo, pode pedir a colheita de amostras e reclamar.

Artigo 263.º – (Depósito de materiais não destinados à obra)

O empreiteiro não pode depositar nos estaleiros, sem autorização do fiscal da obra, os materiais ou os equipamentos que não se destinem à execução dos trabalhos da empreitada.

Artigo 264.º – (Remoção de materiais)

1. Se o empreiteiro não retirar dos estaleiros, no prazo que o fiscal da obra fixar, de acordo com as circunstâncias, os materiais definitivamente reprovados ou rejeitados e os materiais ou o equipamento que não respeitem à obra, pode o fiscal fazê--los transportar para onde mais lhe convenha, pagando o que necessário for, tudo à custa do empreiteiro.

LEI N.º 20/10, DE 7 DE SETEMBRO

2. Depois de terminada a obra, o empreiteiro é obrigado a remover do local, no prazo fixado pelo caderno de encargos, os restos dos materiais, os entulhos, os equipamento, os andaimes e tudo o mais que tenha servido para a execução dos trabalhos e, se o não fizer, o dono da obra deve mandar proceder à remoção, à custa do empreiteiro.

SECÇÃO VI – Fiscalização

Artigo 265.º – (Fiscalização e agentes)

1. A execução dos trabalhos é fiscalizada pelos representantes do dono da obra que este, para tal efeito, designe.

2. Quando a fiscalização seja constituída por dois ou mais representantes, o dono da obra designa um deles para chefiar, como fiscal da obra, e, sendo um só, a este compreende tais funções.

3. A obra e o empreiteiro ficam também sujeitos à fiscalização que, nos termos da legislação em vigor, incumbe a outras entidades.

4. A fiscalização referida no número anterior deve exercer-se de modo a que:

a) seja dado prévio conhecimento ao fiscal da obra da efectivação de qualquer diligência no local de trabalho;

b) sejam, imediatamente e por escrito, comunicadas ao fiscal da obra todas as ordens dadas e notificações ao empreiteiro que possam influir no normal desenvolvimento dos trabalhos.

5. O fiscal nomeado para a obra não pode, em circunstância alguma, ser o projectista da obra.

Artigo 266.º – (Função da fiscalização)

A fiscalização incumbe vigiar e verificar o exacto cumprimento do projecto e suas alterações, do contrato do caderno de encargos e do plano de trabalhos em vigor, e designadamente:

a) verificar a implantação da obra de acordo com as referências necessárias, fornecidas ao empreiteiro;

b) verificar a exactidão ou o erro eventual das previsões do projecto, em especial, e com a colaboração do empreiteiro, no que respeita às condições do terreno;

c) aprovar os materiais a aplicar, sujeitando a exame os que devam sê-lo, pelo Laboratório de Engenharia de Angola;

d) vigiar os processos de execução;

e) verificar as características dimensionais da obra;

f) verificar, em geral, o modo como são executados os trabalhos;

g) verificar a observância dos prazos estabelecidos;

h) proceder às medições necessárias e verificar o estado de adiantamento dos trabalhos;

i) averiguar se foram infringidas quaisquer disposições do contrato e das leis e regulamentos aplicáveis;

j) verificar se os trabalhos são executados pela ordem e com os meios estabelecidos no respectivo plano;

l) comunicar ao empreiteiro as alterações introduzidas no plano de trabalhos pelo dono da obra e a aprovação das propostas pelo empreiteiro;

m) informar da necessidade ou conveniência do estabelecimento de novas serventias ou da modificação das previstas e da realização de quaisquer aquisições ou expropriações, pronunciar-se sobre todas as circunstâncias que, não havendo sido previstas no projecto, confiram a terceiro direito a indemnização e informar das consequências contratuais e legais desses factos;

n) resolver, quando forem da sua competência ou submeter, com a sua informação, no caso contrário, à decisão do dono da obra todas as questões que surjam ou lhe sejam colocadas pelo empreiteiro e providenciar, no que seja necessário, para o bom andamento dos trabalhos, para a perfeita execução, segurança e qualidade da obra e facilidade das medições;

o) transmitir ao empreiteiro as ordens do dono da obra e verificar o seu correcto cumprimento;

p) praticar todos os demais actos previstos em outros preceitos da presente lei.

Artigo 267.° – (Função da fiscalização nas empreitadas por percentagem)

Quando se trate de trabalhos realizados por percentagem, a fiscalização, além de promover o necessário para que a obra se execute com perfeição e dentro da maior economia possível, deve:

a) acompanhar todos os processos de aquisição de materiais e tomar as providências que sobre os mesmos se mostrem aconselháveis ou se tornem necessárias, designadamente sugerindo ou ordenando a consulta e a aquisição a empresas que possam oferecer melhores condições de fornecimento, quer em qualidade, quer em preço;

b) vigiar todos os processos de execução, sugerindo ou ordenando, neste caso com a necessária justificação, a adopção dos que conduzam a maior perfeição ou economia;

c) visar todos os documentos de despesa, quer de materiais, quer de salários;

d) velar pelo conveniente acondicionamento dos materiais e pela sua guarda e aplicação;

e) verificar toda a contabilidade da obra, impondo a efectivação dos registos que considere necessários.

LEI N.º 20/10, DE 7 DE SETEMBRO

Artigo 268.º – (Modo de actuação da fiscalização)

1. Para a realização das suas incumbências, a fiscalização deve dar ao empreiteiro ordens, fazer-lhe avisos e notificações, proceder a verificações e a medições e praticar todos os demais actos necessários.

2. Os actos referidos no número anterior só podem provar-se, contra ou a favor do empreiteiro, mediante documento escrito.

3. A fiscalização deve processar-se sempre de modo a não perturbar o andamento normal dos trabalhos e sem diminuir a iniciativa e correlativa responsabilidade do empreiteiro.

Artigo 269.º – (Reclamação contra ordens recebidas)

1. Se o empreiteiro reputar ilegal, contrária ao contrato ou perturbadora dos trabalhos qualquer ordem recebida, deve apresentar ao fiscal da obra, no prazo de cinco dias, a sua reclamação, em cujo duplicado é passado recibo.

2. Se a ordem não tiver sido da autoria do fiscal da obra, este deve encaminhar imediatamente a reclamação para a entidade competente, pedindo as necessárias instruções.

3. O fiscal da obra deve notificar o empreiteiro, no prazo de trinta dias, da decisão tomada, correspondendo o seu silêncio ao deferimento da reclamação.

4. Em casos de urgência ou de perigo iminente, pode o fiscal da obra confirmar por escrito a ordem de que penda reclamação, exigindo o seu imediato cumprimento.

5. Nos casos previstos no número anterior, bem como quando a reclamação for indeferida, o empreiteiro é obrigado a cumprir prontamente a ordem, tendo direito a ser indemnizado do prejuízo e do aumento de encargos que suporte, se vier a ser reconhecida a procedência da sua reclamação.

6. Das decisões do fiscal da obra sobre reclamações do empreiteiro ou do seu representante cabe sempre recurso hierárquico para o órgão de que ele depender, o qual tem efeito meramente devolutivo.

Artigo 270.º – (Falta de cumprimento da ordem)

1. Se o empreiteiro não cumprir ordem legal, dimanada do fiscal da obra, dada por escrito sobre matéria relativa à execução da empreitada, nos termos contratuais e não houver sido absolutamente impedido de o fazer por caso de força maior, assiste ao dono da obra o direito de, se assim o entender, rescindir o contrato por culpa do empreiteiro.

2. Se o dono da obra não rescindir o contrato, fica o empreiteiro responsável pelos danos emergentes da desobediência.

SECÇÃO VII – Suspensão dos Trabalhos

Artigo 271.º – (Suspensão dos trabalhos pelo empreiteiro)

O dono da obra tem o direito a rescindir o contrato se o empreiteiro suspender a execução dos trabalhos por mais de dez dias, quando tal não tenha sido previsto no plano em vigor e não resulte:

a) de ordem ou autorização do dono da obra ou seus agentes ou de facto que lhes seja imputável;

b) de caso de força maior;

c) de falta de pagamento das prestações devidas por força do contrato ou dos trabalhos executados, quando hajam decorrido três meses sobre a data do vencimento e após notificação judicial do dono da obra;

d) da falta de fornecimentos de elementos técnicos que o dono da obra estivesse obrigado a fazer;

e) de disposição legal em vigor.

Artigo 272.º – (Suspensão dos trabalhos pelo dono da obra)

1. Sempre que circunstâncias especiais impeçam que os trabalhos sejam executados ou progridam em condições satisfatórias, bem como quando imponha o estudo de alterações a introduzir no projecto, o fiscal da obra pode, obtida a necessária autorização, suspendê-los, temporariamente, no todo ou em parte.

2. No caso de qualquer demora na suspensão envolver perigo iminente ou prejuízos graves para o interesse público, a fiscalização pode ordenar, sob sua responsabilidade, a suspensão imediata dos trabalhos, informando, desde logo, do facto o dono da obra.

Artigo 273.º – (Autos de suspensão)

1. Tanto nos casos previstos no artigo anterior como em quaisquer outros em que o dono da obra ordene a suspensão, a fiscalização, com a assistência do empreiteiro ou seu representante, deve lavrar o auto no qual fiquem exaradas as causas que a determinaram, a decisão superior que a autorizou ou as razões de perigo iminente ou prejuízo grave que conduziram a actuar sem autorização, os trabalhos que abrange e o prazo de duração previsto.

2. O empreiteiro ou o seu representante têm o direito de fazer exarar, no auto, qualquer facto que reputem conveniente à defesa dos seus interesses.

3. O auto de suspensão deve ser lavrado em duplicado e assinado pelo fiscal da obra e pelo empreiteiro ou representante deste.

4. Se o empreiteiro, ou o seu representante se recusarem a assinar o auto, deve proceder-se de acordo com o disposto nos n.ºs 1 e 2 do artigo 270.º da presente lei.

Artigo 274.º – (Suspensão por tempo indeterminado)

Sempre que, por facto que não seja imputável ao empreiteiro, este for notificado da suspensão ou da paralisação dos trabalhos, sem que da notificação ou do auto de suspensão conste o prazo desta, presume-se que o contrato foi rescindido por conveniência do dono da obra.

Artigo 275.º – (Rescisão pelo empreiteiro em caso de suspensão)

1. O empreiteiro tem o direito de rescindir o contrato se a suspensão for determinada ou se mantiver:

a) por período superior a 1/5 do prazo estabelecido para a execução da empreitada, quando resulte de força maior;

b) por um período superior a 1/10 do mesmo prazo, quando resulte de facto não imputável ao empreiteiro e que não constitua caso de força maior.

2. Verificando-se a hipótese prevista na alínea *a)* do número anterior, a indemnização a pagar ao empreiteiro limita-se aos danos emergentes.

3. Quando não se opere a rescisão, quer por não se completarem os prazos estabelecidos no n.º 2, quer por a não requerer o empreiteiro, tem este o direito a ser indemnizado dos danos emergentes, bem como, se a suspensão não resultar de caso de força maior, dos lucros cessantes.

Artigo 276.º – (Suspensão parcial)

Se, por facto não imputável ao empreiteiro, for ordenada qualquer suspensão parcial de que resulte perturbação do normal desenvolvimento da execução da obra, de acordo com o plano de trabalhos em vigor, tem o empreiteiro direito a ser indemnizado pelos danos emergentes.

Artigo 277.º – (Suspensão por facto imputável ao empreiteiro)

1. Quando a suspensão ordenada pelo dono da obra resulte de facto por este imputado ao empreiteiro, tal se menciona no auto, podendo o empreiteiro reclamar, por escrito, no prazo de 10 dias, contra essa imputação.

2. O dono da obra deve pronunciar-se sobre a reclamação nos 30 dias subsequentes.

3. Apurando-se que o facto imputado ao empreiteiro não é causa justificativa da suspensão, deve proceder-se segundo o disposto para a suspensão, por facto não imputável ao empreiteiro.

4. Apurando-se que a suspensão resulta de facto imputável ao empreiteiro, continua este obrigado ao cumprimento dos prazos contratuais, qualquer que seja o período de suspensão necessariamente derivado do respectivo facto, mas, se o dono da obra mantiver a suspensão por mais tempo do que resultaria necessariamente do dito facto, o tempo de suspensão excedente é tratado como provocado por facto não imputável ao empreiteiro.

5. No caso previsto na primeira parte do número anterior pode também o dono da obra, quando o julgue preferível, optar pela rescisão do contrato, com perda para o empreiteiro do depósito de garantia e das quantias retidas.

Artigo 278.° – (Recomeço dos trabalhos)

Nos casos de suspensão temporária, os trabalhos são recomeçados logo que cessem as causas que a determinaram, devendo para o efeito notificar-se por escrito o empreiteiro.

Artigo 279.° – (Natureza dos trabalhos)

As disposições contidas nos artigos anteriores não são aplicáveis quando a suspensão derive necessariamente da própria natureza dos trabalhos previstos, em condições normais de execução.

Artigo 280.° – (Prorrogação do prazo contratual)

Sempre que ocorra suspensão não imputável ao empreiteiro, nem decorrente da própria natureza dos trabalhos previstos, consideram-se prorrogados por período igual ao da suspensão, os prazos do contrato e do plano de trabalhos.

SECÇÃO VIII – Não Cumprimento e Revisão do Contrato

Artigo 281.° – (Caso de força maior e outros factos não imputáveis ao empreiteiro)

1. Cessa a responsabilidade do empreiteiro por falta, deficiência ou atraso na execução do contrato, quando o incumprimento resulte de facto que não lhe seja imputável, nos termos previstos na presente lei.

2. Os danos causados nos trabalhos de uma empreitada por caso de força maior ou qualquer outro facto não imputável ao empreiteiro, nos termos da presente lei, são suportados pelo dono da obra quando não correspondam a riscos que devam ser assumidos pelo empreiteiro, nos termos do contrato.

3. Considera-se caso de força maior, para efeitos da presente lei, o facto de terceiro, facto natural ou situação imprevisível e inevitável, cujos efeitos se produzam independentemente da vontade ou das circunstâncias pessoais do empreiteiro, tais como actos de guerra ou de subversão, de epidemias, de ciclones, de tremores de terra, de fogo, de raio, de inundações, de greves gerais ou sectoriais e quaisquer outros eventos da mesma natureza que impeçam o cumprimento do contrato.

Artigo 282.° – (Maior onerosidade)

1. Se o dono da obra praticar ou der causa a facto de que resulte maior dificuldade na execução da empreitada, com agravamento dos encargos respectivos, tem o empreiteiro direito ao ressarcimento dos danos sofridos.

2. No caso de os danos provados excederem 1/6 do valor da empreitada, assiste ao empreiteiro, além disso, o direito de rescindir o contrato.

Artigo 283.° – (Verificação do caso de força maior)

1. Ocorrendo facto que deva ser considerado caso de força maior, o empreiteiro deve, nos cinco dias seguintes àquele em que tome conhecimento do evento, requerer ao dono da obra que proceda ao apuramento do facto e à determinação dos seus efeitos.

2. Logo que o empreiteiro apresente o seu requerimento, a fiscalização deve proceder, com assistência do empreiteiro ou do seu representante, à verificação do evento, lavrando-se auto do qual constem:

a) as causas do facto ou do acidente;

b) o estado das coisas depois do facto ou do acidente e no que difere do estado anterior;

c) se tinham sido observadas as regras da arte e as prescrições da fiscalização;

d) se foi omissa alguma medida que, segundo as regras normais da prudência e da experiência, o empreiteiro devesse ter tomado para evitar ou reduzir os efeitos do caso de força maior;

e) se os trabalhos têm de ser suspensos, no todo ou em parte, definitiva ou temporariamente, especificando-se, no caso de interrupção parcial ou temporária, a parte da obra e o tempo provável em que a interrupção se verifica;

f) o valor provável do dano sofrido;

g) qualquer outra menção que se julgue de interesse ou que o empreiteiro ou seu representante peça que se consigne.

3. O empreiteiro pode, imediatamente, no auto ou nos dez dias subsequentes, formular requerimento fundamentado em que apresente as suas pretensões, conforme o que julgar ser seu direito, discriminando os danos a reparar e o montante destes, se for possível determiná-los nessa data e impugnar, querendo, o conteúdo do auto.

4. Recebido o requerimento do empreiteiro é ele remetido com o auto e devidamente informado pela fiscalização ao dono da obra que deve notificar a sua decisão ao empreiteiro no prazo de trinta dias.

5. O mesmo procedimento, adaptado às circunstâncias, deve ser seguido quando o empreiteiro pretenda ser indemnizado, com o fundamento na prática de actos que dificultem ou onerem a execução da empreitada.

6. Se o empreiteiro não apresentar tempestivamente os requerimentos previstos no presente artigo, não pode mais invocar os seus direitos, salvo se caso de força maior o tiver também impedido de requerer, oportunamente, o apuramento dos factos.

7. Se a fiscalização não proceder à verificação da ocorrência de acordo com o disposto no presente artigo, pode o empreiteiro ou o seu representante proceder a ela, lavrando o auto em duplicado, com a presença de duas testemunhas e remetendo o original desde logo ao dono da obra.

Artigo 284.º – (Alteração das circunstâncias)

Quando as circunstâncias em que as partes hajam fundado a decisão de contratar sofram alteração anormal e imprevisível, de que resulte grave aumento de encargos na execução da obra, que não caiba nos riscos normais, o empreiteiro tem direito à revisão do contrato para o efeito de, conforme a equidade, ser compensado do aumento dos encargos efectivamente sofridos ou se proceder à actualização dos preços.

Artigo 285.º – (Revisão de preços)

1. O contrato deve prever obrigatoriamente o modo de revisão dos preços para o caso de, decorrido o primeiro ano de execução dos trabalhos, se verificar o agravamento da remuneração da mão-de-obra e do custo dos materiais mas, neste último caso, apenas se não tiver sido efectuado o adiantamento de parte do preço dos materiais adquiridos ou a adquirir para stock.

2. No caderno de encargos podem fixar-se as fórmulas para a revisão dos preços.

Artigo 286.º – (Defeitos na execução da obra)

1. Quando a fiscalização reconheça que na obra existem defeitos de execução ou que nela não foram observadas as condições do contrato, deve lavrar auto a verificar o facto e notificar o empreiteiro para, dentro do prazo razoável que lhe é designado, remediar os defeitos da obra.

2. Se for de presumir a existência dos referidos defeitos, mas não puderem ser comprovados por simples observação, o dono da obra pode, quer durante a execução dos trabalhos, quer depois da conclusão dos mesmos, mas dentro do prazo de garantia, ordenar as demolições necessárias, a fim de apurar se ocorrem ou não tais deficiências, lavrando-se em seguida auto, nos termos do número anterior.

3. Correm por conta do empreiteiro os encargos pela demolição e reconstrução se se apurar existirem defeitos; em caso contrário, correm por conta do dono da obra.

4. Dos autos e das notificações referidos nos n.ºs 1 e 2 do presente artigo, pode o empreiteiro reclamar e, se os trabalhos de demolição e reconstrução forem de apreciável valor ou puderem atrasar a execução do plano, pode requerer que a presunção da existência dos defeitos seja confirmada por uma vistoria feita por três peritos, um de sua nomeação, outro indicado pelo dono da obra e o terceiro designado pelo director do Laboratório de Engenharia de Angola.

Artigo 287.º – (Multa por violação dos prazos contratuais)

1. Se o empreiteiro não concluir a obra no prazo contratualmente estabelecido, acrescido das prorrogações graciosas ou legais, é-lhe aplicada, até ao fim dos trabalhos ou à rescisão do contrato, a seguinte multa contratual diária, se outra não for fixada no caderno de encargos:

LEI N.º 20/10, DE 7 DE SETEMBRO

a) um por mil do valor da adjudicação, no primeiro período correspondente a um décimo do referido prazo;

b) em cada período subsequente de igual duração, a multa sofre um aumento de 0,5 por mil, até atingir o máximo de cinco por mil sem, contudo e na sua globalidade, poder vir a exceder 20% do valor da adjudicação.

2. Se o empreiteiro não cumprir os prazos parciais vinculativos, quando existam, é-lhe aplicada multa contratual de percentagem igual a metade da estabelecida no número anterior e calculada pela mesma forma sobre o valor dos trabalhos em atraso.

3. O requerimento do empreiteiro ou por iniciativa do dono da obra, as multas contratuais podem ser reduzidas a montantes adequados, sempre que se mostrem desajustadas em relação aos prejuízos reais sofridos pelo dono da obra, e são anuladas quando se verifique que as obras foram bem executadas e que os atrasos no cumprimento de prazos parciais foram recuperados, tendo a obra sido concluída dentro do prazo global do contrato.

4. Nos casos de recepção provisória de parte da empreitada, as multas contratuais a que se refere o n.º 1 são aplicadas na base do valor dos trabalhos ainda não recebidos.

5. A aplicação de multas contratuais, nos termos dos números anteriores, deve ser precedida de auto lavrado pela fiscalização, do qual o dono da obra envia uma cópia ao empreiteiro, notificando-o para, no prazo de 10 dias, deduzir a sua defesa ou impugnação.

CAPÍTULO IV – Pagamentos

SECÇÃO I – Pagamentos por Medição

Artigo 288.º – (Periodicidade e formalidades da medição)

1. Sempre que deva proceder à medição dos trabalhos efectuados, esta deve realizar-se mensalmente, salvo disposição em contrário.

2. As medições devem ser feitas no local da obra, com a assistência do empreiteiro ou seu representante, e delas se deve lavrar o auto, assinado pelos intervenientes, no qual estes exararam tudo o que reputarem conveniente, bem como a colheita de amostras de quaisquer materiais ou produtos de escavação.

3. Os métodos e os critérios a adoptar para a realização das medições devem ser obrigatoriamente estabelecidos no caderno de encargos e, em caso de alterações, os novos critérios de medição que, porventura, se tornem necessários, devem ser desde logo definidos.

Artigo 289.º – (Objecto da medição)

Deve proceder-se, obrigatoriamente, à medição de todos os trabalhos executados, ainda quando não se considerem previstos no projecto nem devidamente ordenados e independentemente da questão de saber se devem ou não ser pagos ao empreiteiro.

Artigo 290.° – (Erros de medição)

1. Se, em qualquer altura da empreitada, se reconhecer que houve erros ou faltas em algum ou alguns dos autos de medição, anteriormente lavrados, deve fazer-se a devida correcção no auto de medição que se seguir a esse reconhecimento, caso ambas as partes estejam de acordo quanto ao objecto e quantidades a corrigir.

2. Quando os erros ou as faltas tiverem sido alegados por escrito pelo empreiteiro, mas não forem reconhecidos pela fiscalização, pode aquele reclamar.

3. Quando os erros ou as faltas forem alegados pela fiscalização, mas não forem reconhecidos pelo empreiteiro, faz-se a correcção no auto, de medição seguinte, podendo o empreiteiro reclamar dela.

Artigo 291.° – (Situação dos trabalhos)

1. Feita a medição, elabora-se a respectiva conta-corrente, com especificação das quantidades de trabalhos apuradas, dos preços unitários, do total creditado, dos descontos a efectuar, dos adiantamentos concedidos ao empreiteiro e do saldo a pagar a este.

2. A conta-corrente e os demais documentos que constituem a situação de trabalhos devem ser verificados e assinados pelo empreiteiro ou um seu representante, ficando um duplicado na posse deste.

3. Quando se verifique que, em qualquer destes documentos, existe algum vício ou erro, o empreiteiro deve formular a correspondente reserva ao assiná-lo.

Artigo 292.° – (Reclamação do empreiteiro)

1. Sempre que o empreiteiro tenha formulado reservas no auto de medição ou lhe tenha sido negado o reconhecimento dos erros ou das faltas que invocou, relativos a autos elaborados anteriormente ou tenham sido considerados outros que ele não reconheça ou, ainda, tenha formulado reservas nos documentos que instruem as situações de trabalhos, deve apresentar, nos 10 dias subsequentes, reclamação em que especifique a natureza dos vícios, dos erros ou das faltas e os correspondentes valores a que se acha com direito.

2. Se, no prazo fixado no número anterior, o empreiteiro não apresentar reclamação, entende-se que se conforma com as medições dos autos e os resultados dos documentos que instruem a situação dos trabalhos.

3. Apresentada a reclamação, a mesma considera-se deferida se o dono da obra não expedir a notificação da decisão no prazo de 30 dias a contar da data da apresentação, a não ser que tenha de proceder-se a ensaios laboratoriais, exame ou verificações que exijam maior prazo, facto que, no referido prazo de 30 dias, comunica ao empreiteiro.

4. As despesas com a realização de medições especiais para julgamento de reclamações do empreiteiro são suportadas por este, caso se reconheça que as medições impugnadas estavam certas.

Artigo 293.° – (Liquidação e pagamento)

1. Após a assinatura, pelo empreiteiro, dos documentos que constituem a situação de trabalhos promove-se a liquidação do valor correspondente às quantidades de trabalhos medidos sobre as quais não haja divergências, depois de deduzidos os descontos a que houver lugar nos termos contratuais, notificando-se o empreiteiro dessa liquidação para efeito de pagamento.

2. Quando não sejam liquidados todos os trabalhos medidos, deve mencionar-se o facto mediante nota explicativa inserta na respectiva conta-corrente.

3. Se o julgamento das reclamações conduzir ao reconhecimento de que houve pagamento de quantias não devidas, deve deduzir-se, no primeiro pagamento a efectuar ou no depósito de garantia se a reclamação respeitar ao último pagamento, a importância que se reconheça ter sido paga a mais.

Artigo 294.° – (Situações provisórias)

1. Quando a distância, o difícil acesso ou a multiplicidade das frentes, a própria natureza dos trabalhos ou outras circunstâncias impossibilitarem, eventualmente, a realização da medição mensal, bem como quando a fiscalização, por qualquer motivo, deixe de fazê-la, o empreiteiro apresenta, até ao fim do mês seguinte, um mapa das quantidades dos trabalhos efectuados no mês anterior, com os documentos respectivos.

2. Apresentado o mapa e visado pela fiscalização só para o efeito de comprovar a verificação de alguma das condições que, nos termos do número anterior, justifiquem o procedimento, é considerado como situação provisória de trabalhos e procede-se como se de situação de trabalhos se tratasse.

3. A exactidão das quantidades escritas nos mapas é verificada no primeiro auto de medição que se efectuar, com base no qual se procede às rectificações a que houver lugar.

4. Se o empreiteiro dolosamente inscrever no seu mapa trabalhos não efectuados, o facto é participado ao Ministério Público para o competente procedimento criminal e à Comissão Nacional de Registo e Classificação dos empreiteiros de Obras Públicas.

SECÇÃO II – Pagamentos em Prestações

Artigo 295.° – (Pagamento em prestações fixas)

Quando o pagamento for feito em prestações fixas, o empreiteiro deve apresentar, para o obter, um mapa que defina a situação dos trabalhos efectivamente realizados, o qual é verificado pela fiscalização no prazo máximo de 10 dias, lavrando-se o auto da respectiva diligência.

Artigo 296.º – (Pagamento em prestações variáveis)

Quando o pagamento for feito em prestações variáveis em função das quantidades de trabalhos executadas, observa-se, em tudo quanto for aplicável, o regime de medição dos trabalhos nas empreitadas por séries de preços.

SECÇÃO III – Disposições Comuns

Artigo 297.º – (Desconto para garantia)

1. Das importâncias que o empreiteiro tiver a receber em cada um dos pagamentos parciais, deve ser deduzida uma percentagem de 5%, para garantia do contrato, em reforço da caução prestada, salvo se outra percentagem se fixar no caderno de encargos.

2. O disposto no número anterior aplica-se a quaisquer pagamentos que o dono da obra deva efectuar ao empreiteiro sendo, no entanto, a percentagem a deduzir a que corresponder à soma das fixadas para caução e seus reforços.

3. As importâncias deduzidas serão imediatamente depositadas numa qualquer instituição de crédito.

4. O desconto pode ser substituído por depósito de títulos ou por garantia bancária ou seguro caução, nos mesmos termos que a caução.

Artigo 298.º – (Prazos de pagamentos)

1. Os contratos devem precisar os prazos em que o dono da obra deve proceder ao pagamento dos trabalhos e das respectivas revisões e eventuais acertos, os quais não podem exceder 60 dias, contados, consoante os casos:

a) das datas dos autos de medição a que se refere o artigo 288.º da presente lei;

b) das datas de apresentação dos mapas das quantidades de trabalhos previstos no artigo 294.º da presente lei;

c) das datas em que os acertos sejam decididos.

2. Nos casos em que os contratos não precisem os prazos a que se referem os números anteriores, entende-se que são de 60 dias.

Artigo 299.º – (Mora no pagamento)

1. O empreiteiro só tem direito a juros pela mora no pagamento das contas liquidadas e aprovadas se essa mora exceder 90 dias a partir da notificação da liquidação respectiva ou da data contratualmente fixada, caso em que se lhe abona o juro de 5% ao ano, contado desde a data da notificação ou do vencimento contratual da prestação fixa.

2. Se o atraso na realização de qualquer pagamento se prolongar por mais de seis meses, tem o empreiteiro o direito de rescindir o contrato.

Artigo 300.° – (Adiantamentos ao empreiteiro)

1. O dono da obra pode fazer ao empreiteiro adiantamentos pelos materiais postos ao pé da obra e aprovados.

2. Salvo estipulação diversa no contrato, o adiantamento não deve exceder 2/3 do valor dos materiais, no estado em que se encontrarem, valor que é determinado pela série de preços simples do projecto, se nele existirem ou, em caso contrário, comprovado pela fiscalização.

3. Nos mesmos termos, pode o dono da obra conceder ao empreiteiro adiantamentos com base no equipamento posto na obra e cuja utilização ou aplicação tenha sido prevista no plano de trabalhos.

4. Nos casos previstos nos n.ºs 3 e 5 do presente artigo, o valor do equipamento é o aprovado pela fiscalização e o adiantamento não pode exceder 50% desse valor.

5. Pode, ainda, mediante pedido fundamentado e prestação de garantia bancária ou seguro caução, ser facultado ao empreiteiro o adiantamento da parte do custo da obra, necessário para aquisição de materiais sujeitos a flutuação de preço, bem como de equipamento, cuja utilização ou aplicação tenha sido prevista no plano de trabalhos aprovado.

6. O valor global dos adiantamentos feitos com base nos n.ᵒˢ 3 e 5 do presente artigo, não pode exceder 50% da parte do preço da obra ainda por receber.

7. O adiantamento ao empreiteiro não pode ultrapassar 15% do valor global do contrato e os casos excepcionais devem ser regulados por diploma próprio.

8. O dono da obra não pode fazer adiantamentos fora dos casos previstos no presente artigo.

Artigo 301.° – (Reembolso dos adiantamentos)

1. O reembolso dos adiantamentos previstos no n.° 1 do artigo anterior faz-se à medida que os materiais forem sendo aplicados e por dedução nos respectivos pagamentos contratuais.

2. O reembolso dos adiantamentos previstos nos n.ᵒˢ 3 e 5 do artigo anterior efectua-se deduzindo no valor de cada um dos pagamentos contratuais posteriores, uma percentagem igual a que tais adiantamentos representam relativamente à parte da obra que, na data da sua concessão, ainda estiver por liquidar.

Artigo 302.° – (Garantia dos adiantamentos)

1. O dono da obra goza de privilégio mobiliário especial, graduado em primeiro lugar, sobre os materiais e os equipamentos a que respeitem os adiantamentos concedidos, não podendo o empreiteiro aliená-los, onerá-los ou retirá-los do local dos trabalhos sem prévio consentimento escrito daquele.

2. Nos casos previstos no n.º 5 do artigo 300.º, a garantia prestada é extinta na parte em que o adiantamento deva considerar-se suficientemente assegurado pelo privilégio, logo que os materiais e os equipamentos entrem na posse do empreiteiro.

3. Sem prejuízo do disposto no n.º 2 e à medida que for sendo reembolsado o adiantamento, o dono da obra deve libertar a parte correspondente da garantia prestada.

CAPÍTULO V – Recepção e Liquidação da Obra

SECÇÃO I – Recepção Provisória

Artigo 303.º – (Vistoria)

1. Logo que a obra esteja concluída, procede-se, a pedido do empreiteiro ou por iniciativa do dono da obra, à sua vistoria para o efeito de recepção provisória.

2. O disposto no número anterior aplica-se igualmente à parte ou às partes da obra que, por força do contrato, possam ou devam ser recebidas separadamente.

3. A vistoria é feita pelo representante do dono da obra, com a assistência do empreiteiro ou seus representantes, lavrando-se o auto que deve ser assinado por todos.

4. O fiscal da obra deve convocar, por escrito, o empreiteiro para a vistoria, com a antecedência mínima de cinco dias e, se este não comparecer nem justificar a falta, realiza-se a diligência com a intervenção de duas testemunhas que também assinam o auto, notificando-se de imediato ao empreiteiro o conteúdo deste, para os efeitos do disposto nos n.ºs 3, 4 e 5 do artigo seguinte.

5. Se o dono da obra não proceder à vistoria nos 45 dias subsequentes ao pedido do empreiteiro e não for impedido de a fazer por causa de força maior ou em virtude da própria natureza e extensão da obra, considera-se esta, para todos os efeitos, recebida no termo desse prazo.

Artigo 304.º – (Deficiências de execução)

1. Se, por virtude das deficiências encontradas, que tenham resultado de infracção às obrigações contratuais e legais do empreiteiro, a obra não estiver, no todo ou em parte, em condições de ser recebida, o representante do dono da obra deve especificar essas deficiências no auto, exarando ainda, neste, a declaração de não recepção, bem como as respectivas razões, notificando o empreiteiro e fixando o prazo para que este proceda às modificações ou reparações necessárias.

2. Pode, o dono da obra, fazer a recepção provisória da parte dos trabalhos que estiver em condições de ser recebida.

3. Contra o conteúdo do auto e a notificação feita pode o empreiteiro reclamar no próprio auto ou nos 10 dias subsequentes, devendo o dono da obra pronunciar-se sobre a reclamação no prazo de 30 dias.

4. Quando o empreiteiro não reclame ou seja indeferida a sua reclamação e não faça, nos prazos marcados, as modificações ou reparações ordenadas, assiste ao dono da obra o direito de as mandar efectuar por conta do empreiteiro, accionando as garantias previstas no contrato.

5. Cumprida a notificação prevista no n.° 1, procede-se a nova vistoria, para o efeito da recepção provisória.

Artigo 305.° – (Recepção provisória)

1. Quando, pela vistoria realizada, se verificar estar a obra em condições de ser recebida, assim se declara no auto, contando-se da data deste o prazo de garantia fixado no contrato.

2. O empreiteiro pode deduzir reclamações relativamente a qualquer facto ou circunstância consignados no auto, exarando-as nele ou apresentando-as por escrito nos dez dias subsequentes.

3. O dono da obra deve pronunciar-se sobre a reclamação no prazo de trinta dias, salvo se, tornando-se indispensável a realização de quaisquer ensaios, carecer de maior prazo para a decidir, caso em que deve comunicar o facto ao empreiteiro, fixando desde logo o período adicional de que necessita e que não deve ser superior ao requerido para a realização e apreciação de tais ensaios.

4. Se o dono da obra não expedir a notificação de decisão nos prazos previstos nos números anteriores, a reclamação considera-se deferida.

SECÇÃO II – Liquidação da Empreitada

Artigo 306.° – (Elaboração da conta)

1. Em seguida à recepção provisória, deve proceder-se, no prazo de 60 dias, à elaboração da conta da empreitada.

2. Os trabalhos e os valores relativamente aos quais existam reclamações pendentes são liquidados à medida que aquelas forem definitivamente decididas.

Artigo 307.° – (Elementos da conta)

A conta da empreitada integra os seguintes elementos:

a) uma conta corrente à qual são levados, por verbas globais, os valores de todas as medições e revisões ou eventuais acertos das reclamações já decididas, dos prémios vencidos e das multas contratuais aplicadas;

b) um mapa de todos os trabalhos executados a mais ou a menos do que os previstos no contrato, com a indicação dos preços unitários pelos quais se procedeu à sua liquidação;

c) um mapa de todos os trabalhos e valores sobre os quais hajam reclamações, ainda não decididas, do empreiteiro, com expressa referência ao mapa do número anterior, sempre que daquele também constem.

Artigo 308.° – (Notificação da conta final ao empreiteiro)

1. Elaborada a conta, é enviada uma cópia ao empreiteiro, por carta registada com aviso de recepção, para este assinar ou deduzir a sua reclamação fundamentada, no prazo de 30 dias.

2. Ao empreiteiro é facultado o exame dos documentos necessários à apreciação da conta.

3. Se o empreiteiro assinar a conta e não deduzir contra ela, no prazo fixado no n.° 1, qualquer reclamação, entende-se que a aceita, sem prejuízo, todavia, das reclamações pendentes que tenha declarado expressamente querer manter.

4. Se o empreiteiro, dentro do prazo fixado no n.° 1, não assinar a conta, nem deduzir contra ela qualquer reclamação, e de tal não houver sido impedido por caso de força maior, entende-se que a aceita, com os efeitos estabelecidos no número anterior.

5. Na sua reclamação, o empreiteiro não pode:

a) fazer novas reclamações sobre as medições;

b) fazer novas reclamações sobre as verbas que constituam mera e fiel reprodução das contas das medições ou das reclamações já decididas;

c) ocupar-se de reclamações pendentes e ainda não decididas.

6. Sobre a reclamação do empreiteiro deve o dono da obra pronunciar-se no prazo de 60 dias.

SECÇÃO III – Inquérito Administrativo

Artigo 309.° – (Comunicações às autoridades locais)

No prazo de 60 dias contados a partir da data da recepção provisória, o dono da obra deve comunicar à competente autoridade administrativa da área em que os trabalhos foram executados a sua conclusão, indicando o serviço, e respectiva sede, encarregado da liquidação.

Artigo 310.° – (Publicação de editais)

1. Recebida aquela comunicação, a entidade referida no número anterior, deve mandar afixar editais durante o prazo de 20 dias, chamando todos os interessados para, até 10 dias depois do termo do prazo dos editais, apresentarem, na respectiva secretaria, por escrito e devidamente fundamentadas e documentadas, quaisquer reclamações a que se julguem com direito, nomeadamente por falta de pagamento de salários e de materiais ou de eventuais indemnizações, bem como do preço de quaisquer trabalhos que o empreiteiro tenha mandado executar por terceiros.

2. A afixação pode ser substituída por duas publicações feitas, com uma semana de intervalo, num jornal local com expansão no município, contando-se o prazo de 10 dias para a apresentação de reclamações, a partir da data da segunda publicação.

3. Não são tidas em conta quaisquer reclamações apresentadas fora do prazo estabelecido nos editais.

Artigo 311.° – (Processos das reclamações)

1. Findo o prazo para a respectiva apresentação, a entidade referida nos artigos 309.° e 310.° da presente lei, deve enviar, dentro de 10 dias, ao organismo que estiver encarregado da liquidação, as reclamações recebidas.

2. O serviço liquidatário deve notificar, por carta registada com aviso de recepção, ou contra recibo, o empreiteiro e as instituições de crédito que hajam garantido as obrigações em causa para, no prazo de 20 dias, contestarem as reclamações recebidas, com a cominação de, não o fazendo, serem tidas por aceites e deferidas.

3. Havendo contestação, dela é dado conhecimento aos reclamantes dos créditos contestados, avisando-os de que só são retidas as quantias reclamadas caso, no prazo de 30 dias, seja proposta acção no tribunal competente para as exigir e ao serviço liquidatário seja enviada, nos 15 dias seguintes à propositura da acção, certidão comprovativa do facto.

SECÇÃO IV – Prazo de Garantia

Artigo 312.° – (Prazo de garantia)

1. O prazo de garantia deve ser estabelecido no caderno de encargos, tendo em atenção a natureza dos trabalhos.

2. Na falta da estipulação prevista no número anterior, o prazo de garantia é de três anos.

SECÇÃO V – Recepção Definitiva

Artigo 313.° – (Vistoria)

1. Findo o prazo de garantia, por iniciativa do dono da obra ou a pedido do empreiteiro, procede-se a nova vistoria de todos os trabalhos da empreitada.

LEI DA CONTRATAÇÃO PÚBLICA DE ANGOLA - LEI 20/10, DE 7 DE SETEMBRO

2. Se, pela vistoria, se verificar que as obras não apresentam deficiências, deteriorações, indícios de ruína ou de falta de solidez pelos quais deva responsabilizar-se o empreiteiro, procede-se à recepção definitiva.

3. São aplicáveis à vistoria e ao auto de recepção definitiva os preceitos correspondentes da recepção provisória.

Artigo 314.° – (Deficiências de execução)

1. Se, em consequência da vistoria, se verificar que existem deficiências, deteriorações, indícios de ruína ou de falta de solidez, da responsabilidade do empreiteiro, somente se recebem os trabalhos que se encontrem em bom estado e que sejam susceptíveis de recepção parcial, procedendo o dono da obra, em relação aos restantes, nos termos previstos para o caso análogo da recepção provisória.

2. A responsabilidade do empreiteiro só existe desde que as deficiências ou vícios encontrados lhe sejam imputáveis e que, se resultarem do uso para que as obras haviam sido destinadas, não constituam depreciação normal consequente desse uso.

SECÇÃO VI – Restituição das Garantias e Quantias Retidas, Extinção da Caução e Liquidações Eventuais

Artigo 315.° – (Restituição dos depósitos e quantias retidas e extinção da caução)

1. Feita a recepção definitiva de toda a obra, são restituídas ao empreiteiro as quantias retidas como garantia ou a qualquer outro título a que tiver direito e promover-se-á, pela forma própria, a extinção da caução prestada.

2. A demora superior a 90 dias na restituição das quantias retidas e na extinção da caução, quando imputável ao dono da obra, dá ao empreiteiro o direito de exigir juros das respectivas importâncias, à taxa vigente no mercado bancário, contado desde a data do pedido.

Artigo 316.° – (Dedução de quantias reclamadas no inquérito administrativo)

1. Quando, no inquérito administrativo, houver reclamações, o montante a restituir ao empreiteiro dos depósitos de garantia, das importâncias eventualmente ainda em dívida e da caução é diminuído do valor das quantias reclamadas e que o empreiteiro não prove haver, entretanto, satisfeito.

2. O valor deduzido nos termos do número anterior tem as seguintes aplicações:

a) as importâncias correspondentes a reclamações confessadas pelo empreiteiro e pelas instituições garantes são directamente pagas aos reclamantes;

b) as importâncias correspondentes a reclamações contestadas pelo empreiteiro ou pelas instituições garantes são depositadas, em instituição de crédito, à ordem do tribunal por onde esteja a correr o processo respectivo, quando os reclamantes pro-

LEI N.º 20/10, DE 7 DE SETEMBRO

vem que este foi proposto no prazo de 30 dias após a data da recepção da comunicação da existência da contestação.

3. No caso da alínea *a)* do n.º 2, devem convocar-se os interessados, por carta registada com aviso de recepção para, no prazo de 30 dias, receberem as importâncias a que tiverem direito.

4. O empreiteiro ou a instituição que a ele se tenha substituído tem direito a ser imediatamente reembolsado das quantias que não tenham sido tempestivamente recebidas nos termos do n.º 3, bem como a requerer o levantamento da parte do depósito correspondente a quantias reclamadas, mas não exigidas judicialmente, no prazo de trinta dias contados da comunicação feita aos reclamantes de ter havido contestação às suas reclamações, salvo se estes provarem não o terem feito por impossibilidade legal.

Artigo 317.º – (Pagamento dos trabalhos posteriores à recepção provisória)

Se, posteriormente à recepção provisória, o empreiteiro executar trabalhos que lhe devam ser pagos, aplica-se, para pagamentos parciais, o disposto quanto a pagamentos por medição e para a liquidação final deles, a fazer logo em seguida à recepção definitiva, o estabelecido para a liquidação da empreitada.

Artigo 318.º – (Deduções a fazer)

Se, por qualquer razão, legal ou contratualmente prevista, houver de fazer-se alguma dedução nos depósitos de garantia ou de exigir-se responsabilidade, a satisfazer por aqueles ou pelos bens do empreiteiro, procede-se à liquidação das quantias a deduzir ou do montante da responsabilidade.

SECÇÃO VII – Liquidação, Pagamento de Multas e Prémios

Artigo 319.º – (Liquidação das multas e prémios)

1. As multas contratuais aplicadas ao empreiteiro e os prémios a que tiver direito no decurso da execução da obra até à recepção provisória são descontados ou acrescidos no primeiro pagamento contratual que se lhes seguir.

2. As multas contratuais aplicadas e os prémios concedidos posteriormente à recepção provisória são liquidados e pagos nos termos estabelecidos para as deduções ou pagamentos nesse período.

3. Nenhuma sanção se considera definitivamente aplicada sem que o empreiteiro tenha conhecimento dos motivos da aplicação e ensejo de deduzir a sua defesa.

4. Feita a recepção provisória, não pode haver lugar à aplicação de multas contratuais correspondentes a factos ou situações anteriores.

5. O prémio relativo à conclusão antecipada da obra só se paga, após a data de recepção provisória.

LEI DA CONTRATAÇÃO PÚBLICA DE ANGOLA - LEI 20/10, DE 7 DE SETEMBRO

CAPÍTULO VI – Rescisão e Resolução Convencional da Empreitada

Artigo 320.° – (Efeitos da rescisão)

1. Nos casos de rescisão, por conveniência do dono da obra, o empreiteiro tem o direito a ser indemnizado pelos danos emergentes e dos lucros cessantes que, em consequência, sofra.

2. Se o empreiteiro o preferir, quando a rescisão for por ele requerida, pode, em vez de aguardar a liquidação das perdas e dos danos sofridos, receber desde logo, como única indemnização, a quantia correspondente a 10% da diferença entre o valor dos trabalhos executados e o valor dos trabalhos adjudicados.

3. Se a rescisão for decidida pelo dono da obra a título de sanção aplicável por lei ao empreiteiro, este suporta inteiramente as respectivas consequências naturais e legais.

4. A rescisão não produz, em regra, efeito retroactivo.

Artigo 321.° – (Rescisão pelo dono da obra)

1. Pertencendo o direito de rescisão ao dono da obra, o empreiteiro deve ser notificado da intenção do seu exercício, dando-se-lhe um prazo não inferior a oito dias para contestar as razões apresentadas, salvo se houver abandonado a obra ou paralisado os trabalhos.

2. Rescindido o contrato, o dono da obra deve tomar logo, com a assistência do empreiteiro, posse administrativa da obra.

Artigo 322.° – (Posse administrativa)

1. Sempre que, nos termos da lei, o dono da obra esteja autorizado a tomar posse administrativa dos trabalhos em curso, oficia os magistrados administrativos competentes, solicitando que, nos oito dias seguintes à recepção do ofício, seja empossado dos trabalhos e indicando, desde logo, a entidade a quem, em sua representação, deve ser notificada a data da posse.

2. Havendo trabalhos em curso da mesma obra em diversos municípios, o dono da obra deve tomar as providências necessárias para que a posse seja conferida em dias sucessivos, fazendo guardar, desde logo, os locais para que deles não possam ser indevidamente desviados quaisquer bens do empreiteiro.

3. Recebido o ofício, o magistrado administrativo marca a data e manda logo notificar os representantes do dono da obra e do empreiteiro para comparecerem no lugar onde estiverem situados os estaleiros da obra ou onde se encontre o material do empreiteiro.

4. No dia fixado, comparecem no local os representantes das autoridades administrativas e os representantes do dono da obra e, esteja ou não presente o empreiteiro, logo os primeiros dão posse das obras, incluindo terrenos consignados ou ocupados, materiais, edificações próprias ou arrendadas, estaleiros, ferramentas, máquinas e

LEI N.º 20/10, DE 7 DE SETEMBRO

veículos afectos à obra, inventariando-os em auto, que deve ser lavrado pelo funcionário que acompanhar a autoridade empossante e assinado por esta, pelo representante do dono da obra e pelo empreiteiro, quando presente.

5. Se algum dos presentes apresentar inventário recente, digno de crédito, é este conferido e apenso ao auto, com os aditamentos e as correcções convenientes, dispensando-se uma nova inventariação.

6. Quando o inventário não possa ficar concluído num só dia, a posse é logo conferida ao representante do dono da obra, prosseguindo a inventariação nos dias seguintes.

7. No auto, o empreiteiro ou o seu representante podem formular reclamações, mas só quando considerem alguma coisa indevidamente inventariada.

8. Nos 30 dias seguintes ao encerramento do auto, o dono da obra decide sobre as reclamações, mandando ou não restituir as coisas inventariadas, presumindo-se, na falta de decisão, o indeferimento.

Artigo 323.º – (Prossecução dos trabalhos pelo dono da obra)

1. Na execução dos trabalhos, o dono da obra pode utilizar as máquinas, os materiais, as ferramentas, os utensílios, as edificações, os estaleiros e os veículos de que tomou posse, mediante aluguer ou compra, por preço acordado ou fixado, em arbitragem ou judicialmente, o qual é depositado como garantia adicional das responsabilidades do empreiteiro.

2. O empreiteiro pode requerer que lhe sejam entregues as máquinas, os materiais, as ferramentas, os utensílios, as edificações, os estaleiros e os veículos que o dono da obra não quiser utilizar nos termos do número anterior, prestando caução de valor equivalente ao do inventário, por depósito de dinheiro ou títulos, fiança bancária, hipoteca ou penhor.

3. Os materiais existentes na obra e sujeitos a deterioração têm o seguinte destino:

a) se estiverem aprovados ou em condições de merecerem aprovação, são obrigatoriamente adquiridos pelo dono da obra pelo preço unitário respectivo, se existir, ou o da factura, no caso contrário, retendo-se, contudo, o seu valor, como garantia adicional da responsabilidade do empreiteiro;

b) se não estiverem nas condições da alínea anterior, podem ser levantados pelo empreiteiro que os remove do local da obra, no prazo que lhe for determinado, sob pena de essa remoção ser feita pelo dono da obra, debitando-se, ao empreiteiro, o custo do transporte.

Artigo 324.º – (Processo de rescisão pelo empreiteiro)

1. Nos casos em que, na presente lei, seja reconhecido ao empreiteiro o direito de rescisão do contrato, o exercício desse direito tem lugar mediante requerimento, dirigido ao dono da obra, nos 30 dias subsequentes à verificação do facto justificativo

LEI DA CONTRATAÇÃO PÚBLICA DE ANGOLA - LEI 20/10, DE 7 DE SETEMBRO

do direito e no qual o pedido, fundamentado, deve ser instruído com os documentos que possam comprovar as razões invocadas.

2. Em caso algum pode o empreiteiro paralisar os trabalhos ou alterar o cumprimento do plano da empreitada em curso, devendo aguardar, para entrega da obra realizada, a resolução do requerimento.

3. Se o requerimento for indeferido ou decorrerem 20 dias sem resolução, o empreiteiro pode requerer ao tribunal competente que o dono seja notificado para tomar posse da obra e aceitar a rescisão do contrato.

4. Recebido o requerimento, instruído com cópia do requerimento da rescisão da empreitada e dos documentos que o acompanhavam, o juiz deve mandar, de imediato, citar o dono da obra para, no prazo de 10 dias, responder o que se lhe oferecer.

5. Se a resposta não for dada em tempo ou contiver oposição ao pedido, o juiz pode, tomando em consideração a natureza dos prejuízos que da prossecução dos trabalhos possam resultar para o empreiteiro, bem como os que da suspensão possam provir para o interesse público, autorizar a suspensão dos trabalhos pelo empreiteiro.

6. Autorizada pelo juiz a suspensão dos trabalhos, o empreiteiro fica com direito a retirar da obra as máquinas, os veículos, os utensílios e os materiais não afectos a qualquer garantia, devendo propor a competente acção de rescisão contra o dono da obra dentro do prazo de três meses.

Artigo 325.° – (Posse da obra consequente à rescisão pelo empreiteiro)

1. Quando a rescisão for resultante do exercício de direito do empreiteiro, o dono da obra toma posse desta e dos materiais, das ferramentas, dos utensílios e das edificações que lhe pertencerem, mediante auto de inventário dos bens, no qual devem figurar as medições dos trabalhos executados.

2. Nos casos previstos no número anterior, o dono da obra é obrigado a:

a) comprar, pelos preços convencionados ou que resultarem de arbitragem ou decisão judicial, as máquinas, ferramentas, utensílios, edificações e estaleiros adquiridos e aprovados para a execução das obras e com os quais o empreiteiro não quiser ficar;

b) comprar, pelo preço de factura, os materiais aprovados existentes na obra, bem como os que, embora se não achem ao pé da obra, se prove terem sido para ela adquiridos pelo empreiteiro, desde que reúnam as qualidades necessárias para poderem ser aceites e não excedam as quantidades precisas.

Artigo 326.° – (Resolução convencional do contrato)

1. O dono da obra e o empreiteiro podem, por acordo e em qualquer momento, resolver o contrato.

2. Os efeitos da resolução convencional do contrato são fixados no acordo.

Artigo 327.º – (Liquidação final)

1. Em todos os casos de rescisão, resolução convencional ou caducidade do contrato, procede-se à liquidação final, reportada à data em que se verifiquem.

2. Havendo danos a indemnizar que não possam ser determinados imediatamente com segurança, faz-se a respectiva liquidação em separado, logo que o seu montante seja tornado certo por acordo ou por decisão judicial ou arbitral.

3. O saldo da liquidação deve ser retido pelo dono da obra, como garantia, até se apurar a responsabilidade do empreiteiro.

Artigo 328.º – (Pagamento da indemnização devida ao dono da obra)

1. Sendo a rescisão imposta pelo dono da obra, logo que esteja fixada a responsabilidade do empreiteiro, o montante respectivo deve ser deduzido dos depósitos, garantias e quantias devidos, pagando-se-lhe o saldo, se existir.

2. Se os depósitos, garantias e quantias devidos não chegarem para a cobertura integral das responsabilidades do empreiteiro, este pode ser executado nos bens e direitos que constituírem o seu património.

CAPÍTULO VII – Contencioso dos Contratos

Artigo 329.º – (Tribunais competentes)

As questões que se suscitem sobre a interpretação, a validade ou a execução do contrato de empreitada de obras públicas, que não sejam dirimidas por meios graciosos, podem ser impugnados contenciosamente.

Artigo 330.º – (Prazo de caducidade)

Quando outro não seja o prazo fixado na lei, as acções devem ser propostas no prazo de 180 dias contados desde a data da notificação ao empreiteiro da decisão ou da deliberação do órgão competente para praticar actos definitivos, em virtude da qual seja negado algum direito ou pretensão do empreiteiro ou o dono da obra se arrogue direito que a outra parte não considere fundado.

Artigo 331.º – (Aceitação do acto)

1. O cumprimento ou o acatamento pelo empreiteiro de qualquer decisão tomada pelo dono da obra ou pelos seus representantes não se considera aceitação tácita da decisão acatada.

2. Todavia, se dentro do prazo de 10 dias a contar do conhecimento da decisão, o empreiteiro não reclamar ou não formular reserva dos seus direitos, a decisão considera-se aceite.

Artigo 332.° – (Matéria discutível)

O indeferimento das reclamações formuladas oportunamente pelo empreiteiro ao dono da obra, não inibe o empreiteiro de discutir a matéria dessas reclamações, em acção proposta para o efeito.

Artigo 333.° – (Tentativa de conciliação)

1. As acções a que se referem os artigos 321.º e 324.° da presente lei devem ser precedidas de tentativa de conciliação extrajudicial, perante uma comissão composta por um representante de cada uma das partes e presidida pelo Presidente do Conselho Superior de Obras Públicas ou o membro da sua direcção que ele designar para o efeito.

2. Os representantes das partes devem ter qualificação técnica ou experiência profissional adequada no domínio das questões relativas às empreitadas de obras públicas.

Artigo 334.° – (Processo de conciliação)

1. O requerimento para a tentativa de conciliação deve ser apresentado em duplicado e dirigido ao Presidente do Conselho Superior de Obras Públicas, devendo conter, além da identificação do requerido, a exposição dos factos referentes ao pedido e a sua fundamentação.

2. O requerido deve ser notificado para, no prazo de oito dias, apresentar resposta escrita sendo-lhe, para o efeito, entregue cópia do pedido.

3. A tentativa de conciliação deve ter lugar no prazo máximo de 30 dias contados a partir do termo do prazo para o requerido responder, salvo adiamento por motivo que seja reputado justificação bastante, sendo as partes notificadas para comparecer e indicar, no prazo de cinco dias, os seus representantes para a comissão.

4. Os representantes das partes que devem integrar a comissão são convocados pelo Conselho Superior de Obras Públicas, com uma antecedência não inferior a cinco dias em relação à data designada para a tentativa de conciliação.

5. A comparência dos representantes das partes deve verificar-se pessoalmente ou através de quem se apresente, munido de procuração ou credencial que contenha poderes expressos e bastantes para as obrigar, na tentativa de conciliação.

6. Na tentativa de conciliação, a comissão deve proceder a um exame cuidado da questão, nos aspectos de facto e de direito que a caracterizam, devendo, nessa base, em seguida, tentar a obtenção de um acordo justo entre as partes.

7. Todas as notificações e as convocatórias para o efeito de tentativa de conciliação ou que lhe sejam subsequentes, devem ser feitas por carta registada com aviso de recepção ou qualquer outro meio de, comprovadamente, fazer chegar as notificações e convocatórias às partes interessadas.

Artigo 335.° – (Acordo)

1. Havendo conciliação, é lavrado o auto, do qual devem constar todos os termos e condições do acordo, que o Presidente do Conselho Superior de Obras Públicas, ou o membro da sua direcção que ele para o efeito tiver designado, tem de submeter imediatamente à homologação do Ministro de Tutela das Obras Públicas.

2. Os autos de conciliação, devidamente homologados, constituem título executivo e só lhes pode ser deduzida oposição baseada nos mesmos fundamentos que servem de oposição à execução da sentença.

3. Dos autos de conciliação já homologados deve ser remetida uma cópia autenticada a cada uma das partes.

Artigo 336.° – (Não conciliação)

Caso seja frustrada a conciliação ou, por facto imputável a qualquer das partes, não for possível realizar a diligência e ainda se for recusada a homologação do acordo efectuado, ou esta homologação não se verificar no prazo de 45 dias, contados a partir da data em que tenha sido solicitada, deve ser entregue ao requerente, para efeitos do disposto nos artigos seguintes, cópia do auto respectivo, acompanhada, se for caso disso, de documentos comprovativos da situação ocorrida.

Artigo 337.° – (Interrupção da prescrição e da caducidade)

O pedido de tentativa de conciliação interrompe o prazo de prescrição do direito e de caducidade da respectiva acção, que voltam a correr 22 dias depois da data em que o requerente receba o documento comprovativo da impossibilidade de realização ou da inviabilidade da diligência.

Artigo 338.° – (Tribunal arbitral)

1. No caso de as partes optarem por submeter o diferendo a tribunal arbitral, o respectivo compromisso deve ser assinado antes de expirado o prazo de caducidade do direito.

2. O tribunal arbitral é constituído e funciona nos termos da Lei Sobre a Arbitragem Voluntária.

3. Quando o valor do litígio não for superior a Kz: 36 000 000,00, pode ser designado um só árbitro.

Artigo 339.° – (Processo arbitral)

1. O processo arbitral é simplificado, nos seguintes termos:

a) quando houver unicamente dois articulados: a petição e a contestação;

b) quando só poderem ser indicadas duas testemunhas por cada facto contido no questionário;

c) quando a discussão for escrita.

2. Proferida a decisão e notificada às partes, o processo é entregue no serviço competente do Ministério das Obras Públicas, onde fica arquivado, competindo a este serviço decidir tudo quanto respeite aos termos da respectiva execução por parte das entidades administrativas, sem prejuízo da competência dos tribunais para a execução das obrigações do empreiteiro, devendo ser remetida ao juiz competente cópia da decisão do tribunal arbitral, para efeitos do processo executivo.

CAPÍTULO VIII – Subempreitadas

Artigo 340.º – (Princípios gerais)

1. Só podem executar trabalhos em obras públicas, como subempreiteiros, as entidades referidas no artigo 8.º da presente lei.

2. O disposto no número anterior aplica-se quer às subempreitadas que resultem de contrato entre o empreiteiro adjudicado da obra pública e o seu subempreiteiro, quer às efectuadas entre um subempreiteiro e um terceiro.

3. O empreiteiro de obras públicas adjudicatário de uma obra pública não pode subempreitar mais de 75% do valor da obra que lhe foi adjudicada.

4. O regime previsto no número anterior é, igualmente, aplicável às subempreitadas subsequentes.

5. O empreiteiro não pode proceder à substituição dos subempreiteiros que figurem no contrato sem obter previamente autorização do dono da obra.

6. O dono da obra não pode opor-se à escolha do subempreiteiro pelo empreiteiro de obras públicas, adjudicatário da obra, salvo se aquele não dispuser de condições legais para a execução da obra que lhe foi subcontratada.

Artigo 341.º – (Contrato de subempreitada)

1. Para efeitos do disposto na presente lei, entende-se por subempreitada o contrato de empreitada emergente, mediata ou imediatamente, de um contrato administrativo de empreitada de obras públicas.

2. O contrato referido no número anterior consta de documento particular outorgado pelas partes contratantes.

3. Do contrato devem constar, necessariamente, os seguintes elementos:

a) a identificação de ambas as entidades outorgantes, indicando o seu nome ou denominação social, número fiscal de contribuinte ou pessoa colectiva, estado civil e domicílio ou, no caso de ser uma sociedade, a respectiva sede social e, se for o caso disso, as filiais que interessam à execução do contrato, os nomes dos titulares dos corpos gerentes ou de outras pessoas com poderes para obrigar no acto;

b) a identificação dos títulos de que constem as autorizações para o exercício da actividade de empreiteiros de obras públicas;

c) a especificação técnica da obra que for objecto do contrato;

d) o valor global do contrato;

e) a forma e os prazos de pagamentos, os quais devem ser estabelecidos em condições idênticas às previstas no contrato entre o dono da obra pública e o empreiteiro.

4. A não observância integral do disposto nos n.ºs 2 e 3 do presente artigo, determina a nulidade do contrato.

5. O empreiteiro não pode, porém, opor ao subempreiteiro a nulidade prevista no artigo anterior.

Artigo 342.° – (Direito de retenção)

1. Os subempreiteiros podem reclamar junto do dono da obra pelos pagamentos em atraso que sejam devidos pelo empreiteiro, podendo o dono da obra exercer o direito de retenção de quantias do mesmo montante, devidas ao empreiteiro e decorrentes do contrato de empreitada de obra pública.

2. As quantias retidas nos termos do número anterior devem ser pagas directamente ao subempreiteiro, caso o empreiteiro, notificado para o efeito pelo dono de obra, não comprove haver procedido à liquidação das mesmas nos quinze dias imediatos à recepção de tal notificação.

Artigo 343.° – (Obrigações do empreiteiro)

São obrigações do empreiteiro, sem prejuízo das responsabilidades que lhe cabem perante o dono da obra:

a) assegurar-se de que o subempreiteiro possui as autorizações de empreiteiro de obras públicas necessárias à execução da obra a subcontratar;

b) zelar pelo escrupuloso cumprimento do disposto na legislação e regulamentação aplicável;

c) depositar cópias dos contratos de subempreitada que efectue, junto do dono da obra, previamente à celebração do contrato do qual emergem, quando se trate de autorizações necessárias para a apresentação a concurso;

d) depositar cópias dos contratos de subempreitada que efectue, junto do dono da obra, previamente ao início dos trabalhos, quando se trate de outras autorizações;

e) efectuar os pagamentos devidos aos subempreiteiros e fornecedores em prazos e condições que não sejam mais desfavoráveis do que os estabelecidos nas relações com o dono da obra.

Artigo 344.° – (Obrigações dos donos de obra)

No âmbito do disposto no presente título, incumbe aos donos de obras públicas:

a) assegurar-se do cumprimento da lei por parte das entidades que executam trabalhos em obras públicas sob sua responsabilidade;

b) comunicar o incumprimento do disposto no presente capítulo ao Conselho Superior de Obras Públicas e à Comissão Nacional de Classificação e Inscrição de empreiteiros de Obras Públicas e Construção Civil;

c) comunicar às autoridades competentes da saúde, protecção e higiene no trabalho as irregularidades verificadas em matérias da sua competência;

d) participar à Comissão Nacional de Classificação e Inscrição de empreiteiros de Obras Públicas e Construção Civil os casos em que detecte o exercício legal da profissão por parte de subempreiteiro ou autorização por este de pessoal em violação do disposto no artigo seguinte.

Artigo 345.° – (Prestações de serviço)

1. Para além das subempreitadas, ficam proibidas todas as prestações de serviço para a execução de obras públicas.

2. O disposto no número anterior não se aplica aos técnicos responsáveis pela obra nem aos casos em que os serviços a prestar se revistam de elevada especialização técnica ou artística e não sejam enquadráveis em qualquer das subcategorias previstas para o exercício da actividade de empreiteiro de obras públicas, nos termos da legislação aplicável.

3. A violação ao disposto no presente artigo confere ao dono da obra o direito de rescindir o contrato, sem prejuízo do disposto no artigo 208.° da presente lei.

Artigo 346.° – (Responsabilidade do empreiteiro)

Não obstante a celebração de um ou de mais contratos de subempreitada, ainda que sem a intervenção do empreiteiro, este é sempre responsável perante o dono da obra pelas obrigações decorrentes do contrato de empreitada de obras públicas, bem como pelos actos ou omissões praticados por qualquer subempreiteiro, em violação daquele contrato.

Artigo 347.° – (Derrogação e prevalência)

1. Para efeitos do disposto no presente regime, é aplicável às subempreitadas o regime geral das empreitadas de construção civil.

2. Em qualquer caso, o regime constante do presente capítulo prevalece sobre o regime geral das empreitadas de construção civil, na parte em que, com o mesmo, se não conforme.

TÍTULO VI - Transgressões Administrativas

Artigo 348.º - (Remissão)
A previsão de factos ilícitos e a respectiva punibilidade, a título de transgressão administrativa, por infracção ao disposto no presente diploma, é disciplinada por diploma próprio.

TÍTULO VII - Disposições Finais

Artigo 349.º - (Fornecimento de obras)
A presente lei é aplicável, com as devidas adaptações, aos contratos de fornecimento de obras, entendendo-se como tal, os contratos em que uma das partes se obriga em relação à outra à entrega de materiais ou bens móveis que se destinem a ser incorporados ou a complementar uma obra mediante um preço e em determinado prazo.

Artigo 350.º - (Contratos de concessão de obras e serviços públicos)
Lei especial deve regular a concessão de obras e serviços públicos, com respeito pelos princípios estabelecidos na presente lei.

Artigo 351.º - (Auditoria e fiscalização)
1. As actividades da contratação pública estão sujeitas aos mecanismos de fiscalização estabelecidos na lei.
2. Todas as entidades contratantes e os seus funcionários e agentes, assim como outros participantes nos processos de contratação devem, de acordo com a lei, promover a cooperação integral com os órgãos de fiscalização e de inspecção do sector público.

Artigo 352.º - (Supervisão)
A supervisão do mercado da contratação pública, incluindo a conformidade dos respectivos mecanismos de actuação com a lei, cabe ao Gabinete da Contratação Pública, nos termos da respectiva lei orgânica.

Artigo 353.º - (Princípio da equivalência da utilização de meios físicos ou de meios electrónicos)
O Estado deve assegurar a efectiva equivalência entre a tramitação electrónica dos procedimentos e a sua tramitação em suporte físico ou papel.

Artigo 354.º - (Notificações e comunicações)
1. Todas as notificações e comunicações entre a entidade contratante ou a comissão de avaliação do procedimento e os interessados, os candidatos, os concorrentes e

o adjudicatário devem ser escritas e redigidas em português e efectuadas através de correio electrónico ou de outro meio de transmissão escrita e electrónica de dados, no caso de a entidade contratante optar pelo modo de apresentação de candidaturas e propostas em suporte electrónico.

2. Caso a entidade contratante opte pelo modo de apresentação de propostas em suporte de papel, as notificações e comunicações referidas no n.º 1 podem ser efectuadas por via postal, mediante registo com aviso de recepção, por telecópia ou por qualquer outro meio de, comprovadamente, fazer chegar as notificações e comunicações à/s parte/s interessada/s.

3. Para efeito do disposto no número anterior, as comunicações dos candidatos ou concorrentes podem ainda ser entregues directamente no departamento indicado pela entidade contratante, contra recibo.

Artigo 355.º – (Data das notificações e das comunicações)

1. As notificações e as comunicações consideram-se feitas:

a) na data da respectiva expedição, quando efectuadas através de correio electrónico ou de outro meio de transmissão escrita e electrónica de dados;

b) na data constante do relatório de transmissão bem sucedido, quando efectuado através de telecópia;

c) na data da assinatura do aviso, quando efectuadas por carta registada com aviso de recepção;

d) na data da entrega, quando entregues nos serviços da entidade contratante, no caso previsto no n.º 3 do artigo anterior.

2. As comunicações que tenham como destinatário a entidade contratante ou a Comissão de Avaliação e que sejam efectuadas através de correio electrónico, telecópia ou outro meio de transmissão escrita e electrónica de dados após as 17 horas do local de recepção ou em dia não útil nesse mesmo local, presumem-se feitas às 10 horas do dia útil seguinte.

Artigo 356.º – (Contagem dos prazos)

1. Os prazos estabelecidos na presente lei contam-se em dias úteis, suspendendo-se nos sábados, domingos e feriados.

2. Os prazos fixados para a apresentação de candidaturas, propostas e soluções são contínuos, não se suspendendo nos sábados, domingos e feriados.

Artigo 357.º – (Publicitação da actualização dos limites de valores)

A publicitação dos valores actualizados a que se referem as alíneas *a)*, *b)* e *d)* do artigo 23.º da presente lei deve ser feita através de decreto executivo do Ministro das Finanças.

Artigo 358.° – (Apresentação de propostas e de candidaturas em suporte de papel)

1. A apresentação de propostas e de candidaturas, enquanto não entrarem em vigor as disposições relativas à utilização de plataformas electrónicas, pelas entidades públicas contratantes, deve ser efectuada em suporte de papel.

2. Com a entrada em vigor da legislação prevista no artigo 12.° da presente lei e desde que cumpridas as condições ali previstas, a entidade pública contratante pode optar, alternativamente e segundo a sua conveniência, pelo modo de apresentação de propostas em suporte de papel ou através de meios electrónicos.

Artigo 359.° – (Direito subsidiário)

Em tudo o que não esteja especialmente previsto na presente lei recorre-se às leis e regulamentos que prevejam casos análogos e aos princípios gerais de direito administrativo.

Artigo 360.° – (Delegação de competência)

É delegada competência ao Titular do Poder Executivo para proceder à modificação das tabelas e outros valores e disposições constantes dos Anexos da presente lei.

Artigo 361.° – (Revogação de direito anterior)

São revogadas todas as disposições legais que contrariem a presente lei, nomeadamente o Decreto n.° 40/05, de 8 de Junho, o Decreto n.º 26/00, de 12 de Maio e o Decreto n.° 7/96, de 16 de Fevereiro.

Artigo 362.° – (Aplicação no tempo)

A presente lei é aplicável aos procedimentos de contratação pública iniciados após a data da sua entrada em vigor.

Artigo 363.° – (Dúvidas e omissões)

As dúvidas e omissões resultantes da interpretação e da aplicação da presente lei são resolvidas pela Assembleia Nacional.

Artigo 364.° – (Entrada em vigor)

1. A presente lei entra em vigor 90 dias após a data da sua publicação.

2. A entrada em vigor das disposições da presente lei relativas à utilização do Portal da Contratação Pública, designadamente as que prevêem a obrigação de publicitação da abertura de concursos e das respectivas peças procedimentais é fixada por diploma legal no prazo de 90 dias.

3. As disposições da presente lei relativas à utilização de plataformas electrónicas pelas entidades públicas contratantes, nomeadamente as relativas ao modo de apresentação de propostas e de candidaturas através da utilização de meios electrónicos, entram em vigor com a entrada em vigor da legislação prevista no n.º 2 do artigo 12.º da presente lei.

Vista e aprovada pela Assembleia Nacional, em Luanda, aos 3 de Agosto de 2010.
O Presidente da Assembleia Nacional, *António Paulo Kassoma.*
Promulgada aos 26 de Agosto de 2010.
Publique-se.
O Presidente da República, *José Eduardo dos Santos.*

ANEXO I - Tabela a que se refere o artigo 25.º da presente lei

Nível	Valor limite (Kz)	Artigos, números e alíneas de aplicação
1	5 000 000,00	25.º, c) e d)
2	18 000 000,00	25.º, b)
3	36 000 000,00	25.º, b)
4	73 000 000,00	25.º, b)
5	91 000 000,00	25.º, b)
6	182 000 000,00	25.º, a)
7	320 000 000,00	25.º, a)
8	500 000 000,00	25.º, a)
9	1 000 000 000,00	25.º, a)
10	1 100 000 000,00	25.º, a)

O Presidente da Assembleia Nacional, *António Paulo Kassoma.*
O Presidente da República, *José Eduardo dos Santos.*

ANEXO II - Competência para a autorização de despesas a que se referem os artigos 34.º, 36.º, 37.º e 40.º da presente lei

1. São competentes para autorizar a despesa relativa aos contratos sujeitos ao regime da contratação pública as seguintes entidades:
a) sem limite, o Titular do Poder do Executivo;
b) até Kz: 1 000 000 000,00, por delegação originária do Titular do Poder Executivo, os Ministros de Estado e os Ministros;

LEI N.º 20/10, DE 7 DE SETEMBRO

c) até Kz: 500 000 000,00, por delegação originária do Titular do Poder Executivo, os Ministros de Estado, Ministros, Governadores Provinciais e os órgãos máximos dos Institutos Públicos, Empresas Públicas e Serviços e Fundos Autónomos.

2. As despesas devidamente discriminadas incluídas em planos de actividade que sejam objecto de aprovação tutelar, podem ser autorizadas pelos órgãos máximos dos Institutos Públicos, Empresas Públicas e Serviços e Fundos Autónomos até ao limite de Kz: 500 000 000,00.

3. A celebração de contratos de arrendamento de imóveis para instalação de serviços do Estado e Institutos Públicos, Empresas Públicas e Serviços e Fundos Autónomos carece de autorização:

a) do respectivo Ministro da Tutela, quando a renda anual não exceda Kz: 73 000 000,00;

b) do respectivo Ministro da Tutela e do Ministro das Finanças, quando a renda anual seja superior ao limite estabelecido na alínea anterior.

4. São competentes para autorizar despesas sem concurso previstas no artigo 37.º:

a) sem limites, o Titular do Poder Executivo;

b) até Kz: 91 000 000,00, os Ministros de Estado;

c) até K: 36 000 000,00, os Ministros, Governadores Provinciais e os órgãos máximos dos Institutos Públicos, Empresas Públicas e Serviços e Fundos Autónomos.

5. As despesas previstas na alínea *b)* do n.º 1 do artigo 40.º não necessitam de autorização prévia dos Ministros das Finanças e da Tutela quando os seus encargos não excedam o limite de Kz: 320 000 000,00 em cada um dos anos económicos seguintes ao da sua contracção.

6. Nos termos do n.º 7 do artigo 40.º, pode ser delegada nos órgãos locais do Estado a competência para autorizar despesas até Kz: 180 000 000,00.

O Presidente da Assembleia Nacional, *António Paulo Kassoma.*
O Presidente da República, *José Eduardo dos Santos.*

ANEXO III - Concursos abertos à participação de pessoas singulares ou colectivas estrangeiras a que se refere o n.º 1 do artigo 52.º da presente lei

1. Os candidatos ou concorrentes que sejam pessoas singulares ou colectivas estrangeiras podem candidatar-se ou apresentar propostas em procedimento de formação de contratos cujo valor estimado seja igual ou superior a Kz: 500 000 000,00, quando se tratar de empreitadas de obras públicas e a Kz: 73 000 000,00 quando se trate de aquisição de bens ou serviços.

O Presidente da Assembleia Nacional, *António Paulo Kassoma.*
O Presidente da República, *José Eduardo dos Santos.*

ANEXO IV - Anúncio de Abertura de Procedimento de Concurso Público

Entidade Contratante:
1.1. Designação:
1.2. Endereço/Localidade/Código postal:
1.3. Telefone/Fax:
1.4. Correio electrónico/Endereço Internet (URL):
1.5. Tipo de entidade contratante e suas principais actividades:
1.6. A entidade contratante está a contratar por conta de outras entidades (Sim ou Não):

2. Objecto do Contrato ou da Aquisição:
2.1. Designação dada ao contrato pela entidade contratante:
2.2. Tipo de Contrato (fornecimentos/serviços/obras):
2.3. Local da entrega dos fornecimentos, da realização das obras ou da prestação de serviços:
2.4. O anúncio implica (sim ou não).
2.4.1. Um contrato público:
2.4.2. A celebração de um acordo-quadro:
2.4.3. A instauração de um Sistema de Aquisição Dinâmica Electrónica (SADE):
2.5. Informação relativa a um acordo-quadro (se aplicável):
2.5.1. Acordo-quadro com quantos operadores:
2.5.2. Duração do acordo-quadro (meses/anos):
2.5.3. Justificação para um acordo-quadro de duração superior a quatro anos:
2.5.4. Valor estimado das aquisições para toda a duração do acordo-quadro:
2.6. Breve descrição do contrato ou das aquisições:
2.7. Quantidade ou extensão do contrato (se aplicável):
2.7.1. Valor do contrato ou intervalo de valor (ou seja, um valor entre _____ e _____):
2.8. Duração do contrato ou prazo para a sua execução:

3. Informação de Carácter Jurídico, Económico, Financeiro e Técnico:
3.1. Cauções e garantias exigidas (se aplicável):
3.2. Principais modalidades de financiamento e pagamento:
3.3. Forma jurídica que deve revestir o grupo de concorrentes adjudicatários (se aplicável):
3.4. Condições de participação:
3.4.1. Situação pessoal dos operadores económicos, nomeadamente requisitos em matéria de inscrição nos registos profissionais ou comerciais:

3.4.2. Capacidade económica e financeira (informações e formalidades necessárias):

3.4.3. Capacidade técnica (informações e formalidades necessárias):

3.5. A execução de contratos ou de serviços está reservada a uma profissão específica (sim ou não):

3.5.1. Em caso afirmativo, indique às disposições legais ou regulamentares pertinentes:

3.5.2. As pessoas colectivas devem indicar os nomes e habilitações profissionais do pessoal responsável pela execução do serviço (sim ou não):

3.6. Indicar a eventual admissibilidade de propostas relativas a parte dos serviços ou dos bens postos a concurso:

3.7. Indicar a eventual proibição de variantes ou condições divergentes:

4. Processo:

4.1. Critérios de adjudicação:

4.1.1. Indicar se de «Preço mais baixo» e/ou da «Proposta economicamente mais vantajosa», tendo em conta os critérios enunciados no caderno de encargos ou no convite à apresentação de propostas:

4.2. Indicar se o processo contempla o leilão electrónico (sim ou não):

4.2.1. Em caso afirmativo, fornecer informação complementar acerca do leilão electrónico (se aplicável):

4.3. Condições para obtenção do caderno de encargos e documentos complementares (excepto para SADE):

4.3.1. Prazo para a recepção de pedidos de documentos ou para aceder aos documentos (data e hora):

4.3.2. Preço, condições e modo de pagamento dos documentos a título oneroso (se aplicável):

4.4. Prazo para a recepção das propostas ou dos pedidos de participação (data e hora):

4.5. Data de envio dos convites à apresentação de propostas ou para participar aos candidatos seleccionados (data):

4.6. Período mínimo durante o qual o concorrente é obrigado a manter a sua proposta (meses/dias/data):

4.6.1. Pessoas autorizadas a assistirem à abertura das propostas (se aplicável):

4.7. Data de envio do anúncio para publicação na 3.ª série do *Diário da República*:

4.8. Data do envio do anúncio para publicação na *Imprensa Nacional*:

5. Informações Complementares:

5.1. Trata-se de um contrato de carácter periódico (sim ou não) (se aplicável):

5.1.1. Em caso afirmativo, indique o calendário previsional para a publicação de anúncios posteriores:

5.2. Contrato relacionado com um projecto e/ou programa financiado por determinados fundos:

5.2.1. Em caso afirmativo, fazer referência aos projectos e/ou programas:

5.3. Endereço e pontos de contacto onde podem ser obtidas informações adicionais:

5.3.1. Designação oficial:

5.3.2. Endereço/Localidade/Código postal:

5.3.3. Telefone/Fax:

5.3.4. Correio electrónico/Endereço Internet (URL):

5.4. Endereço e pontos de contacto onde se pode obter o caderno de encargos e os documentos complementares (incluindo documentos relativos a um SADE):

5.4.1. Designação oficial:

5.4.2. Endereço/Localidade/Código postal:

5.4.3. Telefone/Fax:

5.4.4. Correio electrónico/Endereço Internet (URL):

5.5. Endereço e pontos de contacto para onde devem ser enviados as propostas/ /pedidos de participação:

5.5.1. Designação oficial:

5.5.2. Endereço/Localidade/Código postal:

5.5.3. Telefone/Fax:

5.5.4. Correio electrónico/Endereço Internet (URL):

5.6. Organismo responsável pelos processos de recurso:

5.6.1. Designação oficial:

5.6.2. Endereço/Localidade/Código postal:

5.6.3. Telefone/Fax:

5.6.4. Correio electrónico/Endereço Internet (URL):

5.6.5. Informação sobre os prazos para interposição de recursos:

5.7. Outras informações (se aplicável):

O Presidente da Assembleia Nacional, *António Paulo Kassoma*.

O Presidente da República, *José Eduardo dos Santos*.

ANEXO V - Anúncio de Abertura de Procedimento de Concurso Limitado por Prévia Qualificação

1. Entidade Contratante:

1.1. Designação:

1.2. Endereço/Localidade/Código postal:

1.3. Telefone/Fax:

1.4. Correio electrónico/Endereço Internet (URL):

1.5. Tipo de entidade contratante e suas principais actividades:

1.6. A entidade contratante está a contratar por conta de outras entidades (sim ou não):

2. Objecto do Contrato ou da Aquisição:

2.1. Designação dada ao contrato ou ao sistema de qualificação pela entidade contratante:

2.2. Tipo de Contrato (fornecimentos/serviços/obras):

2.3. Local da entrega dos fornecimentos, da realização das obras ou da prestação de serviços:

2.4. O anúncio implica (sim ou não).

2.4.1. Um contrato público:

2.4.2. A celebração de um acordo-quadro:

2.4.3. A instauração de um Sistema de Aquisição Dinâmica Electrónica (SADE):

2.5. Informação relativa a um acordo-quadro (se aplicável):

2.5.1. Acordo-quadro com quantos operadores:

2.5.2. Duração do acordo-quadro (meses/anos):

2.5.3. Justificação para um acordo-quadro de duração superior a quatro anos:

2.5.4. Valor estimado das aquisições para toda a duração do acordo-quadro:

2.6. Breve descrição do contrato ou das aquisições:

2.7. Quantidade ou extensão do contrato (se aplicável):

2.7.1. Valor do contrato ou intervalo de valor (ou seja, um valor entre _____ e _____):

2.8. Duração do contrato ou prazo para a sua execução:

3. Informação de Carácter Jurídico, Económico, Financeiro e Técnico:

3.1. Cauções e garantias exigidas (se aplicável):

3.2. Principais modalidades de financiamento e pagamento:

3.3. Forma jurídica que deve revestir o grupo de concorrentes adjudicatários (se aplicável):

3.4. Condições a satisfazer pelos concorrentes com vista à sua qualificação:

3.4.1. Situação pessoal dos operadores económicos, nomeadamente requisitos em matéria de inscrição nos registos profissionais ou comerciais:

3.4.2. Capacidade económica e financeira (informações e formalidades necessárias):

3.4.3. Capacidade técnica (informações e formalidades necessárias):

3.5. A execução de contratos ou de serviços está reservada a uma profissão específica (sim ou não):

3.5.1. Em caso afirmativo, indique às disposições legais ou regulamentares pertinentes:

3.5.2. As pessoas colectivas devem indicar os nomes e as habilitações profissionais do pessoal responsável pela execução do serviço (sim ou não):

3.6. Indicar a eventual admissibilidade de propostas relativas a parte dos serviços ou do bens postos a concurso:

3.7. Indicar a eventual proibição de variantes ou condições divergentes:

4. Processo:

4.1. Critérios de adjudicação:

4.1.1. Indicar se de «Preço mais baixo» e/ou da «Proposta economicamente mais vantajosa», tendo em conta os critérios enunciados no convite para apresentação de propostas:

4.2. Indicar se o processo contempla o leilão electrónico (sim ou não):

4.2.1. Em caso afirmativo, fornecer informação complementar acerca do leilão electrónico (se aplicável):

4.3. Data limite de apresentação das candidaturas:

4.4. Data limite de envio dos convites para apresentação de propostas e o número previsto de convidados:

4.5. Data de envio do anúncio para publicação na 3.ª série do *Diário da República*:

4.6. Data do envio do anúncio para publicação na *Imprensa Nacional*:

5. Informações Complementares:

5.1. Trata-se de um contrato de carácter periódico (sim ou não) (se aplicável):

5.1.1. Em caso afirmativo, indique o calendário previsional para a publicação de anúncios posteriores:

5.2. Contrato relacionado com um projecto e/ou programa financiado por determinados fundos:

5.2.1. Em caso afirmativo, fazer referência aos projectos e/ou programas:

5.3. Endereço e pontos de contacto onde podem ser obtidas informações adicionais:

5.3.1. Designação oficial:

5.3.2. Endereço/Localidade/Código postal:

5.3.3. Telefone/Fax:

5.3.4. Correio electrónico/Endereço Internet (URL):

5.4. Endereço e pontos de contacto onde se pode obter o programa de concurso.

5.4.1. Designação oficial:

5.4.2. Endereço/Localidade/Código postal:

5.4.3. Telefone/Fax:

5.4.4. Correio electrónico/Endereço Internet (URL):

LEI N.º 20/10, DE 7 DE SETEMBRO

5.5. Endereço e pontos de contacto para onde devem ser enviados as candidaturas:
5.5.1. Designação oficial:
5.5.2. Endereço/Localidade/Código postal:
5.5.3. Telefone/Fax:
5.5.4. Correio electrónico/Endereço Internet (URL):
5.6. Organismo responsável pelos processos de recurso.
5.6.1. Designação oficial:
5.6.2. Endereço/Localidade/Código postal:
5.6.3. Telefone/Fax:
5.6.4. Correio electrónico/Endereço Internet (URL):
5.6.5. Informação sobre os prazos para interposição de recursos:
5.7. Outras informações (se aplicável):

O Presidente da Assembleia Nacional, *António Paulo Kassoma*.
O Presidente da República, *José Eduardo dos Santos*.

ANEXO VI - Anúncio de Abertura de Procedimento por Negociação

1. Entidade Contratante:
1.1. Designação:
1.2. Endereço/Localidade/Código postal:
1.3. Telefone/Fax:
1.4. Correio electrónico/Endereço Internet (URL):
1.5. Tipo de entidade contratante e suas principais actividades:
1.6. A entidade contratante está a contratar por conta de outras entidades (sim ou não):

2. Objecto do Contrato ou da Aquisição:
2.1. Designação dada ao contrato ou ao sistema de qualificação pela entidade contratante:
2.2. Tipo de Contrato (fornecimentos/serviços/obras):
2.3. Local da entrega dos fornecimentos, da realização das obras ou da prestação de serviços:
2.4. O anúncio implica (sim ou não)
2.4.1. Um contrato público:
2.4.2. A celebração de um acordo-quadro:
2.4.3. A instauração de um Sistema de Aquisição Dinâmica Electrónica (SADE):
2.5. Informação relativa a um acordo-quadro (se aplicável):
2.5.1. Acordo-quadro com quantos operadores:

2.5.2. Duração do acordo-quadro (meses/anos):

2.5.3. Justificação para um acordo-quadro de duração superior a quatro anos:

2.5.4. Valor estimado das aquisições para toda a duração do acordo-quadro:

2.6. Breve descrição do contrato ou das aquisições:

2.7. Quantidade ou extensão do contrato (se aplicável):

2.7.1. Valor do contrato ou intervalo de valor (ou seja, um valor entre _____ e _____):

2.8. Duração do contrato ou prazo para a sua execução:

3. Informação de Carácter Jurídico, Económico, Financeiro e Técnico:

3.1. Cauções e garantias exigidas (se aplicável):

3.2. Principais modalidades de financiamento e pagamento:

3.3. Forma jurídica que deve revestir o grupo de concorrentes adjudicatários (se aplicável):

3.4. Condições a satisfazer pelos concorrentes com vista à sua participação:

3.4.1. Situação pessoal dos operadores económicos, nomeadamente requisitos em matéria de inscrição nos registos profissionais ou comerciais:

3.4.2. Capacidade económica e financeira (informações e formalidades necessárias):

3.4.3. Capacidade técnica (informações e formalidades necessárias):

3.5. A execução de contratos ou de serviços está reservada a uma profissão específica (sim ou não):

3.5.1. Em caso afirmativo, indique às disposições legais ou regulamentares pertinentes:

3.5.2. As pessoas colectivas devem indicar os nomes e as habilitações profissionais do pessoal responsável pela execução do serviço (sim ou não):

3.6. Indicar a eventual admissibilidade de propostas relativas a parte dos serviços ou dos bens postos a concurso:

3.7. Indicar a eventual proibição de variantes ou condições divergentes:

4. Processo:

4.1. Critérios de adjudicação:

4.1.1. Indicar se de «Preço mais baixo» e/ou da «Proposta economicamente mais vantajosa», tendo em conta os critérios enunciados no convite para apresentação de propostas:

4.2. Indicar se o processo contempla o leilão electrónico (sim ou não):

4.2.1. Em caso afirmativo, fornecer informação complementar acerca do leilão electrónico (se aplicável):

4.3. Data limite de apresentação das candidaturas:

4.4. Número previsto de participantes que serão convidados a apresentar propostas:

4.5. Data de envio do anúncio para publicação na 3.ª série do *Diário da República*:
4.6. Data do envio do anúncio para publicação na *Imprensa Nacional*:

5. Informações Complementares:
5.1. Trata-se de um contrato de carácter periódico (sim ou não) (se aplicável):
5.1.1. Em caso afirmativo, indique o calendário previsional para a publicação de anúncios posteriores:
5.2. Contrato relacionado com um projecto e/ou programa financiado por determinados fundos.
5.2.1. Em caso afirmativo, fazer referência aos projectos e/ou programas:
5.3. Endereço e pontos de contacto onde podem ser obtidas informações adicionais.
5.3.1. Designação oficial:
5.3.2. Endereço/Localidade/Código postal:
5.3.3. Telefone/Fax:
5.3.4. Correio electrónico/Endereço Internet (URL):
5.4. Endereço e pontos de contacto onde se pode obter o programa de concurso:
5.4.1. Designação oficial:
5.4.2. Endereço/Localidade/Código postal:
5.4.3. Telefone/Fax:
5.4.4. Correio electrónico/Endereço Internet (URL):
5.5. Endereço e pontos de contacto para onde devem ser enviados as candidaturas:
5.5.1. Designação oficial:
5.5.2. Endereço/Localidade/Código postal:
5.5.3. Telefone/Fax:
5.5.4. Correio electrónico/Endereço Internet (URL):
5.6. Organismo responsável pelos processos de recurso.
5.6.1. Designação oficial:
5.6.2. Endereço/Localidade/Código postal:
5.6.3. Telefone/Fax:
5.6.4. Correio electrónico/Endereço Internet (URL):
5.6.5. Informação sobre os prazos para interposição de recursos:
5.7. Outras informações (se aplicável):

O Presidente da Assembleia Nacional, *António Paulo Kassoma*.
O Presidente da República, *José Eduardo dos Santos*.

Decreto Presidencial n.º 298/10 de 3 de Dezembro

Convindo adequar o sistema de contratação pública à nova realidade constitucional, bem como uniformizar a disciplina jurídica aplicável à contratação de empreitadas de obras públicas e à aquisição de bens e serviços por entidades públicas ao abrigo da Lei n.º 20/10, de 7 de Setembro, da Contratação Pública;

Tendo em conta que, por um lado, é necessário simplificar os procedimentos de aquisição de bens e serviços e, por outro lado, estabelecer o regime de utilização das novas tecnologias em matéria de contratação pública;

Tendo, ainda, em conta que aquisição de bens e serviços exige a criação de uma estrutura administrativa com a função de fiscalizar, auditar o cumprimento dos procedimentos legais e de supervisionar o mercado da contratação pública;

O Presidente da República decreta, nos termos da alínea l) do artigo 120.º e do artigo 125.º, ambos da Constituição da República de Angola, o seguinte:

Artigo 1.º
É criado o Gabinete da Contratação Pública ao qual compete fiscalizar e supervisionar o mercado da contratação pública, bem como apoiar o Executivo na implementação de políticas de contratação pública.

Artigo 2.º
É aprovado o regime jurídico de organização e funcionamento do Gabinete da Contratação Pública, anexo ao presente Decreto Presidencial e que dele faz parte integrante.

Artigo 3.º
O Gabinete da Contratação Pública é tutelado pelo Ministério das Finanças.

Artigo 4.°

As dúvidas e omissões resultantes da interpretação e aplicação do presente Decreto Presidencial são resolvidas pelo Presidente da República.

Artigo 5.°

O presente Decreto Presidencial entra em vigor na data da sua publicação.

Apreciado em Conselho de Ministros, em Luanda, aos 28 de Abril de 2010.
Luanda, aos 25 de Novembro de 2010.
O Presidente da República, *JOSÉ EDUARDO DOS SANTOS*.

REGIME JURÍDICO DE ORGANIZAÇÃO E FUNCIONAMENTO DO GABINETE DA CONTRATAÇÃO PÚBLICA

CAPÍTULO I – Regime Jurídico, Natureza e Sede

Artigo 1.° – (Natureza)

O Gabinete da Contratação Pública é uma pessoa colectiva de direito público dotada de autonomia administrativa e financeira e de património próprio.

Artigo 2.° – (Regime jurídico)

O Gabinete da Contratação Pública rege-se pelo presente diploma, bem como pelas disposições previstas na Lei da Contratação Pública e demais legislação aplicável.

Artigo 3.° – (Sede)

O Gabinete da Contratação Pública tem a sua sede em Luanda, podendo excepcionalmente criar outras formas de representação noutras províncias do País.

CAPÍTULO II – Atribuições

Artigo 4.° – (Atribuições)

1. O Gabinete da Contratação Pública tem as seguintes atribuições:

a) Apoiar o Executivo em matéria de definição e implementação de políticas e práticas relativas à contratação pública;

b) Fiscalizar, auditar e supervisionar os processos de contratação, em colaboração com os organismos competentes para o efeito;

c) Informar sobre todos os actos inerentes à contratação pública;

DECRETO PRESIDENCIAL N.º 298/10 DE 3 DE DEZEMBRO

d) Constituir-se em observatório da contratação pública, através do estímulo à adopção das melhores práticas e de novos procedimentos aquisitivos e a melhoria dos procedimentos de aquisição pública;

e) Elaborar as normas, regulamentos e instruções para normalizar os processos de contratação pública;

f) Decidir e submeter a nível superior as reclamações e os recursos hierárquicos apresentados pelo candidato ou pelos concorrentes;

g) Assegurar que as políticas e procedimentos legais referentes ao processo de compras sejam cumpridos;

h) Assegurar que os contratos importantes sejam acordados no devido nível, antes de qualquer informação pública.

2. No âmbito das suas atribuições, o Gabinete da Contratação Pública apoia, coadjuva e coopera, consoante os casos, e sempre que solicitado com as seguintes entidades:

a) Ministro das Finanças;

b) Entidades contratantes;

c) Tribunal de Contas;

d) Inspecção Geral da Administração do Estado;

e) Inspecção Geral de Finanças;

f) Direcção Nacional do Património do Estado;

g) Qualquer outra entidade que solicite a sua colaboração.

3. No âmbito da prossecução das suas atribuições, o Gabinete da Contratação Pública pode contratar serviços técnicos e especializados que reputar necessários, a tempo integral ou parcial, ou por períodos de tempo determinados para a realização de tarefas previamente especificadas.

4. Os órgãos da Administração Pública central e local, directa e indirecta, devem prestar toda a colaboração e apoio necessários à prossecução das atribuições acometidas ao Gabinete da Contratação Pública.

Artigo 5.º – (Fiscalização)

No âmbito da prossecução do objecto de fiscalização, compete ao Gabinete da Contratação Pública o seguinte:

a) Fiscalizar o cumprimento pelas entidades contratantes das normas legais aplicáveis aos procedimentos de contratação a que dêem origem;

b) Fiscalizar o cumprimento pelas entidades gestoras das plataformas electrónicas das respectivas obrigações legais;

c) Fiscalizar a conformidade das plataformas electrónicas próprias das entidades contratantes com as regras previstas na legislação sobre contratação electrónica;

d) Fiscalizar a conformidade das plataformas electrónicas individualmente disponibilizadas às entidades contratantes no Portal da Contratação Pública com as respectivas regras de conformidade previstas no diploma legal referido na alínea anterior;

e) Fiscalizar o funcionamento do Portal da Contratação Pública;

f) Fiscalizar o cumprimento pelos interessados, candidatos e concorrentes das obrigações para si emergentes decorrentes dos princípios da contratação pública e da concorrência.

Artigo 6.º – (Auditoria)

No âmbito da prossecução das suas atribuições de auditoria, deve o Gabinete da Contratação Pública realizar e promover auditorias, internas ou externas, no seguinte:

a) Às plataformas electrónicas;

b) Às entidades contratantes;

c) Aos procedimentos de contratação lançados pelas entidades contratantes.

Artigo 7.º – (Supervisão e regulação)

No âmbito da prossecução das atribuições de supervisão e regulação, compete ao Gabinete o seguinte:

a) Supervisionar o funcionamento do mercado de contratação pública;

b) Acompanhar e observar a aplicação pelas entidades responsáveis da legislação em vigor sobre a contratação pública;

c) Acompanhar o uso dos meios electrónicos e informáticos postos a disposição das entidades, para efeitos de contratação pública;

d) Elaborar manuais orientadores para uma efectiva utilização de todos os meios postos a disposição para a contratação pública.

Artigo 8.º – (Metodologia de supervisão)

Para efeitos de prossecução do disposto no artigo anterior, o Gabinete da Contratação Pública deve prosseguir o seguinte:

a) Propor ao Ministro das Finanças as medidas que repute necessárias no âmbito da legislação sobre a contratação pública;

b) Propor ao Ministro das Finanças os formulários tipo, o conteúdo das fichas técnicas, o conteúdo dos cadernos de encargos tipo para os procedimentos de contratação mais frequentes, os conteúdos dos termos de referências tipo, bem como de outros documentos de utilização obrigatória;

c) Propor ao Ministro das Finanças as regras éticas e profissionais que repute mais adequadas;

d) Apoiar no desenvolvimento e administrar o Portal da Contratação Pública, propondo as soluções técnicas e de conformidade que reputar mais adequadas e eficientes;

e) Supervisionar o cumprimento pelas plataformas electrónicas das respectivas regras de utilização e de conformidade.

DECRETO PRESIDENCIAL N.º 298/10 DE 3 DE DEZEMBRO

Artigo 9.º - (Recomendação)

No âmbito da prossecução das atribuições de recomendação, deve o Gabinete da Contratação Pública o seguinte:

a) Estudar as melhores medidas ou as que repute necessárias para melhorar a legislação da contratação pública e propor à tutela;

b) Recomendar às entidades contratantes e às entidades suas representantes, gestoras das plataformas electrónicas, as medidas que repute necessárias para a melhoria das suas práticas ou das dos seus funcionários.

Artigo 10.º - (Promoção)

No âmbito da prossecução das atribuições de promoção deve o Gabinete da Contratação Pública, o seguinte:

a) Difundir e fomentar o conhecimento das normas legais e regulamentares aplicáveis;

b) Difundir e fomentar a adopção de boas práticas uniformes;

c) Promover a formação profissional e ética dos seus trabalhadores e dos trabalhadores das entidades contratantes que lidem com os procedimentos de contratação pública;

d) Desenvolver, incentivar ou patrocinar, por si ou em colaboração com outras entidades, estudos, inquéritos, publicações, acções de formação e outras iniciativas semelhantes, que concorram para a boa aplicação da legislação da contratação pública.

Artigo 11.º - (Informação)

1. No âmbito da prossecução das atribuições de informação, deve o Gabinete da Contratação Pública o seguinte:

a) Publicar no Portal da Contratação Pública, na área de acesso público, a informação qualificada relevante, nos termos de legislação aplicável;

b) Publicar no Portal da Contratação Pública, na área de acesso público, a informação que considere mais relevante, nomeadamente a legislação sobre contratação pública e respectivas actualizações, estudos, memorandos e dissertações de qualidade que tenham por objecto matéria da contratação pública, formulários tipo, fichas técnicas tipo, peças do procedimento tipo ou outros documentos tipo, instruções, orientações ou relatórios que não contenham matéria classificada ou que se não destinem apenas a ser disponibilizados em área de acesso reservado;

c) Fazer publicar nos jornais de maior circulação a informação qualificada relevante, nos termos da respectiva legislação aplicável.

2. No âmbito das suas atribuições de informação, o Gabinete da Contratação Pública deve tratar, de forma sistemática e reservada, a informação obrigatoriamente posta à sua disposição pelas entidades contratantes, ou por si recolhida, e armazenada na respectiva área do Portal da Contratação Pública, elaborando o seguinte:

a) Relatórios de gestão contendo indicadores sobre preços de referência para tipo ou tipos de contratos, prazos de execução com referência aos mesmos ou dados sobre o cumprimento e o incumprimento dos cadernos de encargos e dos contratos;

b) Listas de fornecedores, de prestadores de serviços e de empreiteiros suspensos ou impedidos de participar em procedimentos de contratação pública;

c) Listas de fornecedores, de prestadores de serviços e de empreiteiros existentes no mercado;

d) Listas das adjudicações e dos respectivos adjudicatários;

e) Listas de preços das adjudicações e de preços efectivamente pagos, na sequência dos trabalhos realizados.

Artigo 12.° – (Coacção e ordenação)

No âmbito da prossecução das atribuições de coacção e de ordenação, deve o Gabinete da Contratação Pública aplicar as medidas previstas por lei, nos prazos previstos, da seguinte forma:

a) Proferir medidas e fazer aplicá-las no âmbito das reclamações, impugnações administrativas e recursos hierárquicos nos termos da Lei da Contratação Pública;

b) Proferir e fazer aplicar as medidas correctivas previstas na Lei da Contratação Pública;

c) Conduzir e decidir os processos de impedimentos previstos na legislação;

d) Tomar as medidas que repute adequadas na sequência das auditorias efectuadas às plataformas electrónicas.

Artigo 13.° – (Sanção)

No âmbito da prossecução das atribuições disciplinares, pode o Gabinete da Contratação Pública proceder o seguinte:

a) Propor a aplicação de sanções que resultem medidas correctivas, nos termos da lei;

b) Aplicar sanções, a título de contra-ordenação, pelas infracções à legislação da contratação pública;

c) Suspender ou a interromper definitivamente o funcionamento das plataformas electrónicas próprias das entidades contratantes que não observem as regras de contratação pública electrónica.

CAPÍTULO III – Órgãos

SECÇÃO I – Organização

Artigo 14.° – (Órgãos e serviços)

1. O Gabinete da Contratação Pública é constituído pelos seguintes órgãos:

a) O Director Geral;

b) O Conselho Directivo;

c) O Conselho Técnico Consultivo;

d) O Conselho Fiscal.

2. São serviços executivos do Gabinete da Contratação Pública os seguintes:

a) Direcção de Serviço de Auditoria e Supervisão;

b) Direcção do Serviço de Assuntos Jurídicos;

c) Direcção do Serviço de Gestão Financeira e Patrimonial;

d) Direcção do Serviço das Aquisições Públicas e Relações Institucionais.

3. O Gabinete deve criar, de acordo com as condições de cada província, formas de representação a nível local nos termos do disposto no n.° 2 do artigo 11.° da Lei n.° 20/10, de 7 de Setembro.

SECÇÃO II – Director Geral do Gabinete

Artigo 15.° – (Director Geral)

1. O Director Geral é o órgão executivo singular de gestão permanente e dirige o Gabinete da Contratação Pública em comissão de serviço, nos termos do presente diploma e de acordo com as orientações emanadas por despacho do Ministro das Finanças.

2. O Director Geral é nomeado pelo Ministro das Finanças e toma posse perante este.

3. Nas suas ausências ou impedimentos, o Director Geral é substituído pelo Director Geral-Adjunto.

4. No desempenho das suas funções, o Director Geral emite circulares e ordens de serviço.

Artigo 16.° – (Competência)

1. Para o exercício das suas atribuições, compete ao Director Geral o seguinte:

a) Definir a política geral de funcionamento do Gabinete da Contratação Pública;

b) Elaborar o plano anual de actividades e o orçamento do Gabinete da Contratação Pública, e submetê-los, com o parecer do Conselho Directivo, à aprovação do Ministro das Finanças;

c) Elaborar o relatório da actividade desenvolvida pelo Gabinete da Contratação Pública em cada exercício, o balanço e as contas anuais, submeter esses documentos, até ao primeiro trimestre do ano seguinte, com o parecer do Conselho Directivo, à aprovação do Ministro das Finanças e publicá-los no prazo de 30 dias após a sua aprovação;

d) Elaborar um relatório trimestral sobre a situação do mercado da contratação pública e apresentar ao Ministro das finanças para conhecimento e posterior publicação;

LEI DA CONTRATAÇÃO PÚBLICA DE ANGOLA - LEI 20/10, DE 7 DE SETEMBRO

e) Cumprir e fazer cumprir as deliberações do Executivo e as decisões do Ministro das Finanças tomadas no exercício dos poderes de tutela;

f) Organizar os serviços e gerir os recursos humanos do Gabinete da Contratação Pública;

g) Gerir os recursos patrimoniais do Gabinete da Contratação Pública;

h) Gerir os recursos financeiros, devendo prestar contas, nos termos da lei;

i) Submeter à apreciação do Conselho Directivo a aquisição, alienação, a locação financeira ou o aluguer de bens móveis e o arrendamento de bens imóveis destinados à instalação, equipamento e funcionamento do Gabinete da Contratação Pública, a nível central e local e remeter à consideração da tutela;

j) Estabelecer o alinhamento do relacionamento institucional com a Direcção Nacional do Património do Estado;

k) Aprovar a contratos de prestação de serviços e autorizar a realização de despesas nos termos da Lei da Contratação Pública vigente;

l) Arrecadar as receitas;

m) Propor e submeter à apreciação do Conselho Directivo o encerramento de delegações e outras de representação, no interior ou exterior do País;

n) Aprovar os planos orçamentais e financeiros das representações provinciais;

o) Aprovar os regulamentos internos e os outros actos normativos cuja competência a lei atribua ao Gabinete da Contratação Pública, incluindo a definição dos preços e das taxas previstas na lei, salvo quando essa competência seja cometida ao Ministro das Finanças;

p) Aprovar recomendações genéricas dirigidas às entidades contratantes e suas representantes, gestoras das respectivas plataformas electrónicas, sujeitas à sua supervisão e pareceres genéricos sobre questões relevantes que lhe sejam colocadas;

q) Deduzir acusação ou praticar acto análogo que impute os factos ao infractor e aplicar coimas e sanções acessórias em processo de contra-ordenação nos termos da lei;

r) Determinar a abertura de processo de averiguações preliminares relativas a crimes contra o mercado da contratação pública, e o seu encerramento;

s) Praticar os demais actos definidos por lei;

t) Decidir sobre quaisquer matérias que sejam atribuídas por lei ao Gabinete da Contratação Pública;

u) Representar o Gabinete da Contratação Pública em actos de qualquer natureza;

v) Convocar o Conselho Directivo e presidir às suas reuniões;

w) Submeter à apreciação do Conselho Fiscal o relatório de contas do Gabinete antes da sua aprovação pelo Conselho Directivo;

x) Convocar o Conselho Técnico Consultivo e presidir às suas reuniões.

2. O Director Geral dispõe de um secretariado executivo de apoio ao exercício das suas funções, nos termos do artigo 31.° do presente diploma.

DECRETO PRESIDENCIAL N.º 298/10 DE 3 DE DEZEMBRO

Artigo 17.º – (Director Geral-Adjunto)

No exercício das suas funções, o Director Geral é coadjuvado por um Director Geral-Adjunto que tem competências delegadas e o substitui nas suas ausências e impedimentos.

Artigo 18.º – (Representação do Gabinete da Contratação Pública)

1. Na prática de actos jurídicos, o Gabinete da Contratação Pública é representado pelo Director Geral, pelo Director Geral-Adjunto ou por um dos membros do Conselho Directivo devidamente mandatado pelo Director Geral ou pelo Conselho Directivo.

2. As notificações dirigidas ao Gabinete da Contratação Pública são eficazes desde que estejam conforme e cumpram o disposto na legislação vigente.

Artigo 19.º – (Delegação de competência)

1. O Director Geral pode delegar, num dos membros do Conselho Directivo ou num dos chefes de departamento, nos termos do regulamento interno do Gabinete da Contratação Pública, a prática de actos inerentes as suas funções nos termos do presente estatuto.

2. O acto de delegação deve ser expresso, publicitado no Portal da Contratação Pública, depois de autorizado pelo Ministro das Finanças.

SECÇÃO III – Conselho Directivo

Artigo 20.º – (Natureza e mandato do Conselho Directivo)

O Conselho Directivo é um órgão colegial do Gabinete de Contratação Pública, ao qual compete deliberar sobre as mais importantes matérias ligadas à contratação pública, à gestão financeira e patrimonial do Gabinete.

Artigo 21.º – (Composição e mandato do Conselho Directivo)

1. O Conselho Directivo é composto pelos seguintes membros:

a) Director Geral;

b) Director Geral-Adjunto;

c) Três vogais nomeados pelo Ministro das Finanças.

2. O Conselho Directivo é presidido pelo Director Geral, cujo mandato é de três anos, podendo ser renovado uma vez por igual período.

3. O disposto no número anterior não impede que o Ministro das Finanças ponha fim às funções de membro do Conselho Directivo, mediante acto de exoneração.

Artigo 22.° – (Competência)

O Conselho Directivo exerce as competências próprias que lhe são atribuídas por lei ou regulamento interno, e as que lhe sejam delegadas pela tutela.

Artigo 23.° – (Reuniões e deliberações)

1. O Conselho Directivo reúne-se, ordinariamente, com a periodicidade fixada no seu regulamento interno e, extraordinariamente, sempre que o Director Geral o convoque, por sua iniciativa, ou a pedido de dois membros do Conselho Directivo.

2. O Conselho Directivo delibera validamente com a presença da maioria dos seus membros.

3. As deliberações são tomadas por maioria dos votos emitidos pelos membros presentes.

4. Das reuniões do Conselho Directivo são lavradas actas, as quais devem ser assinadas pelos membros presentes.

Artigo 24.° – (Estatuto dos membros do Conselho Directivo)

1. Aos membros do Conselho Directivo aplica-se o estatuto dos funcionários públicos.

2. No exercício das suas funções, os membros do Conselho Directivo não podem exercer qualquer outra função pública ou actividade profissional privada, salvo as que constam na legislação vigente.

3. É vetada a participação, directa ou indirecta, dos membros do Conselho Directivo em procedimentos de contratação.

Artigo 25.° – (Cessação de funções)

1. Os membros do Conselho Directivo cessam o exercício das suas funções:

a) Pelo decurso do prazo por que foram designados;

b) Por incapacidade permanente ou por incompatibilidade superveniente do titular;

c) Por renúncia;

d) Por demissão, mediante decisão do Ministro das Finanças, em caso de falta grave, comprovada cometida pelo titular no desempenho das suas funções ou no cumprimento de qualquer obrigação inerente ao cargo.

2. O mandato dos membros do Conselho Directivo cessa com a tomada de posse do novo Conselho Directivo.

SECÇÃO IV – Conselho Fiscal

Artigo 26.° – (Natureza e competência)
1. O Conselho Fiscal é o órgão de controlo e fiscalização ao qual cabe analisar e emitir parecer de índole financeira e patrimonial relacionada com o funcionamento do Gabinete da Contratação Pública, nomeadamente:
a) Emitir, na data legalmente estabelecida, parecer sobre as contas anuais, relatório de actividades e proposta de orçamento privativo do Gabinete;
b) Emitir parecer sobre o cumprimento das normas reguladoras da actividade do Gabinete;
c) Proceder à verificação regular dos fundos existentes e fiscalizar a escrituração da contabilidade.
2. O Presidente do Conselho Fiscal é designado pelo Ministro das Finanças.

Artigo 27.° – (Composição)
1. O Conselho Fiscal é composto por um presidente e dois vogais, sendo um perito contabilista certificado pela Direcção Nacional de Contabilidade Pública.
2. Os membros do Conselho Fiscal devem observar o dever de estrito sigilo sobre os factos de que tenham conhecimento no exercício das suas funções ou por causa delas.
3. O funcionamento do Conselho Fiscal rege-se por um regimento aprovado pelo próprio órgão.
4. É vetada a participação, directa ou indirecta, dos membros do Conselho Fiscal em procedimentos de contratação.

SECÇÃO V – Conselho Técnico Consultivo

Artigo 28.° – (Composição e duração do mandato)
1. O Conselho Técnico Consultivo é presidido pelo Director Geral composto pelo Director Geral-Adjunto, pelos vogais, pelos titulares dos cargos de direcção e chefia e pelos consultores.
2. Os demais membros do Conselho Técnico Consultivo são designados pelo Director Geral do Gabinete da Contratação Pública.

Artigo 29.° – (Competência)
1. O Conselho Técnico Consultivo é o órgão do Gabinete responsável pelos estudos, projectos, análise do mercado da contratação pública, das ferramentas electrónicas.
2. O Conselho Técnico Consultivo tem as seguintes atribuições:

LEI DA CONTRATAÇÃO PÚBLICA DE ANGOLA - LEI 20/10, DE 7 DE SETEMBRO

a) Elaboração de estudos de assessoria científica, que versam sobre questões de contratação pública a título comparativo;

b) Elaboração de propostas técnicas ou científicas que possam auxiliar a prossecução das actividades ligadas a contratação pública em Angola;

c) Participação em conferências ou seminários nacionais ou internacionais, com vista a captação de conhecimentos aplicáveis à realidade angolana;

d) Estabelecer parcerias com instituições congéneres no País ou no estrangeiro;

e) Apoiar no aumento das capacidades técnicas evolutivas dos seus membros e dos órgãos do Gabinete da Contratação Pública.

3. O funcionamento do Conselho Técnico Consultivo é regulado por um regimento próprio aprovado pelo Conselho Directivo.

4. As recomendações do Conselho Técnico Consultivo são aprovadas por maioria dos seus membros.

5. O Conselho Técnico Consultivo exerce as suas competências nos termos da lei, do regulamento interno e as que lhe sejam delegadas pelo Director Geral.

SECÇÃO VI – Organização dos Serviços e Secretariado

Artigo 30.° – (Organização dos serviços)

1. O Director Geral do Gabinete da Contratação Pública decide sobre a orgânica e o modo de funcionamento dos serviços do Gabinete, elaborando e aprovando os regulamentos internos que entenda convenientes.

2. Devem ser criados serviços executivos equivalentes a departamentos, para assessorar directamente os Conselhos Directivo, Fiscal e Técnico Consultivo, nomeadamente:

a) Departamento de Supervisão e Auditoria;

b) Departamento Jurídico;

c) Departamento de Gestão Financeira e Patrimonial;

d) Departamento de Compras Públicas e Relações Institucionais.

3. Podem ser ainda criados outros departamentos que se reputem necessários.

4. Os chefes de departamento são nomeados pelo Director Geral do Gabinete da Contratação Pública, nos termos do presente estatuto e do regulamento interno.

5. De acordo com a especificidade de cada serviço ou departamento, podem ser criadas secções, hierarquicamente inferiores àqueles órgãos, com vista a prossecução da actividade que se repute necessário.

6. A atribuição da gestão de departamentos envolve a delegação da competência necessária a essa gestão.

7. Podem ser delegadas pelo Director Geral aos chefes de departamento as restantes competências reputadas necessárias.

Artigo 31.º – (Secretariado)

1. O Secretariado Executivo do Director Geral do Gabinete da Contratação Pública tem as seguintes atribuições:

a) Preparar a agenda diária do Director Geral;

b) Proceder à recepção, registo, classificação, distribuição e arquivo de toda a correspondência dirigida ao Gabinete da Contratação Pública;

c) Assegurar os serviços de digitalização e reprodução da documentação do Gabinete da Contratação Pública;

d) Assegurar o apoio técnico e administrativo a todos os departamentos do Gabinete da Contratação Pública;

e) Assegurar a execução das demais tarefas que lhe sejam incumbidas pelo Director Geral do Gabinete.

2. O Secretariado é dirigido por um secretário com a categoria de chefe de repartição.

CAPÍTULO IV – Tutela

Artigo 32.º – (Tutela)

1. O Gabinete da Contratação Pública está sujeito à tutela do Ministro das Finanças.

2. Dentre outros previstos especialmente na lei carecem da autorização prévia do Ministro das Finanças os seguintes actos:

a) O plano de actividades, o orçamento, o relatório de actividades e as contas;

b) Os regulamentos internos;

c) A criação de delegações e de representações territorialmente desconcentrados;

d) A alienação de bens patrimoniais, móveis, imóveis e veículos sob a titularidade ou gestão do Gabinete da Contratação Pública;

e) A definição do quadro de pessoal;

f) A incidência objectiva e subjectiva de taxas.

3. O Ministro das Finanças dispõe de poder disciplinar sobre o Director Geral e sobre os membros dos restantes órgãos do Gabinete da Contratação Pública e pode ordenar inquéritos ou sindicâncias.

4. O Ministro das Finanças pode suspender, anular e revogar, nos termos da lei geral, os actos praticados pelos órgãos do Gabinete da Contratação Pública que violem a lei ou sejam contrários ao interesse público.

CAPÍTULO V – Regime Financeiro

Artigo 33.° – (Taxas)

Sem prejuízo das dotações orçamentais que receba para o exercício das suas actividades, em contrapartida dos actos praticados pelo Gabinete da Contratação Pública e dos serviços por esta prestados, podem ser devidas taxas, pelos destinatários de quaisquer actos ou factos praticados pelo Gabinete da Contratação Pública, previstos na lei ou em regulamento, desde que autorizada a respectiva incidência.

Artigo 34.° – (Receitas)

1. Constituem receitas do Gabinete da Contratação Pública, para além de outras que a lei preveja:

a) O produto das taxas a que se refere o artigo anterior;

b) O produto dos preços que cobre pelos seus serviços;

c) As custas dos processos de contra-ordenação;

d) O produto da alienação ou da cedência, a qualquer título, de direitos integrantes do seu património;

e) As receitas decorrentes de aplicações financeiras dos seus recursos;

f) As comparticipações, os subsídios e os donativos recebidos do Estado.

2. Os saldos de cada exercício transitam para o ano seguinte.

3. É vedado ao Gabinete da Contratação Pública contrair empréstimos sob qualquer forma.

Artigo 35.° – (Despesas)

Constituem despesas do Gabinete da Contratação Pública, entre outros:

a) Os encargos com o respectivo funcionamento;

b) Os custos de aquisição, manutenção e conservação de bens ou de utilização de serviços;

c) Os subsídios à investigação e à divulgação de conhecimentos e de formação relevantes em matéria de contratação pública.

Artigo 36.° – (Gestão financeira e patrimonial)

1. A actividade financeira do Gabinete da Contratação Pública está sujeita ao disposto nesta matéria para os institutos públicos.

2. A contabilidade do Gabinete da Contratação Pública é elaborada de acordo com o regime da contabilidade pública.

3. A gestão do património do Gabinete deve observar as regras contabilísticas do sector empresarial público, em estreito alinhamento com a legislação sobre a gestão dos bens públicos, bem como das instruções da Direcção Nacional do Património do Estado.

DECRETO PRESIDENCIAL N.º 298/10 DE 3 DE DEZEMBRO

Artigo 37.º – (Cobrança coerciva de taxas)

1. Na cobrança coerciva de taxas aplica-se o processo de cobrança coerciva dos créditos do Estado.

2. Para os efeitos do número anterior, é título executivo bastante a certidão de dívida passada pelo Gabinete da Contratação Pública.

CAPÍTULO VI – Pessoal e Regime Remuneratório

Artigo 38.º – (Quadro de pessoal)

1. O quadro de pessoal do Gabinete da Contratação Pública constitui um quadro único, com a composição que consta do quadro anexo ao presente regulamento e que dele faz parte integrante.

2. Os lugares do quadro de pessoal são providos por nomeação ou contrato, nos termos das respectivas normas legais.

3. O Director Geral pode contratar consultores independentes, em função das necessidades do Gabinete da Contratação Pública e da especialização dos mesmos, nos termos da Lei de Contratação Pública.

4. O quadro de pessoal único é alterado de acordo com as necessidades do Gabinete da Contratação Pública.

Artigo 39.º – (Regime remuneratório)

1. A remuneração e outras regalias patrimoniais dos membros do Conselho Directivo, Conselho Fiscal, Conselho Técnico Consultivo são fixadas por despacho do Ministro das Finanças.

2. Os demais funcionários que compõem o Gabinete da Contratação Pública, quer a nível central quer a nível local, as suas remunerações são fixadas por despacho conjunto dos Ministros das Finanças e da Administração Pública, Emprego e Segurança Social, nos termos da lei.

Artigo 40.º – (Regras de conduta, de impedimentos e de conflito de interesses)

São aplicáveis ao pessoal do Gabinete da Contratação Pública as regras sobre impedimentos gerais e especiais relativos à sua categoria e, bem assim, as regras especiais de conduta e de conflito de interesses previstas na Lei da Contratação Pública.

Artigo 41.º – (Regime disciplinar)

Aos dirigentes, responsáveis, funcionários e agentes administrativos do Gabinete é aplicável o regime disciplinar dos titulares de cargo de direcção e chefia e dos funcionários e agentes administrativos.

Artigo 42.° – (Dever de sigilo)

Os trabalhadores, funcionários e pessoal do Gabinete da Contratação Pública estão obrigados pelo dever de sigilo em todos os assuntos de que tenham conhecimento no exercício das suas funções.

CAPÍTULO VII – Disposições Finais e Transitórias

Artigo 43.° – (Regime subsidiário)

Em tudo que não esteja expressamente regulado no presente diploma, aplica-se subsidiariamente o disposto na legislação geral em vigor sobre a matéria.

Artigo 44.° – (Regulamentação)

O Gabinete da Contratação Pública tem regulamentos internos próprios que são aprovados pelo Director Geral e pelos distintos órgãos que o constituem.

O Presidente da República, *JOSÉ EDUARDO DOS SANTOS*.

ANEXO
Quadro de pessoal a que se refere o artigo 38.° do estatuto do Gabinete da Contratação Pública Estrutura do Gabinete a nível Central

Grupo de pessoal	Função/categoria	Lugar a preencher
Titular do cargo de direcção geral	Director Geral do Gabinete da Contratação Pública...	1
	Director Geral-Adjunto do Gabinete da Contratação Pública...	1
Direcção e chefia	Chefe de departamento...	4
	Chefe de repartição...	7
	Consultor...	6
Técnicos superiores	Primeiro assessor...	1
	Assessor...	1
	Técnico superior principal...	2
	Técnico superior de 1.ª classe...	3
	Técnico superior de 2.ª classe...	6
	Técnico...	6
Técnicos médios	Técnico médio de 1.ª classe...	1
	Técnico médio de 2.ª classe...	1
	Técnico médio de 3.ª classe...	1
Pessoal administrativo	1.º Oficial...	—
	2.º Oficial administrativo...	—
	Aspirante...	—
	Escriturário dactilógrafo/por. informático...	6
Pessoal auxiliar	Motorista de ligeiros principal...	1
	Motorista de 1.ª classe/estafeta...	2
	Telefonista principal...	1
	Auxiliar administrativo de 1.ª classe...	1
	Auxiliar de limpeza principal...	2
	Auxiliar de café...	1

Quadro de pessoal a que se refere o artigo 37.º do estatuto do Gabinete da Contratação Pública
Estrutura do Gabinete a nível local/provincial

Grupo de pessoal	Função/categoria	Lugar a preencher
Direcção e chefia	Chefe do Gabinete Provincial da Contratação Pública ..	1
	Chefe de repartição..	3
	Consultor...	3
Técnicos superiores	Primeiro assessor	1
	Assessor	1
	Técnico superior principal	1
	Técnico superior de 1.ª classe	3
	Técnico superior de 2.ª classe	3
	Técnico..	6
Técnicos médios	Técnico médio de 1.ª classe	1
	Técnico médio de 2.ª classe	1
	Técnico médio de 3.ª classe	3
Pessoal administrativo	1.º Oficial	—
	2.º Oficial administrativo	—
	Aspirante	—
	Escriturário dactilógrafo/por. informático	3
Pessoal auxiliar	Motorista de 1.ª classe/estafeta	1
	Telefonista principal	1
	Auxiliar administrativo de 1.ª classe	1
	Auxiliar de limpeza principal	1
	Auxiliar de café	1

O Presidente da República, *José Eduardo dos Santos*.

ÍNDICE

INTRODUÇÃO	5
LEI DA CONTRATAÇÃO PÚBLICA	9
Objectivos	9
Antecedentes	9
Principais Alterações em Relação ao Regime Jurídico Anterior	9
Principais Inovações	10
PARTE I	
Disposições Gerais	11
Âmbito de Aplicação da Lei	11
Generalidades	13
PARTE II	
Tramitação a observar na fase de formação do contrato	15
Escolha do procedimento	18
Abertura do procedimento	23
Peças do Procedimento	25
Programa do Procedimento (artigo 46º)	25
Caderno de Encargos (artigo 47º)	26
Regras de participação	28
Critérios de qualificação (artigo 55º)	30
Proposta	32
Síntese da fase processual de Qualificação dos concorrentes	41
e Análise das propostas	41
Contratação de serviços (artigos 164º a 171º)	48

PARTE III

Empreitadas de Obras Públicas	53
Empreitada de Obras Públicas (artigo 180º)	53
Contrato oneroso que tem por objecto a execução, ou a concepção e execução, de uma obra pública (artigo 180º).	53
Partes do Contrato (artigos 180º e 181º)	54
Tipos de Empreitada (artigo 184º)	55
Empreitada por Preço Global (artigo 185º e seguintes)	55
Empreitada por Série de Preços (artigo 194º e seguintes)	58
Empreitada por Percentagem (artigo 218º e seguintes)	58
Execução da Empreitada	59
Trabalhos a mais (artigo 203º e seguintes)	63
Trabalhos a menos (artigos 204º e 191º)	65
Execução da Empreitada	65
Auto de não recepção (artigo 304º)	80
Auto de recepção provisória (artigo 305º)	81
Recepção Definitiva (artigo 313º)	81
Liquidação da Empreitada (artigos 306º e seguintes)	82
Inquérito Administrativo (artigos 309º e seguintes)	83
Rescisão da Empreitada (artigos 320º e seguintes)	83
Contencioso do Contrato (artigos 329º e seguintes)	85
Subempreitadas (artigos 340º e seguintes)	89
Contagem dos Prazos (artigo 356º)	91
Disposições Finais	91

ANEXOS	93
LEI N.º 20/10, DE 7 DE SETEMBRO	95
Lei da Contratação Pública	96
TÍTULO I Princípios Gerais	96
CAPÍTULO I Disposições Gerais	96
CAPÍTULO II Ética no Processo de Contratação	98
CAPÍTULO III Gabinete da Contratação Pública e Portal da Contratação Pública	101
CAPÍTULO IV Impugnação Administrativa	102
TÍTULO II Tipos e Escolha de Procedimentos	104
CAPÍTULO I Tipos de Procedimentos	104
CAPÍTULO II Escolha do Procedimento em Função do Valor Estimado do Contrato	105
CAPÍTULO III Escolha do Procedimento em Função de Critérios Materiais	105

ÍNDICE

TÍTULO III Fase da Formação do Contrato 107
CAPÍTULO I Disposições Comuns 107
  SECÇÃO I Abertura do Procedimento 107
  SECÇÃO II Autorização da Despesa 108
  SECÇÃO III Comissão de Avaliação do Procedimento 111
  SECÇÃO IV Peças do Procedimento 113
  SECÇÃO V Regras de Participação 115
CAPÍTULO II Concurso Público 118
  SECÇÃO I Anúncio e Peças do Concurso 118
  SECÇÃO II Proposta 120
  SECÇÃO III Acto Público do Concurso 125
  SECÇÃO IV Qualificação dos Concorrentes
    e Análise das Propostas 129
  SECÇÃO V Leilão Electrónico 130
  SECÇÃO VI Preparação da Adjudicação 132
  SECÇÃO VII Adjudicação 132
  SECÇÃO VIII Caução Definitiva 134
  SECÇÃO IX Celebração do Contrato 135
CAPÍTULO III Concurso Limitado por Prévia Qualificação 138
  SECÇÃO I Disposições Gerais 138
  SECÇÃO II Apresentação de Candidaturas e Qualificação
    dos Candidatos 139
  SECÇÃO III Apresentação das Propostas e Adjudicação 140
CAPÍTULO IV Concurso Limitado sem Apresentação
  de Candidaturas 141
CAPÍTULO V Procedimento de Negociação 141
CAPÍTULO VI Procedimentos Especiais 143
  SECÇÃO I Concursos para Trabalhos de Concepção 143
  SECÇÃO II Sistemas de Aquisição Dinâmica Electrónica 149
  SECÇÃO III Regras Aplicáveis à Contratação de Serviços 151
    SUBSECÇÃO I Consultores 151
    SUBSECÇÃO II Procedimentos 153
TÍTULO IV Centrais de Compras 155
CAPÍTULO I Disposições Gerais 155
CAPÍTULO II Constituição e Gestão das Centrais de Compras 156
TÍTULO V Empreitadas de Obras Públicas 158
CAPÍTULO I Disposições Gerais 158
CAPÍTULO II Tipos de Empreitadas 159
  SECÇÃO I Disposição Geral 159
  SECÇÃO II Empreitada por Preço Global 160

LEI DA CONTRATAÇÃO PÚBLICA DE ANGOLA - LEI 20/10, DE 7 DE SETEMBRO

SECÇÃO III Empreitada por Série de Preços	162
SECÇÃO IV Disposições Comuns às Empreitadas por Preço Global e por Série de Preços	164
SECÇÃO V Empreitada por Percentagem	169
CAPÍTULO III Execução da Empreitada	171
SECÇÃO I Disposições Gerais	171
SECÇÃO II Consignação da Obra	174
SECÇÃO III Plano de Trabalhos	178
SECÇÃO IV Execução dos Trabalhos	179
SECÇÃO V Materiais	181
SECÇÃO VI Fiscalização	185
SECÇÃO VII Suspensão dos Trabalhos	188
SECÇÃO VIII Não Cumprimento e Revisão do Contrato	190
CAPÍTULO IV Pagamentos	193
SECÇÃO I Pagamentos por Medição	193
SECÇÃO II Pagamentos em Prestações	195
SECÇÃO III Disposições Comuns	196
CAPÍTULO V Recepção e Liquidação da Obra	198
SECÇÃO I Recepção Provisória	198
SECÇÃO II Liquidação da Empreitada	199
SECÇÃO III Inquérito Administrativo	200
SECÇÃO IV Prazo de Garantia	201
SECÇÃO V Recepção Definitiva	201
SECÇÃO VI Restituição das Garantias e Quantias Retidas, Extinção da Caução e Liquidações Eventuais	202
SECÇÃO VII Liquidação, Pagamento de Multas e Prémios	203
CAPÍTULO VI Rescisão e Resolução Convencional da Empreitada	204
CAPÍTULO VII Contencioso dos Contratos	207
CAPÍTULO VIII Subempreitadas	210
TÍTULO VI Transgressões Administrativas	213
TÍTULO VII Disposições Finais	213
ANEXO I - Tabela a que se refere o artigo 25.º da presente lei	216
ANEXO II - Competência para a autorização de despesas a que se referem os artigos 34.º, 36.º, 37.º e 40.º da presente lei	216
ANEXO III - Concursos abertos à participação de pessoas singulares ou colectivas estrangeiras a que se refere o n.º 1 do artigo 52.º da presente lei	217

ÍNDICE

ANEXO IV - Anúncio de Abertura de Procedimento
de Concurso Público 218
ANEXO V - Anúncio de Abertura de Procedimento
de Concurso Limitado por Prévia Qualificação 220
ANEXO VI - Anúncio de Abertura de Procedimento por Negociação 223

DECRETO PRESIDENCIAL N.º 298/10 DE 3 DE DEZEMBRO 227
REGIME JURÍDICO DE ORGANIZAÇÃO E FUNCIONAMENTO
DO GABINETE DA CONTRATAÇÃO PÚBLICA 228
 CAPÍTULO I Regime Jurídico, Natureza e Sede 228
 CAPÍTULO II Atribuições 228
 CAPÍTULO III Órgãos 232
  SECÇÃO I Organização 232
  SECÇÃO II Director Geral do Gabinete 233
  SECÇÃO III Conselho Directivo 235
  SECÇÃO IV Conselho Fiscal 237
  SECÇÃO V Conselho Técnico Consultivo 237
  SECÇÃO VI Organização dos Serviços e Secretariado 238
 CAPÍTULO IV Tutela 239
 CAPÍTULO V Regime Financeiro 240
 CAPÍTULO VI Pessoal e Regime Remuneratório 241
 CAPÍTULO VII Disposições Finais e Transitórias 242